权威·前沿·原创

皮书系列为
"十二五"国家重点图书出版规划项目

河南城市发展报告
（2016）

ANNUAL REPORT ON URBAN DEVELOPMENT OF HENAN (2016)

经济新常态与新型城镇化

主　编／张占仓　王建国
副主编／王新涛　左　雯

社会科学文献出版社
SOCIAL SCIENCES ACADEMIC PRESS (CHINA)

图书在版编目(CIP)数据

河南城市发展报告.2016,经济新常态与新型城镇化/张占仓,王建国主编.——北京:社会科学文献出版社,2016.5
(河南蓝皮书)
ISBN 978-7-5097-9125-7

Ⅰ.①河… Ⅱ.①张…②王… Ⅲ.①城市化-研究报告-河南省-2016 Ⅳ.①F299.276.1

中国版本图书馆 CIP 数据核字(2016)第 096307 号

河南蓝皮书
河南城市发展报告（2016）
——经济新常态与新型城镇化

主　　编 / 张占仓　王建国
副 主 编 / 王新涛　左　雯

出 版 人 / 谢寿光
项目统筹 / 任文武
责任编辑 / 丁　凡

出　　版 / 社会科学文献出版社·皮书出版分社 (010) 59367127
　　　　　　地址：北京市北三环中路甲29号院华龙大厦　邮编：100029
　　　　　　网址：www.ssap.com.cn

发　　行 / 市场营销中心 (010) 59367081　59367018
印　　装 / 北京季蜂印刷有限公司

规　　格 / 开本：787mm×1092mm　1/16
　　　　　　印 张：19.75　字 数：263千字

版　　次 / 2016年5月第1版　2016年5月第1次印刷

书　　号 / ISBN 978-7-5097-9125-7
定　　价 / 69.00元

皮书序列号 / B-2009-108

本书如有印装质量问题，请与读者服务中心 (010-59367028) 联系

▲ 版权所有 翻印必究

河南蓝皮书系列编委会

主　任　魏一明　张占仓

副主任　刘道兴　丁同民　周　立

委　员（以姓氏笔画为序）
　　　　卫绍生　毛　兵　牛苏林　王建国　王景全
　　　　任晓莉　闫德亮　完世伟　吴海峰　张林海
　　　　张新斌　张富禄　李太淼　袁凯声　曹　明

主要编撰者简介

张占仓 男,河南偃师市人,博士,河南省社会科学院院长、研究员,博士生导师,河南省优秀专家、河南省学术(技术)带头人、国家有突出贡献中青年专家、享受国务院特殊津贴专家,中国区域经济学会副会长。主要从事经济地理学研究,主攻方向:区域规划与发展战略,先后荣获河南省科技进步成果二等奖 14 项,三等奖 5 项,发表学术论文 130 多篇,作为主编、副主编撰写著作 21 部。

王建国 男,河南鲁山人。现任河南省社会科学院城市与环境研究所所长、研究员,河南省优秀专家,河南省学术技术带头人、"河南青年科技创新杰出奖"获得者、全省宣传文化系统首批"四个一批"人才人选。先后主持和参与承担完成各类课题 100 余项,公开发表文章 100 余篇,主编、合著及参与撰写出版著作 20 余部,获各级优秀成果奖 30 余项。

摘　要

中共中央关于制定国民经济和社会发展第十三个五年规划的建议提出"推进以人为核心的新型城镇化，提高城市规划、建设、管理水平"。2015年中央城市工作会议强调要尊重城市发展规律，统筹空间规模产业三大结构、规划建设管理三大环节、改革科技文化三大动力、生产生活生态三大布局、政府社会市民三大主体，提高新型城镇化水平，走出一条中国特色城市发展道路。当前我国经济发展已经进入新常态，河南经济发展正处于爬坡过坎、转型升级的关键时期，新型城镇化的重要性越发显得突出。探索新常态下的新型城镇化道路，对于加快推进河南三大国家战略、实现全面建成小康社会目标具有深远的意义。

作为传统的农业大省和人口大省，新型城镇化是释放内需潜力的强大引擎，是河南经济社会平稳健康发展的重要支撑点。2015年，河南坚持科学推进新型城镇化，城乡体系不断完善，规划引领作用进一步增强，城乡建设管理工作得到全面加强，产城融合发展亮点纷呈，城镇化试点改革成效突出。但是，推进新型城镇化仍面临着农业转移人口市民化步伐较慢、城市规划的科学性和严肃性不够、城镇基础设施承载能力较弱、城市管理精细化水平不高、城市公共产品供给能力较低、市民参与发展的主体意识不强等突出问题。在新常态背景下，河南新型城镇化发展不仅面临难得的机遇，而且面对一系列新的矛盾和挑战，河南必须牢牢把握新型城镇化发展的特征和趋势，加快转变城镇发展方式，着力提升城镇化发展质量，探索出一条符合河南实际、具有中原特色的新型城镇化发展道路。

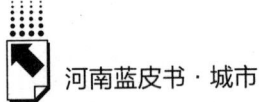

　　《河南城市发展报告（2016）》以"经济新常态与新型城镇化"为主题，立足河南实际，从总体上分析了河南省推进新型城镇化的主要做法、取得的成就、存在的突出问题，指明了新常态下加快推进新型城镇化的努力方向和对策措施。

　　本书多角度、全方位探讨了新常态背景下推进新型城镇化的问题。总报告"新常态背景下的河南新型城镇化发展"梳理总结了2015年河南省新型城镇化的发展成就和存在的问题，分析了2016年河南新型城镇化面临的发展环境和趋势，对"十三五"时期河南新型城镇化发展进行了展望，并提出了相关的对策建议。专题报告从城市发展、城市建设、城市管理、新型城市、城市安全方面，主要围绕河南省推进新型城镇化的关键问题和突出难题，提出了新常态背景下加快推进河南新型城镇化的着力点、思路方向和对策建议。

目 录

Ⅰ 总报告

B.1 新常态背景下的河南新型城镇化发展
——2015~2016年河南城市发展形势分析与展望
.... 河南省社会科学院课题组 / 001

Ⅱ 城市发展篇

B.2 提高中原城市群运行效率研究 .... 吴银毫 / 040
B.3 构建郑州大都市区研究 .... 郭志远 / 051
B.4 省际交界地区中心城市发展研究 .... 李建华 / 063
B.5 着力提高河南县级城市承载力研究 .... 吴旭晓 / 075

Ⅲ 城市建设篇

B.6 河南城市地下综合管廊建设研究 .... 王元亮 / 086
B.7 河南市县开展"多规合一"试点研究 .... 王新涛 / 097
B.8 河南城市产城融合发展试点研究 .... 左　雯 / 107
B.9 河南打造城市"双创"空间研究 .... 柏程豫 / 120

Ⅳ 城市管理篇

- B.10 提高河南城市综合管理水平研究 …………… 安晓明 / 131
- B.11 河南提高城市运行效率研究 …………… 易雪琴 / 143
- B.12 河南农村转移人口城市主体意识培育研究
  …………… 靳豆豆 崔学华 / 156
- B.13 河南推进城市商务诚信建设研究 …………… 王建国 / 167

Ⅴ 新型城市篇

- B.14 河南畅通城市建设研究 …………… 文 瑞 / 181
- B.15 河南法治城市建设研究 …………… 王运慧 杜焕来 / 198
- B.16 河南海绵城市建设研究 …………… 李建华 / 211
- B.17 河南卫生城市建设研究 …………… 王春璟 夏令荣 / 224

Ⅵ 城市安全篇

- B.18 河南城市防灾减灾体系建设研究 …………… 彭俊杰 / 233
- B.19 河南城市社会安全研究 …………… 任晓莉 / 246
- B.20 河南城市信息安全研究 …………… 刘昱洋 / 260
- B.21 河南省城市生态安全研究 …………… 韩 鹏 / 273

Abstract …………………………………………………………… / 288
Contents …………………………………………………………… / 291

总 报 告
General Report

B.1
新常态背景下的河南新型城镇化发展
——2015~2016年河南城市发展形势分析与展望

河南省社会科学院课题组*

> 摘　要： 2015年，河南省充分发挥新型城镇化"牵一发而动全身"的综合带动作用，促进产业集聚、人口集中、土地集约，拓展城镇化发展空间，辐射带动新农村建设，成效明显，新型城镇化发展质量持续提升，现代城乡体系不断完善，规划引导作用进一步发挥，城市建设管理逐步加强，产城融合发展步伐加快，城镇化试点改革取得显著成效，为经济社会发展提供强大引擎。但是在经济新常态背景下河南省面临新形势、新矛盾、

---

* 课题主持人：张占仓、王建国。课题组成员：王建国、王新涛、柏程豫、李建华、左雯、韩鹏、吴旭晓、郭志远、彭俊杰、易雪琴。执笔人：王新涛、柏程豫、左雯、郭志远。

新挑战。"十三五"时期,河南新型城镇化发展将坚持"五大统筹",推进城镇化布局形态调整、推进新型城镇化试点改革、推进产城融合发展、推进城镇共治共管、推进规划引领发展,增强城镇发展的系统性、持续性、宜居性、积极性。

关键词: 新型城镇化　新常态　河南

当前,全国经济发展正处于从高速增长向中高速增长转变的"新常态"阶段,河南发展正处于爬坡过坎、转型升级的关键时刻,新型城镇化的重要性显得愈发突出。2015年12月中央城市工作会议在北京召开,这是继1978年之后首次召开的最高规格的城市工作会议,习近平总书记和李克强总理在会上都做了重要讲话,对我国当前城市发展所面临的形势进行了全面分析,明确了今后一个时期我国城市工作应遵循的指导思想,以及工作的总体思路和重点任务。对于河南这样一个传统农业大省和人口大省来说,新型城镇化是释放内需潜力的强大引擎和战略重点,是经济社会平稳健康发展的重要支撑点,我们必须科学认识、准确把握新常态下新型城镇化的战略机遇和挑战,以中央城市工作会议精神为指引,厘清新时期城镇化工作的总体思路,找准工作重点,探索应对之策,继续科学推进新型城镇化建设,为全面建成小康社会提供动力。

一　新常态背景下的2015年河南新型城镇化发展回顾

2015年,河南省以提高城镇质量引领全省城镇化工作为重点,城乡体系不断完善，规划引领发展作用进一步增强，城乡建设管理工作得到全面加强，产城融合发展亮点纷呈，城镇化试点改革成效突出，但也存在农业转移人口市民化进程缓慢、城镇承载能力不足等突出问题。

（一）新常态背景下河南新型城镇化的发展成就

1. 新型城镇化发展质量持续提升

新型城镇化相较于传统城镇化更注重城镇化发展的内涵，围绕人的城镇化这一核心和绿色低碳的发展方向，河南新型城镇化发展质量持续提升。2015年常住人口城镇化率进一步提升到46.85%，较2014年提高了1.65个百分点。全省2015年全年的城镇新增就业总人数为144.5万人，城镇失业人员再就业总人数达到48.7万人，19.3万就业困难人员实现了再就业，新增的农村劳动力转移就业人数达到72万。随着财政实力的增强，城市的基础建设投入也在增加，河南城市的基础建设更加坚实，社会保障与公共服务水平也在提升，137万套保障性住房基本建成，义务教育均衡发展取得了新的成效，学前教育三年毛入园率提高到了83.2%，城乡居民的基本养老保险和职业人群的工伤保险制度已经实现全覆盖，城乡居民大病保险全覆盖以及省级统筹也已率先实现。在城市建设中稳步推进绿色建筑发展和建筑节能，到2015年底新建建筑节能标准实施率已达99.8%，争取国家可再生能源建筑应用及光电建筑示范专项补助资金12.8亿元，可再生能源建筑应用面积突破1亿平方米，绿色低碳发展迈出了实质性步伐。

2. 现代城乡体系不断完善

在《河南省新型城镇化规划（2014～2020年）》和主体功能区规划的基础上，河南结合"一带一路"等国家区域发展战略，着力优化城镇布局与形态。继续加快大郑州发展，加大力度实施中心城市带动战略，郑州航空港经济综合实验区建设已基本实现"三年打基础"的目标，提前一年建成郑州机场的二期工程，国际物流中心和现代综合交通枢纽建设正在加快推进，并初步形成了全球智能终端制造基地，实验区已成为河南省对外开放的重要平台，有力地增强了郑州的辐射带动能力，郑州国家区域性中心城市地位进一步得到强化。继续推进中原城市群发展，新增高速公路1289公里，全面展开米字形高速铁路网建设，加快推进城际铁路网建设，以交通一体化为先导，正在形成城市群产业链接、服务共享、生态共建格局，实力日益增强的中原城市群已成为国家重点培育发展的中西部地区三大城市群之一。继续深入推进地区性中心城市组团式发展。不断增强县城承载能力。加快推进特色村镇建设。目前，全省城区人口规模超过20万的城市已经达到39个，其中郑州市的中心城区已经有超过500万的常住人口，洛阳市的中心城区常住人口也已超过200万，共有1014个建制镇，以中原城市群为主体形态，大中小城市和小城镇协调发展的现代城乡体系不断完善。

3. 规划引导作用进一步发挥

城乡规划持续改进，把以人为本、尊重自然、传承历史、绿色低碳等理念融入规划全过程，规划编制内容和编制模式改革深入推进，城乡统筹、产城融合和多规合一的空间规划体系不断完善，城乡规划编制审查的科学性和实施管理的有效性也在进一步提高。目前省域城镇体系规划已经国务院同意批准实施；新一轮城市总体规划修编在稳步推进，郑州、洛阳、漯河、驻马店、新乡、济源等省辖市城市总体规划已获批实施，许昌、信阳等省辖市、10个省直管县（市）以及60个县城、县级市新一轮城市总体规划修编已经完成；县域村镇体系规划、镇规划、乡规划和村庄规划编制都取得较大进展，其中78个县（市、区）域村镇体系规划已完成报批，782个乡镇已完成总体规划修编，并按照住房和城乡建设部的统一部署，选择巩义、禹州、西华等市（县）开展县（市）城乡总体规划暨"三规合一"试点工作，各类规划有效衔接，实现全县（市）一张图，县（市）域全覆盖，启动村庄规划编制试点，信阳市光山县扬帆桥村、登封市大冶镇朝阳沟村、南阳市西峡县双龙镇被列为全国村庄规划、镇规划示范点，信阳市商城县被列为全国县域村镇体系规划试点县。此外，河南的各类发展载体规划也在全面推进，郑州航空港经济综合实验区概念性总体规划已获省政府批复，各省辖市城乡一体化示范区规划编制工作陆续展开，全省180个产业集聚区和176个商务中心区、特色商务区编制完成了空间规划和控制性详细规划。历史文化名城、名镇、名村规划管理进一步加强，一批历史文化名镇、名村、传统村落保护发展规划和开封、洛阳、商丘等市的一批历史文化街区保护规划已经编制完成。系统的规划编制、科学的审查以及有效的规划实施管理使得规划引导作用在河南的新型城镇化进程中进一步发挥。

4. 城市建设管理逐步加强

继续实施城乡建设三年大提升行动计划，推进城镇建设扩容提升工程，推动集中采暖老旧管网改造、城镇燃气、供水与节约用水等市政公用基础设施项目建设，积极构建与城市发展和环境变化相协调的综合交通体系、城市排水防涝工程体系和污水垃圾处理体系，在全国率先实现了县县建成污水处理厂和垃圾处理场的目标，随着城市基础设施建设的扎实推进，河南城镇综合承载能力和防灾减灾水平得到明显提升。积极拓展绿化空间，完善绿地功能，拥有园林城市数量已居全国第三位，许昌市获国家节水型城市称号，长垣等3个县入选国家级园林县城，巩义市竹林镇等3个镇为河南省首次赢得国家级园林乡镇称号。村庄综合整治和农村危房改造加快推进，农村生活垃圾与污水实施统筹治理，城乡人居环境质量明显改善。以创建园林城市为抓手，不断加强城市道路、环境卫生、城市河道、路灯照明、户外广告设置等规范整治和村镇环境综合整治，海绵城市、城市地下综合管廊试点建设启动并取得初步成效，到2015年底省辖市已基本建成数字化城管系统，许昌市数字城管系统荣获"中国人居环境范例奖"，洛阳市数字城管系统获得了"2014中国地理信息产业优秀工程金奖"，郑州等11市（区）先后列入国家智慧城市（区、镇）试点，城市管理水平稳步提升。强化集约节约，大力实施既有居住建筑供热计量及节能改造工作，制定出台绿色建筑行动实施方案及经济激励政策，绿色建筑规模和可再生能源建筑应用规模不断扩大，持续推进公共建筑能耗监测平台示范省建设，公共建筑节能监管体系建设进一步加强，12个省辖市和省直机构开展了能耗动态监测平台建设试点。

5. 产城融合发展步伐加快

与城镇化的加快推进相同步，河南的产业发展也取得了显著进步，一方面是总量继续扩大，2015年全省生产总值超过3.7万亿元，按可比价格计算较上年增长了8.3%，增速高于全国1.4个百分点，人均生产总值达到3.9万元。其中，第二产业增加值为18189.36亿元，增长了8.0%；第三产业增加值为14611.33亿元，增长了10.5%；工业增加值达到1.6万亿元，其中规模以上工业增加值增长了8.6%，高出全国平均水平2.5个百分点，特别是产业集聚区规模以上工业增加值同比增长了13.3%，增幅比全省工业高4.7个百分点，占全省工业增加值的比重达到60.4%，同比提高了8.1个百分点，对全省工业增长的贡献率为89.8%，同比提高了15.5个百分点，拉动全省工业增长7.7个百分点，已成为河南工业稳定增长的主导力量。另一方面是产业结构调整、转型升级取得进一步的突破，高技术产业和高成长性制造业占规模以上工业增加值的比重达到56.3%；第三产业增加值占GDP的比重提高到了39.5%，成为扩大就业和拉动增长新的生力军，商务中心区、特色商业区（街）则成为第三产业发展的重要支撑；创新能力也在持续增强，国家级研发中心数量已经翻了一番，国家重点实验室新增了9家，目前共计14家，河南粮食作物协同创新中心成为国家首批协同创新中心之一，客车智能驾驶、可见光通信等核心关键技术取得了重大突破。河南的城镇化发展有这样坚实的产业支撑，加快了产城融合的发展步伐。

6. 城镇化试点改革取得显著成效

2015年2月正式公布的《国家新型城镇化综合试点方案》将河南的洛阳市、兰考县、新郑市和禹州市纳入试点，承担起探索新型城镇化一系列相关改革措施的任务。其中，洛阳和兰考的任务都涉及探索建立城镇化投融资机制，此外洛阳还要探索农业转移人口市民化成本分担机制，兰考则需探索建立城乡一体化发展机制。禹州的任务除了新型城镇化的若干任务，还多了一项推进城镇化与农业现代化融合发展的任务。新郑的任务则包括拓宽城市建设融资渠道、深化农业人口转移的农村配套改革、促进城乡一体化发展、完善市民化制度保障体系、完善"多规融合"的规划体系、加快智慧城市建设、推动农业现代化与新型城镇化联动发展等。为此，四个试点市县已制定了具体的实施方案。比如洛阳的方案要求，本市所有义务教育阶段的学校要向持有洛阳居住证的农业转移人口开放，参加本市义务教育阶段的学生可参加本市所有入学考试。兰考的方案依据兰考县到2020年累计完成农业转移人口市民化20万人的城镇化发展目标明确核算了市民化成本，需要支出163.72亿元（其中，基础设施建设136.58亿元和基本公共服务27.14亿元），人均市民化成本8.18万元；此外，兰考还加快推进了"撤镇设街道办"，支持城关乡、城关镇和三义寨乡等撤镇设立街道办事处，朝着实行城市行政管理体制迈出坚实步伐。新郑的方案是明确要统筹城乡空间布局，重点打造"两城、两市镇"的空间发展格局（中心城区、龙湖新城、薛店新市镇、辛店新市镇）以及形成完善以合法稳定住所为户口迁移基本条件、以常住地登记户口为基本形式，城乡统一的新型户籍制度。禹州的方案则是将依据就业方式把农业转移人口分类纳入职工社会保险或者是城镇居民社会保险，并逐步将符合条件的农业转移人口纳入以公租房为主的城镇住房保障体系。

表1　国家新型城镇化综合试点河南省4市主要工作任务

地区	工作任务
洛阳	向有居住证居民开放中小学
兰考	城关乡、城关镇和三义寨乡撤镇设立街道办事处
新郑	重点打造中心城区、龙湖新城、薛店新市镇、辛店新市镇
禹州	依据就业方式把农业转移人口分类纳入职工社保或城镇居民社保体系

2015年9月，河南省政府批复了《河南省新型城镇化综合试点工作实施方案》，从总体要求、试点范围和时间、体制机制改革任务、重点建设任务、配套政策以及组织实施等方面就如何扎实有效推进国家和省级新型城镇化综合试点工作进行了全面系统的部署。2015年12月初，河南的濮阳市和长垣县又入选第二批国家新型城镇化综合试点，自此河南省的国家新型城镇化综合试点已达6个，这也显示了国家对河南省城镇化试点改革工作取得成效的肯定。

（二）新常态背景下河南新型城镇化发展中存在的问题

1. 农业转移人口市民化步伐亟待加快

在河南的城镇化进程中，近年来大量农业人口转移到城市，但是市民化的步伐却较为缓慢，主要表现为两个方面：一是"伪城镇化"现象，即所在区域由于被划归城市新开发地区，被动地被纳入城镇人口范畴，这部分人口是在户籍上做了转变，但是缺失人口城镇化最核心、最基本的要素——就业，该部分人口中的大部分人缺少在城市谋生的能力，因此这类人口的城镇化是较为脆弱、缺乏支撑的；二是"半城镇化"现象，即为追求更好的发展主动进入城市非农产业就业从而在城市常住的人口，这部分人口实现了在城市就业，但由于受到城乡分割的户籍制度影响，不能与城镇居民一样享受就业、医疗、教育、养老、保障性住房等方面的基本公共服务，这类人口的城镇化是不稳定的，部分人有可能会重新返回农村。新型城镇化把"人的城镇化"作为核心，要追求的是以人为本、公平共享，不仅要让农业转移人口能"进得城来"，还要让农业转移人口能在城市里"留得下来"，按照这一目标，河南省农业转移人口市民化的步伐亟待加快，彻底破解"伪城镇化"和"半城镇化"问题是当前新型城镇化工作的重中之重。

2.城市规划的科学性和严肃性亟待提高

城市规划是城市建设和管理的"龙头"，是协调城市布局与各项建设的基本依据，随着城市的成长壮大其引导调控经济社会发展与城市建设的作用日益凸显。但是当前河南各地在城市建设发展过程中，对城市规划的重要性认识还不够，在城市规划的前期编制和后期执行过程中，都存在着不少问题，城市规划的科学性和严肃性亟待提高。比如，规划的编制应以规划区域的实际情况为基本依据，但在某些情况下可能会受到领导意图的左右，从而使规划编制的科学性大打折扣。或者有些规划，其编制的目的是争取政策支持和政绩需要，一旦将政策争取下来，这些规划也就算是完成了任务，之后的实施则不再按照规划的设定，而是会为了新的利益诉求而不断修改规划。此外，还有一些规划是在前任领导任期内制定，随着领导的更迭，原有的规划有时也会随之更改，无法做到"一张蓝图绘到底"。规划不能严格依据区域实际情况来制定，或者是对于已经制定好的规划随意调整，导致盲目开发、无序建设、重复拆建时有发生，"马路拉链""短命天桥"等现象就是这一问题最直观的体现，这会大大降低城市建设的效率，严重浪费资源。规划的不科学，导致城市基础设施和公共服务设施建设滞后、分布不合理，也大大影响了城市综合承载能力的提升，制约新型城镇化进程。

3.城镇基础设施承载能力亟待提高

对比河南与全国的城镇基础设施水平（见图1~图3以及表2，

虽然2015年的数据尚未统计,但是2014年的数据也能够反映问题),可以看到无论是城市、县城还是建制镇,河南都明显低于全国平均水平。而且,近年来河南在城市发展过程中,过于注重郑州、洛阳等大城市的发展,对县城和小城镇的发展重视不足,虽然城市、县城和建制镇的城镇基础设施水平都低于全国平均水平,但是县城和建制镇与全国平均水平的差距相较于城市更为显著。

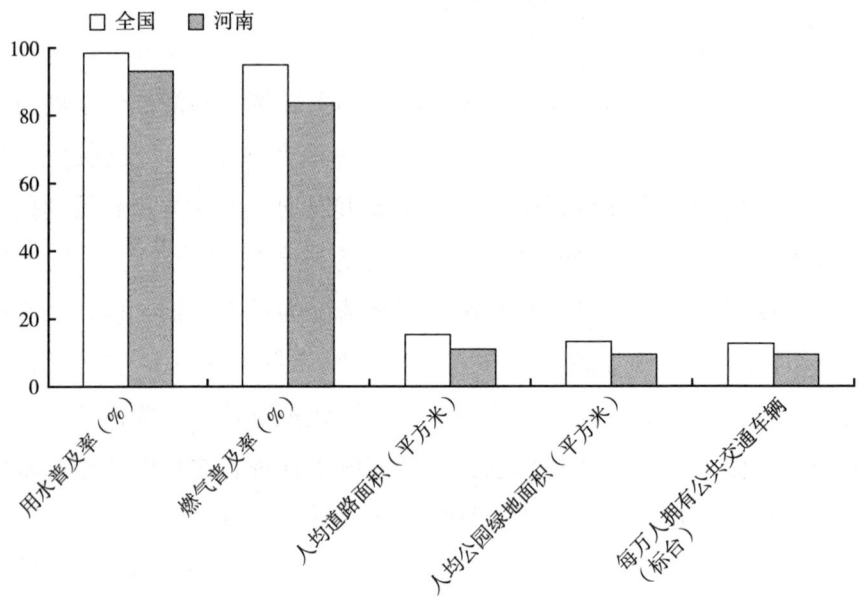

图1　2014年河南城市设施水平与全国的比较

县城和小城镇相对大城市,拥有就业方便、进城门槛低、社会关系稳定等独特优势,是沟通城乡的桥梁和纽带。但是,长期以来河南对县城和小城镇建设发展的投入严重不足,导致其产业就业承载能力较低,水电气暖、交通等基础设施落后,教育、医疗、住房、社会保障等公共服务缺失,在吸纳农业转移人口和带动农村地区发展方面未能充分发挥其应有的作用。与此同时,河南的大城市就业机会多,生活方便,吸引了大量人口,也远远超出其自身原有的承载能力,导致

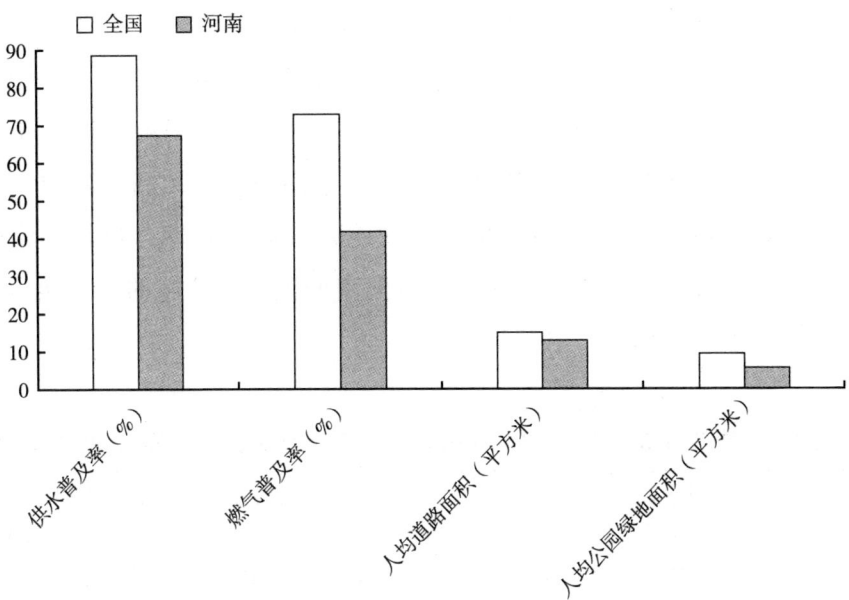

图2　2014年河南县城设施水平与全国的比较

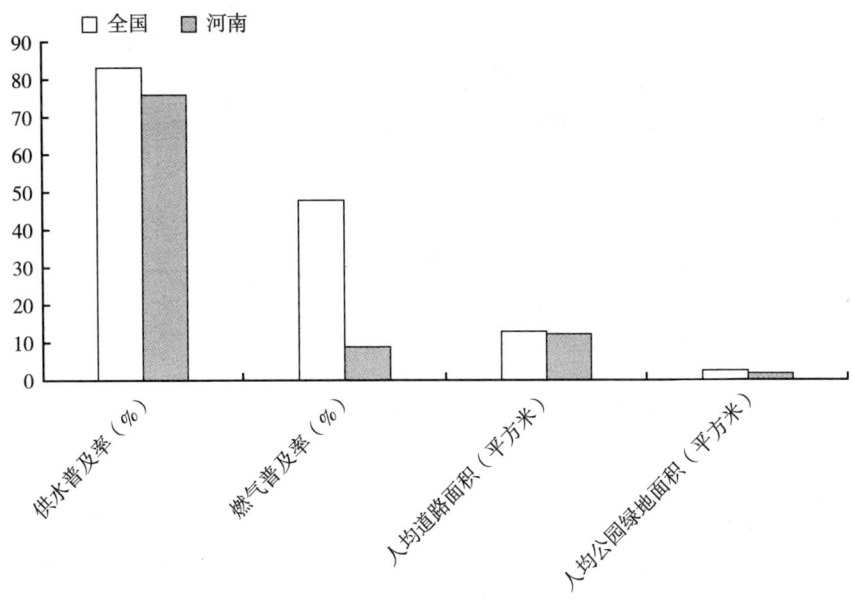

图3　2014年河南建制镇设施水平与全国的比较

交通拥堵、住房紧张、环境恶化、公共服务不完善等一系列"城市病"问题突出。河南是人口过亿的农业大省，前期农村人口向城镇转移已经给现有的城镇带来了巨大压力，按照《河南省新型城镇化规划（2014~2020年）》，2016~2020年河南还将争取新增农村转移人口900万左右，达到56%左右的常住人口城镇化率，也就是说未来还有相当多的人口要进入城镇，对河南城镇基础设施的承载能力而言是一个很大的压力，必须尽快提升。

表2 河南省城市、县城和建制镇设施水平及与全国的比较（2014年）

类别		供水普及率(%)	燃气普及率(%)	人均道路面积(平方米)	人均公园绿地面积(平方米)	每万人拥有公共交通车辆(标台)
城市	全国	97.64	94.57	15.34	13.08	12.99
	河南	92.99	83.76	11.67	9.93	9.75
类别		供水普及率(%)	燃气普及率(%)	人均道路面积(平方米)	人均公园绿地面积(平方米)	
县城	全国	88.89	73.24	15.39	9.91	
	河南	67.81	42.35	13.34	6.01	
类别		供水普及率(%)	燃气普及率(%)	人均道路面积(平方米)	人均公园绿地面积(平方米)	
建制镇	全国	82.77	47.77	12.63	2.39	
	河南	75.71	8.42	11.59	1.54	

资料来源：《中国统计年鉴2015》。

4. 城市管理精细化水平亟待提高

相较于城市建设的快速推进，河南各地在城市管理水平上的改进较为滞后。作为一个复杂的巨型系统，现代城市中高度集聚着各种要素资源和经济社会活动，需要高水平高质量的管理才能维持整个系统的平稳运行。但是从河南现有城市管理情况来看，仍然是简单粗放的管理模式，难以适应现代城市发展需要。重建设、轻保护，重开发、轻治理，重眼前、轻长远，重局部、轻整体等错误观念依然在主导着城市管理工作。城市管理的主体仍然是政府，居民和其他社会主体尚缺少参与城市管理的条件和渠道。同时由于体制机制未能理顺，法制也尚不健全，城市管理无法形成有效合力，共同负责、共同参与管理的制约机制难以建立，从而也削弱了政府对城市的管理能力。特别是随着城市的大建设大发展，大量人口涌入城市，城市空间布局不合理，造成人口过度集聚，交通拥堵问题日益严重，公共安全事件频发，城市污水和垃圾处理能力不足，大气、水、土壤等环境污染加剧，城市管网系统脆弱，缺乏统一的协调规划，多头管理相互干扰的状况时常出现，一旦出现极端情况，极易造成巨大的经济社会损失，严重影响新型城镇化的质量，因此亟须提升河南城市管理水平特别是精细化管理水平，把城市管理工作做实做细。

5. 城市公共产品供给能力亟待提高

2014年的统计数据显示，河南省的人均地方一般公共预算收入为2902.98元，人均地方一般公共预算支出为6389.04元，在全国各省区市的排名均为倒数第二位，分别远低于5547.26元和9446.82元的全国平均水平。2015年，在产能过剩，煤炭、原油等资源产品价格持续下跌的背景下，由于产业结构偏重，河南省地方一般公共预算收入已经由曾经的赶超东部发达地区之势转为明显回落，降至9.9%的个位数增长，而且目前这种经济形势还未看到有扭转的迹象，所以未来一段时期河南省财政收入增速很可能会继续维持较低增长。河南城市公共产品的供给目前仍然主要来自政府财政投入，前文已经阐述过，作为人口过亿的农业大省，前一时期河南农村人口向城镇转移已经给现有的城镇带来了巨大压力，而未来5年河南还要争取新增1100万左右农村转移人口，要承载如此巨大数量的人口，在财政收入增速放缓的情况下，河南省亟须探索多渠道多元化模式，提高城市公共产品的供给能力。

6.市民参与发展的主体意识亟待提高

新型城镇化，其核心在"人的城镇化"，不仅要让农业转移人口能"进得城来"，稳定就业，更要让农业转移人口能在城市里"留得下来"，平等地享受城市基本公共服务及其他各项权益，以满足人的需求、增进人的幸福感为出发点和落脚点。包括转移进城的农村人口在内的市民是新型城镇化发展的主体。但是目前来看，市民特别是由农村迁移而来的新市民参与城市发展的主体意识还有待提高。比如，新市民还难以完全适应自身角色的转变，因此并不能很好地融入城市经济社会的运行之中，与之前在农村生产生活时相比，很多人在价值观念、生活方式、行为习惯、综合素质等多个方面与城市社会还有相当的差距。另外，由于一直缺少相关的渠道和条件，市民也很难参与所在城市的规划、建设与管理等过程，从而逐渐淡薄了自己作为城市发展主体的意识。要提升新型城镇化发展质量，必须改变这种现状，调动市民的积极性，使大家都能参与到发展的全过程中来，表达意见、贡献力量、发挥作用。

二 经济发展新常态下的2016年河南新型城镇化的发展环境和趋势

当前，国内外环境正在发生复杂而深刻的变化，国内经济发展进入新常态，河南发展正处于爬坡过坎、转型攻坚的关键时期，对于河南新型城镇化发展来说，既面临难得的机遇，也将面对一系列突出矛盾和挑战，呈现新的阶段性特征。

（一）河南新型城镇化发展的机遇和有利条件

1.四个全面战略布局的深入推进

党的十八大以来，以习近平同志为总书记的党中央从坚持和发展中国特色社会主义全局出发，逐渐提出并形成了"全面建成小康社会、全面深化改革、全面依法治国、全面从严治党"的战略布局。"四个全面"战略布局是新时期马克思主义思想与中国特色社会主义实践的伟大结合，开辟了中国共产党治国理政的新境界，明确了新的历史背景下党和国家工作的战略方向和主要任务。随着"四个全面"战略布局在河南省的全面深入推进，尤其是随着全面深化改革的持续推进，有利于城镇化科学推进的户籍制度、住房制度、投融资体制机制、城镇化成本分担机制等方面的改革力度将会不断加大，改革措施将会不断完善，一系列制约发展的体制机制障碍将会进一步消除，将为全省新型城镇化持续健康发展创造更为宽松的制度环境，全省城镇化加快发展的活力将会进一步迸发。作为全面小康社会强大引擎的新型城镇化，随着全省全面小康社会的加快推进，也将迎来持续健康发展的黄金时期。

2. 国家新型城镇化战略的持续深入实施

自《国家新型城镇化规划》出台以来，全国各地积极行动、勇于探索，新型城镇化顺利推进、成效明显，但是依然存在着土地城镇化与人口城镇化不协调、城镇化质量不高等突出问题。对此，2015年2月国务院专门出台了《关于深入推进新型城镇化的若干意见》，对过去各地推进新型城镇化过程中行之有效的经验进行总结，对积极推进农业转移人口市民化、全面提升城市功能、加快培育中小城市和特色小城镇、辐射带动新农村建设、完善土地利用机制等方面做了进一步的部署安排。为解决困扰各地的城市内涝问题，2015年10月河南还专门制定了《关于推进海绵城市建设的指导意见》，就海绵城市建设工作做出了总体部署，河南各城市也积极响应，踊跃实践，河南省住房和城乡建设厅明确提出从2015年起，全省各城市新区、各类园区、开发区要全面按照海绵城市标准进行建设，鹤壁市还成为全国首批"海绵城市"试点市。国家持续推进以人为核心的新型城镇化，大力加强棚户区改造、城镇基础设施建设、海绵城市和地下管线建设，为河南的城镇化建设和发展带来巨大发展机遇和空间。

3. 中央城市工作会议时隔37年再次召开

在我国城市化走到十字路口和拐点的时候，中央城市工作会议于2015年12月再次召开，距离上次中央城市工作会议已经过去37年。此次中央城市工作会议的召开，对中国城市化发展具有深刻的历史意义、现实意义和划时代的意义，是中国城市化发展的一个新的里程碑，是中国城市化一次新的起航，是中国城市化总结过去、继往开来、与时俱进的新开端，是影响中国城市化未来发展走向的一个大战略。中央城市工作会议不但总结了中国城市化所获得的巨大成就，也明确地指出了中国城市化建设中存在的严重问题。同时，也对中国城市化进程中所出现的各种问题、各种城市病、各种疑难问题、棘手问题和瓶颈问题，提出了一系列的解决方法；还为中国城市未来发展提出了一系列的核心思想。这些核心思想都是针对城市如何规划好、如何建设好、如何管理好而提出来的，都是围绕城市为人民所建，都是围绕以人为本的核心思想而提出来的。此次会议全面分析了我国城市发展面临的形势，进一步指明了未来城市发展的指导思想、总体思路和重点任务，有利于河南省更加科学地推进城镇化健康发展。

4. 国家区域发展战略调整提供历史性机遇

为推动我国与丝绸之路沿线国家在贸易、要素流动、经济政策等方面开展更大范围、更高水平、更深层次的区域合作，国家主席习近平先后提出共建"丝绸之路经济带"和"21世纪海上丝绸之路"等重大倡议。2015年3月，国家发改委、外交部、商务部联合发布了《推动共建丝绸之路经济带和21世纪海上丝绸之路的愿景与行动》，标志着我国的"一带一路"战略进入全面实施阶段。该《愿景与行动》明确提出河南等内陆省份要加快构建内陆开放型经济高地、积极开展跨境贸易电子商务服务试点。为加快融入"一带一路"国家战略，河南省在2015年12月出台了《河南省参与建设丝绸之路经济带和21世纪海上丝绸之路实施方案》，为全省积极参与"一带一路"建设做出了战略部署。"一带一路"战略的实施，有利于河南省加快建设内陆开放高地，提升外向型经济发展水平，同时也有利于河南提升对内开放层次，加强区域合作。京津冀协同发展、长江中游城市带建设也在加快推进，全国层面的区域经济发展正在加快布局谋篇，为城镇化的推进提供了更广阔的空间。另外，中原经济区、中原城市群等战略的深入推进，都为全省新型城镇化建设提供了难得的历史机遇。

5."十三五"规划的科学制定

刚刚过去的2015年是"十二五"规划的收官之年，同时也是"十三五"规划的编制之年。在2015年10月公布的《中共中央关于制定国民经济和社会发展第十三个五年规划的建议》中提出了创新、协调、绿色、开放、共享五大发展理念，这五大理念是我们未来发展的科学指南和价值引导。国家"十三五"规划明确提出要将中原地区等城市群作为带动区域发展的新空间，制定实施新十年中部崛起规划，为河南省提升在全国发展布局中的地位提供了重大战略机遇。随着以郑州为中心的米字形高速铁路和城际铁路网加快建设，依托综合交通运输通道构建新的区域发展格局具备了较好条件。河南省"十三五"规划也进一步明确了以郑州都市区为核心、米字形城镇产业发展轴带为支撑，提升中原城市群一体化发展水平和整体竞争力，使之成为与长江中游城市群南北呼应、共同支撑新十年中部崛起战略的核心增长区域，以及新亚欧大陆桥经济走廊最具发展活力的核心地带。随着全省"十三五"规划的实施，一系列重大工程、项目的相继开工，河南的新型城镇化建设将迎来新一轮大发展。

（二）河南新型城镇化发展的挑战和不利因素

1. 经济增长速度放缓

全国经济发展正式步入新常态，新常态的主要特点之一就是经济发展从高速增长转为中高速增长，经济结构不断优化升级，从要素驱动、投资驱动转向创新驱动。经济增速放缓在金融危机以来已经得到证实，从国内外发展环境和大趋势来看，将来经济增长速度还有进一步下滑并进入中速增长的可能。在这种宏观环境下，产能过剩矛盾将会更加突出，随着生产要素成本的快速上涨，财政和金融风险将会进一步加大，过去依靠大规模基础设施投资的发展模式变得愈发不可持续。河南省劳动力素质不高、科技创新能力不足、产业结构不合理等制约经济发展的深层次矛盾和问题更无法得到根本解决。全省经济增速在近几年呈现逐年下降的趋势，2015年地区生产总值增速进一步下降为8.3%。新常态下的城镇化，承担着引领经济结构战略性调整的历史重任，但新型城镇化的推进同样要受经济增速放缓、结构调整这一宏观背景的制约，放缓的经济发展速度是城镇化进程继续推进的最大制约因素。

2. 资源环境约束加剧

随着河南城镇化的快速推进，城市占地面积的快速扩张、城镇人口的快速膨胀、汽车数量的急剧上升，城市资源环境承载力和城市化发展规模的矛盾日益突出，基础设施建设难以满足发展需求，交通拥堵问题更加突出，大气污染问题依然存在，郑州、洛阳等城市的城市病愈发严重。在过去的2015年，包括河南在内的中部地区经历了连续多次的大气重污染过程，强雾霾天气污染影响加剧且影响范围广，对空气质量、大气能见度、居民健康等造成了严重影响。郑州、安阳、新乡等市上榜"全国十大空气污染城市"成为"新常态"。在大力提倡发展新能源的现阶段，2014年原煤占河南能源生产总量的比重仍高达89.8%，煤炭在能源消耗总量中的比重仍高达77.7%。根据2014年对全省39条重要河流和209个水功能区的检测数据，全省水质达到和优于Ⅲ类河长2124.9公里，仅占评价总河长的43.7%；水质为劣Ⅴ类河长1514.8公里，占总河长的比例高达31.8%；断流河长129.2公里，占总河长2.7%。资源过度消耗、环境污染问题愈发突出、生态系统破坏加剧等问题成为制约全省城镇化科学推进的主要因素。

3. 支撑快速城镇化的投融资体制尚不完善

习近平总书记提出，"解决好人的问题是新型城镇化的关键"，新型城镇化新在"以人为本"。河南作为传统农业大省，农业人口众多、城镇化率长期低于全国平均水平是河南省在新型城镇化过程中必须面对和解决的重要问题。根据国务院发展研究中心测算，每增加一个城市人口，至少需要9万元的基础设施新增投资。河南省"十三五"规划提出到2020年城镇化率达到56%的目标，意味着未来五年至少需要保持1.8%的城镇化速度才能完成这一任务，这就意味着全省每年将有超过180万的农业转移人口，至少需要1600亿元以上的基础设施投资，"钱从哪里来"是新型城镇化面临的一个现实问题。由于我国现行税收制度的限制，地方政府财政实力有限，很难满足城镇化高速发展所需要的巨额投资需求。当前，有利于城镇化健康发展的财税政策体系还不完善、多元化的城镇化投融资模式没有确立，土地财政依然在发挥着重要的作用，甚至成为一些地方的融资主体。从世界各国城市化的经验来看，任何国家的城市化依靠土地财政进行筹资都难以持续。河南省作为全国粮食主产区，土地资源原本就紧缺，还承担着维护国家粮食安全的重任，如果处理不好城镇化进程中农村土地资源向城镇建设用地转变的问题，将会给城镇化健康发展带来重大隐患。

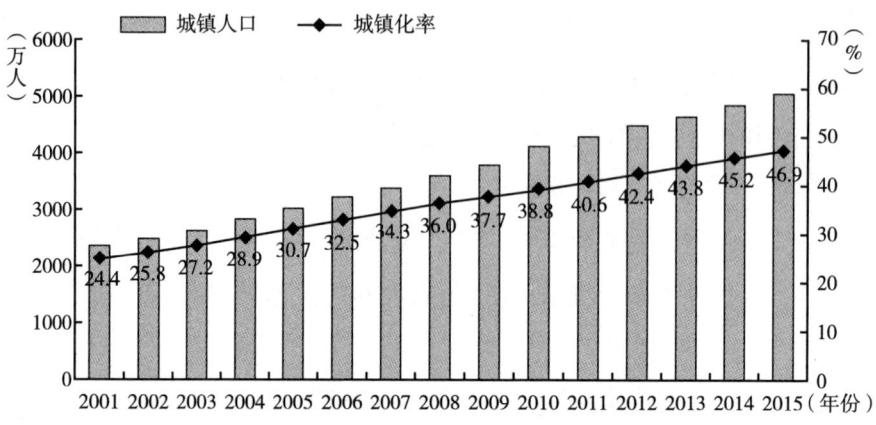

图4 2001～2015年河南城镇化发展趋势

4. 房地产市场分化加剧

原河南省委书记郭庚茂同志多次强调，在城镇化过程中要加强"住房和教育牵动"，房地产市场作为全省城镇化的重要推动力量发挥着重要作用。河南省正处于城镇化快速发展的关键阶段，在过去几年里，每年有100多万人涌入城市，加上大规模的流动人口，对现有的住房政策带来了巨大的挑战。据河南省统计局调查数据，投资方面，2015年全省房地产开发企业房屋施工面积40994.40万平方米，同比增长5.5%，增速比1～11月份回落0.7个百分点，房地产开发企业土地购置面积951.41万平方米，同比下降14.8%；销售方面，2015年，商品房销售面积8556.34万平方米，同比增长8.6%，其中住宅销售面积增长9.1%，办公楼销售面积下降17.7%。从市场反映情况来看，除郑州市房地产开发和销售保持稳定以外，其他城市，尤其是县城房地产市场无论是从投资方面，还是从销售方面均出现了不同程度的回落。受全国房地产市场大周期的影响，河南省房地产市场分化将会继续加剧，中小城市房屋空置率居高不下的情况短期内难有根本性改变，房地产市场风险持续累积，去库存任务依然艰巨，保持平稳发展的难度加大，对全省城镇化的健康可持续发展带来了巨大挑战。

（三）河南新型城镇化发展的特征和趋势

1. 更加注重城乡协调发展

国家"十三五"规划建议明确提出，"协调是持续健康发展的内在要求"，城乡协调发展是实现协调发展的重要方面和主要内容。随着改革开放的深入推进，城乡分割的二元结构将会进一步消除，有利于城乡一体化发展的体制机制将会进一步健全，从而推动城乡居民基本权益平等化、城乡公共服务均等化、城乡居民收入均衡化、城乡要素配置合理化、城乡产业发展融合化。随着以"一极三圈八轴带"为主体的城镇化体系的不断完善，随着全省新农村建设的全面实施，城乡协调发展的格局正在加快形成。

2. 更加注重大都市区的龙头带动作用

随着河南省工业化与城镇化的快速推进，以郑州为核心的大都市区正在快速形成，并成为带动全省经济社会发展的主要引擎。谢伏瞻省长在2015年政府工作报告中提出要"促进郑州与毗邻城市形成组合型大都市区"，河南省"十三五"规划也明确提出要"支持周边城市与郑州都市区融合对接，建设组合型大都市地区，形成中心带动周边、周边支撑中心的互促互进发展局面"。郑州市也出台了《郑州都市区总体规划》和《郑州建设国际商都发展战略规划纲要》。促进郑州与毗邻城市形成组合型大都市区是顺应世界城市发展规律的必然选择，是实现中原崛起的必由之路，同时也是拓展郑州发展战略空间的现实需要。

3. 更加注重城镇体系优化

随着郑西高铁、郑徐高铁、商合杭高铁、郑万高铁、宁西高铁等高速铁路的加快建设，以郑州为中心的"米"字形快速铁路网，正在向河南省乃至全国铺开。全省城镇化坚持向心发展，依托高速铁路和城际铁路网建设，形成以郑州为中心的半小时核心圈、一小时紧密圈和一个半小时合作圈，辐射八方的"米"字形城镇发展轴带正在加快形成。

4. 更加注重城镇化质量提升

近年来,随着经济的高速发展,河南城镇化率也实现了快速提升,然而,新型城镇化的关键是更加注重发展质量而不是发展速度。在注重城镇化发展成绩的同时,城镇化过程中的质量危机同样不可忽视,2015年的中央城市工作会议将提升城镇化质量放在了更加突出的位置。在过去,城镇化质量问题突出表现在追求物质形态城市化,忽视农业转移人口市民化,户籍人口城镇化率却远低于常住人口城镇化率,"半城镇化"现象严重。为适应新常态,河南省城镇化的发展进入"质量与速度并重"的新阶段,未来一段时间,要在保证城镇化发展速度的同时,更加注重发展质量。城镇化速度可以但是发展质量必须得到保证,城镇化将从外延式扩张向内涵式提升方向转型,提高城镇化质量将成为发展重点。

5. 更加注重城市发展宜居性

随着生态文明理念的逐步深入人心,城镇化发展进入注重生态文明发展的新阶段。习近平总书记曾经说过:"良好生态环境是最公平的公共产品,是最普惠的民生福祉";2015年中央城市工作会议也明确提出"统筹生产、生活、生态三大布局,提高城市发展的宜居性";国务院在2015年也先后出台了《加快推进生态文明建设的意见》和《生态文明体制改革总体方案》。未来的城市发展将更加尊重自然、顺应自然、保护自然,通过加强城市规划建设管理的可行性,通过加强城市生态环境修复和保护工作,"让城市融入大自然,让居民望得见山、看得见水、记得住乡愁"。

三 新常态下的"十三五"时期河南新型城镇化的展望

"十三五"时期,在新常态下,河南推进新型城镇化要深入贯彻和落实创新、协调、绿色、开放、共享的发展理念，以提高城镇化发展质量为重点，着力转变城镇化发展方式，提高新型城镇化水平，为经济社会发展提供强大引擎。

（一）优化城镇化布局与形态

1. 推进中原城市群一体化发展

《中共中央关于制定国民经济和社会发展第十三个五年规划的建议》明确提出"发挥城市群辐射带动作用，优化发展京津冀、长三角、珠三角三大城市群，形成东北地区、中原地区、长江中游、成渝地区、关中平原等城市群"。区域经济发展将以城市群为主要形态，城市群将成为"十三五"时期我国区域经济格局中最具发展潜力和活力的地区。中原城市群将以郑州都市区为核心、米字形城镇产业轴带发展，提升节点城市功能，辐射带动周边地区经济社会发展，推动交通等基础设施互联互通、产业分工合作、生态共治共建、公共服务共享，真正实现城市群内部城市功能对接、联动发展，大幅提升中原城市群整体竞争力，成为支撑中部崛起的重要增长区域。

2. 优先发展大中城市

在城镇化的路径选择上，理论界一直存在大城市和小城镇的分歧，1998年国家提出"小城镇、大战略"的发展思路，党的十六大提出"坚持大中小城市和小城镇协调发展，走中国特色的城镇化道路"，《国家新型城镇化规划（2014~2020年）》再次提出"推动大中小城市和小城镇协调发展"。《河南新型城镇化规划（2014~2020年）》明确指出"提高中心城市辐射带动能力，着力增强县级城市集聚产业和人口的能力，有重点地发展中心镇，推动大中小城市和小城镇协调发展"。2016年河南省委城市工作会议明确指出"坚持大中小城市并举、优先发展大中城市"，对于优先发展大城市还是小城镇给出了明确的答案。未来河南省将以大中城市为重点，着力建设郑州都市区，培育壮大地区性中心城市，充分发挥大中城市集聚效应，增强大中城市的综合承载能力。同时，积极发展县级城市，有重点地发展小城镇，不断增强自身造血功能，加强基础设施建设，提高公共服务能力，形成大中小城市和小城镇合理有序的发展格局，实现城镇化的可持续发展。

3. 推动城乡发展一体化

统筹城乡产业发展、城镇布局、生态保护和基础设施建设，优化城乡公共服务资源配置，推动城市基础设施向农村延伸、推进城市公共服务向农村覆盖、实现城市现代文明向农村辐射。高标准规划建设城乡一体化示范区，按照综合性载体和复合型发展要求，构建多中心、组团式、网络化城乡空间格局，合理布局城市功能区、现代农业区、生态功能区和新农村建设，统筹发展先进制造业、现代服务业和都市生态农业，完善城乡生态网络，强化城乡公共设施共建共享，打造全省城乡一体化发展的示范区和样板区。

（二）增强城镇发展的系统性

树立系统思维，从城市构成要素、城市功能等方面加强对城市规划建设管理等系统的研究和部署，系统推进城市工作。

1. 发挥规划的引领作用

认识、尊重、顺应城市发展规律，因地制宜，实事求是，创新城市发展理念，科学编制城镇规划。科学定位城市功能，坚持精明增长和紧凑型城市发展理念，合理确定城市规模、开发边界和开发强度。加强城市设计和风貌管控，提倡城市修补，重点在城市空间立体性、风貌整体性、平面协调性、文脉延续性等方面加强规划，保持城市自身的文化特色和建筑风格，传承创新城市文化脉络，全面提升城市内在品质。健全规划管理体制机制，创新规划编制方法，提高公众参与程度，扩大公众知情权、参与权和监督权，严格执行城市规划，强化规划的严肃性，防止规划随意变动和修改。

2. 提高城市建设水平

推动城市基础设施建设，补齐城镇市政基础设施"短板"，生态空间持续扩大，管线安全水平和防灾抗灾能力明显提升。同步推进老城改造与新区建设，城镇住房保障建设和棚户区改造稳步推进。同步推进地上建设和地下建设，按照先地下后地上的原则，加强老旧管网改造和城市地下综合管廊建设。进一步提高工程建设质量，多出精品工程。

3. 提升城市管理水平

按照"建管并举，重在管理"的思路，提升城市管理标准化、信息化、精细化水平，推进城市管理向服务群众生活转变，提高人民群众生活的便利性和舒适性。加快智慧城市建设，推动云计算、物联网、大数据等新一代信息技术在城市建设与管理中的应用，深化城市规划、基础设施建设、公共服务、社会管理领域信息化应用，继续加强数字化城市管理系统建设和运营管理，用大数据创新城市管理方式。加强城市安全管理，编织城市安全网。推进城市管理由粗放型向精细型转变，实施定量管理、动态管理，城市管理和运行效率全面提高。

（三）增强城镇发展的持续性

1. 以改革推动城市发展

党的十八届三中全会以来，围绕制约河南省新型城镇化发展的瓶颈因素和群众反映强烈的突出问题，河南省立足于改革工作的职责权限，围绕户籍制度、社会保障、土地管理等方面加快改革步伐，一定程度上加快了城镇化进程。要增强城市发展动力，必须进一步深化改革，加快体制机制创新，在投融资体制、土地管理、城市执法体制等方面实现重点突破，构建有利于城镇持续发展的体制机制。

2. 以科技改变城市生活

让创新成为城市发展的主动力,加快构建城市创新生态系统,释放城市发展新动能。以构建众创空间等创新创业载体为突破口,健全服务体系,集成政策措施,集聚人才、资本、创业孵化器等创新要素,构建创新资本活跃、孵化主体多元,创新服务专业的复合生态系统,促使各类创业创新要素共生互助、聚合裂变。

3. 以文化助推城市转型

河南具有悠久而丰富的历史文化资源,应充分挖掘和发挥这些独特优势,延续城市历史文脉,保护、修复和利用好河南众多历史文化名城、名镇、名村、历史街区和历史建筑,保护和传承好先人留给我们的文化遗产。促进文化与城市发展的有机融合,利用独特的文化优势,塑造城市特色风貌,打造"文化+城市",推动城市转型发展,如开封打造宋代历史文化符号,建设富有地域特色和个性魅力、彰显历史记忆和时代特征的现代化城市。打造自己的城市精神,树立城市形象。

(四)增强城镇发展的宜居性

1. 推进绿色城市化

积极防治"城市病",根据资源环境承载能力调节城市规模,选择与城镇要素禀赋相适宜的发展模式,依托山水地貌优化城市形态功能,合理划定城市边界,逐年减少建设用地增量。推广绿色建筑,加大既有建筑节能改造的力度,对新建建筑全面执行节能强制性标准,全面推进可再生能源建筑规模化应用。积极实施公交优先战略,全面推进绿色公共交通建设,加快建设快速轨道交通,引导城市自行车出行比例由下降趋势转为快速回升。

2. 打造绿色化空间格局

努力构建科学合理的城市化格局、农业发展格局、生态安全格局、自然岸线格局。合力布局城市生产空间、生活空间、生态空间，按照生产空间集约高效、生活空间宜居适度、生态空间山清水秀的目标，大力开展生态修复，创造优良人居环境，把青山绿水融入城市。完善城市内部布局，提升城市的通透性和微循环能力。

3. 推动生产生活方式绿色转型

树立绿色消费理念，提高全民的环境保护意识和绿色消费知识水平，自觉参与和践行节约资源和保护环境，在衣、食、住、行、游等各个领域向绿色化转变，主动使用绿色产品，坚持绿色低碳出行，倡导绿色休闲模式。以绿色消费倒逼生产方式绿色转型，促进传统产业绿色化改造，推动构建科技含量高、资源消耗低、环境污染少的产业结构，推动生产方式绿色化，加快构建绿色产业体系，大幅提高经济绿色化程度。以生态环境保护为前提，加快产业结构调整，重点发展技术含量高、经济效益好，低耗能、低污染的产业。实施绿色制造，推进绿色工厂建设，加强节能减排和降低能耗，打造循环经济产业链。

（五）增强城镇发展的积极性

1. 处理好政府和市场在推进城镇化发展中的关系

厘清政府与市场的边界，充分发挥市场资源配置中的决定性作用，政府主要主导规划、公共服务、制度保障等领域，市场主导资金、人才、信息等经济要素，能由市场决定的全部交予市场决定。进一步激活民间资本参与城镇化建设，通过政府与资本合作（PPP）等模式，推动民间资本进入城市设施建设和公共服务等领域，缓解政府资金和土地供给的压力。

2. 尊重人民群众在城市发展中的主体地位

切实增强"城市主人"意识，赋予市民对城市发展决策的知情权、参与权、监督权，充分发挥和调动人民群众参与建设和管理城市的积极性、主动性和创造性，鼓励企业和市民以多种形式参与城市建设和管理，真正实现城市共治共管、共建共享。提高市民文明素质，推进公民道德建设，扎实开展道德模范评选表彰和宣传学习活动，实施节俭养德全民行动。深入开展群众性精神文明建设，广泛开展志愿服务活动。加强诚信制度建设，形成守信光荣、失信可耻的氛围。推进全民阅读，建设"书香中原"。普及科学知识，提升全民科学素养。培育良好家风、乡风、校风、行风，营造现代文明风尚。加强人文关怀，注重心理疏导，培育自尊自信、理性平和、积极向上的社会心态。

四 新常态下2016年推进河南新型城镇化的对策和建议

新常态下科学推进新型城镇化，必须在认识、尊重、顺应城镇化发展规律的基础上，积极发挥政府、市场、市民三大主体作用，加快转变城镇化推进方式，着力提升城镇化发展质量，探索走出一条符合河南实际、具有中原特色的新型城镇化发展道路。

（一）加快城镇化布局形态调整，统筹空间、规模、产业三大结构优化

城镇化布局和形态是城镇化的空间载体，河南省科学推进新型城镇化建设，要在统筹城镇空间、规模、产业结构优化的基础上，推动城镇化布局和形态的优化，将中原城市群打造成为中西部地区的核心增长极。

1. 推进城镇体系整合优化

根据现有基础、职能定位、发展态势、交通区位条件，按照合理分工、发挥优势、形成合力、协调发展的原则，着力打造核心带动能

力强、城镇分工合理、产业协作紧密、文化特色鲜明的现代城镇体系。加快建设郑州都市区。坚持实施国际商都发展战略，强化科技创新和文化引领，围绕"枢纽建设、产业体系、城市环境"三大核心任务，突出国际物流、综合商贸、现代服务业、先进制造业、国际化城市等战略支撑，支持周边城市与郑州都市区融合对接，建设组合型大都市地区，提升参与全球产业分工的层次以及国际化程度和国际影响力，加快向以国际物流中心为基础的国际性工商业中心城市迈进。推动洛阳、新乡、焦作、许昌、漯河、平顶山、安阳、鹤壁、濮阳、南阳、三门峡、商丘、信阳、周口、驻马店、济源等中心城市加快发展。按照规模做大、实力做强、功能做优、环境做美的原则，以产业带动和综合服务为重点，发挥比较优势，调整优化产业结构，推动中心城市组团式发展，使之成为各地域空间组织的核心。全面提升省际交界地区中心城市的商贸、文化、卫生、教育、交通等综合服务功能，增强要素集聚能力，打造省际交接地区的区域性经济、文化、物流中心。把巩义、林州、永城、项城、灵宝、固始、潢川、邓州等城市打造成为市域范围内的副中心城市，与市域中心城市共同承担带动和辐射区域发展的职能。提高县城（县级市）规划建设水平，加快产业集聚区建设，支持有条件的地方科学规划新城区，带动老城区改造提升，全面提升县城的产业功能、服务功能和居住功能，建成服务城乡、带动区域、宜居宜业的现代化中小城市，成为县域经济发展的增长极和县域城镇化的主要空间载体。按照完善功能、控制数量、提高质量、体现特色的要求，重点培育区位条件优越、产业基础良好、发展潜力较大的小城镇，使之成为集聚产业和人口、服务"三农"的重要载体。加快推进"镇级市"建设步伐，支持经济发达、产业基础好的重点镇，逐步发展成为10万人以上的小城市。完善一般小城镇的基础设施和公共服务设施，着力强化服务功能，推动发展成为面向周边农村的生产、生活服务中心。

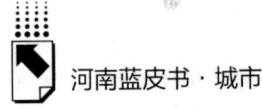

2. 推动城镇化形态布局优化

坚持向心发展，依托综合运输通道支撑，带动人口和产业集聚，壮大提升节点城市，加快构建"一极三圈八轴带"空间格局。"一极"即郑州都市区。"三圈"即以郑州为中心，涵盖洛阳、开封、平顶山、新乡、焦作、许昌、漯河、济源等8个中心城市的"半小时"核心圈；涵盖安阳、鹤壁、濮阳、商丘、周口、信阳、驻马店、南阳、三门峡等9个中心城市的"1小时"紧密圈；涵盖中原经济区其他中心城市的"一个半小时"合作圈。"八轴带"即郑州-三门峡沿陇海西向发展轴、郑州-商丘沿陇海东向发展轴、郑州-安阳沿京广北向发展轴、郑州-信阳沿京广南向发展轴、郑州-南阳沿郑万西南向发展轴、郑州-濮阳沿郑济东北向发展轴、郑州-焦作沿郑太西北向发展轴、郑州-周口沿郑合东南向发展轴。

（二）推进新型城镇化试点改革，统筹改革、科技、文化三大动力增强

在新常态背景下，紧跟历史的步伐和时代的潮流，坚持问题导向和目标导向，依靠改革、科技、文化三轮驱动，加快实现从灰色动力结构向绿色动力结构的转变，推进新型城镇化可持续发展。

1. 充分发挥新型城镇化改革试点城市的引领作用

及时总结提炼洛阳、舞钢等国家和省新型城镇化改革试点的经验，并加快推广实施。以努力缩小户籍城镇化率与常住人口城镇化率差距为目标，积极推进户籍制度改革，以农村学生升学和参军进入城镇的人口、在城镇就业和居住5年以上以及举家迁徙的农业转移人口等4类群体为重点，除郑州之外其他城市均进一步降低落户条件。郑州市加快完善积分落户制度，坚持以合法稳定就业和合法稳定住所（含租赁）、参加城镇社会保险年限、连续居住年限等为主要指标，重点解决就业和居住5年以上及举家迁徙的农业转移人口落户问题。

加快实施居住证制度，稳步推进义务教育、就业服务、基本养老、医疗卫生、社会保障等城镇基本公共服务覆盖全部常住人口；对于暂未办理户口迁移手续或者不愿意办理户口迁移手续、符合常住人口标准的农业转移人口，在就业、教育、卫生、住房、计划生育等方面享有和当地居民平等的权利待遇。建立健全由政府、企业、个人共同参与的农业转移人口市民化成本分担机制，明确政府、企业和个人市民化成本分担责任，夯实农业转移人口市民化的资金保障基础。以发行城镇化建设项目债、政府债，鼓励政府和社会资本合作（PPP）为重点，建立完善公共资源交易平台，持续优化金融环境，有效降低城镇化建设成本和交易成本，建立起多元化可持续的城镇化投融资机制。保留进城落户农民土地承包经营权、宅基地使用权、原有集体财产权益不变，积极探索农民相关权益的实现形式，规范和完善农村产权流转交易，探索实施农村宅基地有偿退出机制，提高农村要素资源配置和利用效率。

2. 提高科技对新型城镇化发展的支撑能力

以"互联网＋"城市化为重点，加快提升科技对新型城镇化发展的支撑能力。2016 年，河南要大力鼓励支持各城市结合地方实际编制新型城镇化科技专项规划。加强新型城镇化发展规划、城市总体规划、村镇规划、土地利用规划、产业发展规划与科技规划的有机衔接，进一步明确科技创新的要求。充分发挥科研院所的主力军作用，以城乡规划、城市地下空间、市政基础设施、城市地下管线、建筑设计与施工、绿色建筑与建筑节能、智慧城市、村镇建设为重点，打造关键技术和优势领域的国家级创新平台，加快科研成果转化与应用，强化关键技术要素与规模化应用的点面结合，支撑引领新型城镇化快速发展。针对科技基础较好的城镇或园区，重点推进新能源、信息网络、新型智能交通、生态宜居、环境保护与资源综合利用等的应用示范，探索推进科技新城建设。鼓励建立静脉产业园区，开发利用城市矿产,加强生活垃圾分类回收和再生资源回收的衔接。制定和实施财政、税收、金融等优惠政策,设立绿色发展基金,加大对应用于城镇发展的绿色技术研发和成果转化的支持力度。制定和实行低碳产品优先采购政策,引导企业对绿色技术进行战略投资。

3. **坚持文化引领新型城镇化发展**

新型城镇化的过程,是传承历史文脉、改善人文环境、挖掘特色内涵、塑造城镇个性、提升城市品位的过程。河南是文化资源大省,多数城镇都底蕴深厚,承载着许多历史记忆。河南推进新型城镇化,要将文化纳入城镇规划的顶层设计,增强各级城镇管理部门的"文化意识",用文化引领城市规划、文化引领城市建设、文化引领城市形象塑造,既要不断融入现代先进元素,也必须保护和弘扬优秀传统文化,发展有历史记忆、中原特色、民俗特点的美丽城镇,促进自然与人文、现代与传统交融,避免千城一面、万楼一貌。要坚持以文化引领城市规划。根据城市历史文化资源的区域分布、现状特点,研究文化引领城市规划的具体实施意见,明确文化融入方式、表现形式和总体布局,促进历史文化资源融入城市规划。坚持以文化引领城市建设。严格落实规划方案,将文化元素融入城市建设项目,建立完整有序的文化展示系统,提升城市文化品位和文化形象。坚持以文化引领城市形象塑造。整合城市宣传资源,借助国内外知名媒体,加强城市文化形象宣传。充分利用报纸、广告、网络、微博、微信、微电影等多种方式,与腾讯等网络巨头和在线旅游企业开展深度合作,对名城、名花、名品、名人、名水、名山等进行文化创意宣传营销。

(三)推进产城融合发展,统筹生产、生活、生态协调布局

随着城镇化的加快推进和人口、经济活动的进一步聚集,城镇化地区的生产、生活、生态空间的矛盾将日益突出,统筹生产、生活、

生态协调布局，有效缓解城市空间拓展冲突，有利于实现生产空间集约高效、生活空间宜居适度、生态空间山清水秀。

1. 推进产城融合示范区建设

2016年，河南科学推进新型城镇化，要按照产城融合发展示范区的指导意见，依托现有合规设立的各类国家级、省级产业园区，发挥洛阳、焦作、开封、新乡等市城乡一体化示范区的引领作用，坚持以人的全面发展为核心，充分发挥市场配置资源的决定性作用，更好地发挥政府规划和政策的引导作用，以产业与城市互动融合发展为主线，以优化产城空间配置、推进产城形态融合、推动产城协调发展为中心任务，大力推动产业集聚发展，加快完善城乡规划体系，着力提高基础支撑能力，不断改善生态环境质量，走以产兴城、以城带产、产城融合、城乡一体的发展道路，加快产业园区从单一的生产型园区经济向综合型城市经济转型，使其成为"空间结构协调、产业活力强劲、城市品质优良、服务功能完备"的新型区域，充分发挥产城融合发展示范区的引领作用。

2. 科学确定城镇功能分区

依据城市总体规划、城镇体系规划、村镇规划、土地利用规划和环境保护规划，强化主体功能区导向，科学划定功能分区，创新开发方式，推进经济、人口、资源在空间上的合理均衡分布，使经济布局更加集约，资源利用更加高效，生态系统更加稳定。重点是调整生态脆弱地区的生产和生活空间布局，降低生产空间和生态空间叠加布局、生活空间和生态空间叠加布局对生态空间的破坏和侵占程度。未来河南省大中城市空间结构调整与功能分区的重要考虑是，根据城市日益增加的地铁、快速公交、轻轨等大容量的快速交通运输系统，形成沿快速交通线路的连续扩展或沿轴线的高密度点状扩展，通过轴向的有限延伸，打破"摊大饼"的传统城市发展方式，不断优化城镇空间结构，推动产业布局、土地利用和人口分布之间的良性互动与土地利用效率的提高。

3. 开展"多规合一"规划管理

总结推广巩义、获嘉等市县进行"多规合一"试点的经验，以实现发展目标、人口规模、建设用地指标、城乡增长边界、功能布局、土地开发强度"六统一"为目标，以国民经济和社会发展中长期规划、土地利用总体规划、环境保护规划、城市总体规划和美丽乡村建设规划为主体，充分考虑文化、教育、体育、卫生、农业、林业、园林、水务、交通、电力、消防等部门的专业规划，建立统一的空间规划体系"一张图"、建立统一的规划信息管理"一个平台"、建立多部门参与规划的"一个协调机制"，形成完整的空间规划控制线体系，有效统筹城乡空间资源配置，优化城市空间功能布局，保护耕地资源和生态环境，确保重要发展片区和重点发展项目落地，形成合理的城镇、农业、生态空间布局。

（四）推进城镇共治共管，统筹政府、社会、市民三大主体作用发挥

新型城镇化的核心是以人为本。科学推进新型城镇化，必须按照中央城市工作会议的要求，推动政府、社会、市民三大主体同心同向行动，使政府有形之手、市场无形之手、市民勤劳之手同向发力，做到城镇的发展为了市民，城镇的发展依靠市民，真正实现城镇共治共管、共建共享。

1. 切实发挥政府调控职能

政府作为公共服务提供的主体，肩负着管理社会和调节经济的职责。政府在推进新型城镇化过程中，要加快制定完善包括省域城镇体系规划、城市总体规划、村镇规划等在内的规划体系，科学确定城镇之间的合理布局、功能定位。要把公共服务作为主要职责，推进基础设施、公益设施建设，提升公共服务质量和均等化水平。特别是通过建立专项引导基金等方式，发挥政府引导作用，尽力提高社会资本和

民间资本的使用效益。要把依法行政作为主要准则，加快建立健全城乡规划设计、住房公积金管理、住房管理、工程建设、建筑市场管理、房地产市场管理、市政基础设施建设管理、农村规划建设管理、农村生活垃圾处理、国有土地房屋征收与补偿、物业管理、建筑节能等领域的地方性法律、行政法规和部门规章，按照法定程序规划、建设、治理城市。

2. 发挥市场的主导性作用

市场经济是新型城镇化发展的活力和动力源泉。新常态推进新型城镇化，要充分发挥市场在资源配置中的决定性作用，以市场的力量引导资源要素流动和集聚，提升资源配置效率。首先是加快调整行政管理体系，强调在市场机制驱动下实现全要素、全格局最优化的配置，改变城镇群体之间以行政权力主导划拨和调动资源的传统模式。其次是充分利用市场杠杆性，为城镇建设发展聚集资金聚合力量。全面放开城镇市政公用行业、建筑业、勘察设计、城乡规划编制、棚户区改造、村镇建设等住房城乡建设市场，推广运用政府和社会资本合作模式，重点投向供水、燃气、热力、污水垃圾处理、综合管廊建设等市政公用领域项目。

3. 发挥市民的主人翁作用

全体市民才是城镇发展中的真正主人，要积极主动地发挥主人翁精神，参与和监督城镇的规划建设管理工作。要逐步实行公众听证制度，改进决策方式，凡涉及城市公用事业的规划建设和规章制度、政策措施的制定等决策行为，都要以多种形式向社会公示，广泛听取市民意见，保证市民以主人翁的身份参与到决策的过程中来。建立参与决策的机制，建立人大决策制度。将涉及城市公用事业的最终决策权力交给人民，建立"部门提案—社会公示—研究完善—人大通过"的决策模式。建立在线网络平台，利用现代先进技术建立起立体的电子监控网络、社会举报网络等。通过严格执法形成良好的管理环境，使市民自觉用现代城市文明准则来规范自己的行为。

（五）推进规划引领发展，统筹规划、建设、管理三大环节发展

一座城市之所以能有序运行，就在于城市的各部门、各要素、各功能系统周密地运转，其中最紧要的就是规划、建设、管理三大环节。

1. 完善城乡规划体系

稳步推进新一轮城市总体规划修编，加快编制市政公用设施专项规划、城市控制性详细规划、村庄规划、镇规划和县域乡村建设规划，提高城乡规划编制审查的科学性和实施管理的有效性。加快完善发展载体规划。积极推进郑州航空港经济综合实验区专项规划的完善实施，加快推进各省辖市城乡一体化示范区规划编制工作，推进产业集聚区和商务中心区、特色商务区空间规划和控制性详细规划的修订和编制工作。进一步加强历史文化名城、名镇、名村和风景名胜区规划编制，推进一批历史文化名镇、名村、传统村落保护发展规划编制。健全城乡规划管理体制机制。完善城乡规划决策机制，全面推行规划公示公开，提高政府相关部门、专家和公众参与程度，扩大公众知情权、参与权和监督权。加强规划实施全过程监管，完善城乡规划督察制度，实行规划实施责任追究制度，切实维护规划的权威性。

2. 提高城镇建设水平

按照提高城镇综合承载能力的要求，树立"窄道路、密路网"的城市道路布局理念，加快完善道路网络，优化路网结构，提高路网密度。合理布局建设停车场和立体车库，提高公共停车设施配建指标。推进大中城市加快发展地铁、轻轨等城市轨道交通或BRT等大容量快速公共交通，推进换乘枢纽及与城市电网规划相结合的充电

桩、充电站、加气站等配套服务设施建设。按照"渗、滞、蓄、净、用、排"的原则，将城镇建成"自然积存、自然渗透、自然净化"的海绵城市。以南水北调中线工程受水城市配套供水工程为重点，全面推进城镇供水厂和管网建设改造，提高现有城镇供水设施利用效率。积极开展节水型城市创建，推动建筑中水和污水再生利用设施建设。扩大天然气利用领域和规模，统筹完善燃气管网和储配设施，提升城镇燃气调峰、应急、储备能力，积极推动燃气管网向乡镇延伸。加强污水处理及再生利用、污泥处理处置设施建设，提高污水处理率和污水处理厂负荷率。全面提升城镇生活垃圾集运处水平，完善城镇生活垃圾收转运处体系。积极推进餐厨垃圾定点收运和处理，加快餐厨废弃物资源化利用和无害化处理建设步伐。加大城镇生活垃圾无害化处理设施建设力度，重点加快生活垃圾焚烧处理设施建设。加快城市矿山开发与建设，构建多元化回收、集中分拣和拆解、安全储存运输和无害化处理的完整的回收体系。加快市政老旧管网改造，老城区开发、道路改造、棚户区改造等因地制宜配套建设综合管廊。稳步推进城市地下综合管廊建设，在新建道路、城市新区和各类园区等有条件的地方启动地下综合管廊试点工程。推进城镇园林绿化建设，强化城市绿地与区域范围内各种生态空间的衔接，大力发展立体绿化，推进屋顶绿化、垂直绿化建设。

3. 提升城镇管理水平

按照"建管并举，重在管理"的思路，以智慧城市建设为重点，提升城市管理标准化、信息化、精细化水平，推进城市管理向服务群众生活转变。加快推动云计算、物联网、大数据等新一代信息技术在城市建设与管理中的应用，推进城市规划、基础设施建设、公共服务、社会管理领域信息化的应用，继续加强数字化城市管理系统建设和运营管理，基本实现县（市）数字化城管平台全覆盖。重点推进城镇建筑物档案数字化、地下管网普查和数据建库，发展智慧水务、智慧管网，构建统一的公共基础数据库，建立城市网格化管理平台、公共信息服务平台以及城市规划、运行优化仿真系统。着力完善城市市政公用行业突发公共事件应急预案和应急保障体系，不断提高供水、防涝、燃气等行业救援救助能力。

参考文献

聂英芝、梁俊卿：《探析生态文明建设与城镇化发展融合的制约因素》，《中国人口·资源与环境》2014年第12期。

向靖妮：《专家谈新型城镇化规划：人到哪去，钱从哪来，地怎么管？》，《国土资源导刊》2014年第3期。

张科峰、邓飞、王向前：《〈国家新型城镇化综合试点方案〉公布河南有4个试点城市》，《河南商报》2015年第3期。

王新涛、李永鑫：《快速交通导向下我国特大城市有机疏散的响应机制与路径》，《地域研究与开发》2011年第6期。

海月：《城市规划引领城市发展》，《城市地理》2015年第18期。

刘畅、李新阳、杭小强：《城市新区产城融合发展模式与实施路径》，《城市规划学刊》2012年第1期。

唐晓宏：《上海产业园区产城融合发展路径研究》，《宏观经济管理》2014年第9期。

辜胜阻、李洪斌、曹誉波：《新型城镇化改革的原则与路径——十八届三中全会的城镇化新政》，《江海学刊》2014年第1期。

王苹、郭雪飞：《邓小平城镇化改革思想发展与实践探析》，《毛泽东思想研究》2015年第1期。

王建国：《河南新型城镇化改革与发展研究》，《城市》2015年第9期。

王吉勇：《分权下的多规合一——深圳新区发展历程与规划思考》，《城市发展研究》2013年第1期。

左雯：《就近城镇化：中部地区城镇化的战略选择》，《湖北经济学院学报》2015年第6期。

宋立：《中国经济新常态与城镇化新趋势》，《经济体制改革》2015年第1期。

张菀航：《新型城镇化如何顺应新常态》，《中国发展观察》2015年第3期。

李璐：《经济波动与最优城镇化水平和速度研究》，《中国人口·资源与环境》2016年第3期。

徐丽杰：《中国经济新常态下推动城乡一体化发展的新策略》，《税务与经济》2016年第1期。

冯奎：《中国新城新区转型发展趋势研究》，《经济纵横》2015年第3期。

杨保军、陈鹏：《新常态下城市规划的传承与变革》，《城市规划》2015年第11期。

辜胜阻、李睿：《以互联网创业引领新型城镇化》，《中软科学》2016年第1期。

张荣天、焦华富：《中国新型城镇化研究综述与展望》，《世界经济地理》2016年第1期。

城市发展篇
City Development Reports

B.2
提高中原城市群运行效率研究

吴银毫*

摘　要： 中原城市群作为我国的六大城市群之一，已成为我国经济发展的重要平台。城市群的运行效率作为衡量其发展建设水平的重要指标已被学界广泛关注。在对中原城市群运行现状进行全面总结的基础上，本文参考国内外发达地区城市群建设的经验和教训，从中原城市群发展过程中面临的一体化机制建设、产业层次提升以及城镇化水平等多个方面，深入分析了制约中原城市群综合运行效率持续提高的主客观原因。最后，从宏观、中观、微观三个层面对提高中原城市群的运行效率提出对策建议。

---

* 吴银毫，河南省社会科学院区域经济研究中心助理研究员。

关键词： 中原城市群　运行效率　对策建议

《中国城市群发展报告2014》显示：2014年中国六个城市群综合指数水平的排名依次为：长三角、珠三角、京津冀、山东半岛、中原经济区、成渝经济区。该报告从人口、经济、社会、文化和均衡性五方面，对六城市群进行综合考量和客观评价。其中，京津冀、长三角和珠三角在优质人口集聚、居民生活质量和文化发展水平上走在前列，位居第一阵营。山东半岛城市群凭借优越的地理位置和良好的经济基础，位居第二阵营。中原经济区和成渝经济区经济基础薄弱，城市一体化程度较低，与东部城市群仍存在较大差距，位居第三阵营。同时，在河南省2014年GDP排名中，中原城市群的城市占据了前7位中的5位，完全处于统治地位。

因此，深入研究中原城市群的发展现状及运行中存在的问题，找到提高中原城市群运行效率，继而提高其在中国六大城市群综合指数排名中的位次。对于促进河南经济社会发展，辐射带动中原城市周边区域的发展都具有重要意义。

一　中原城市群运行现状

中原城市群主要集中在河南省中部，是从我国西部高原向山地平原过渡的主要区域，中原城市群内部地貌类型多样。郑州作为河南省的省会是中原城市群的核心城市，中原城市群主要包括9个省辖（管）市（见图1），其中有郑州、开封、洛阳、焦作、济源、新乡、许昌、漯河、平顶山以及下辖的14个县级市，总面积6177平方公里，中原城市群是河南省经济发展水平最高和城市最为集中的地区，是全省有色金属、能源电力、机械制造、食品和纺织工业重要生产基地（见表1），整个中原城市群有着较为发达的工业基础。

表1 中原城市群各地区的发展定位

城　市	功能定位
郑　州	中原城市群的中心城市,全国区域性中心城市,全国重要的现代物流中心,区域性金融中心和现代服务业中心,先进制造业和高新技术产业基地
洛　阳	中原城市群的副中心,河南省重要的科研基地,全国重要的装备制造业、原材料基地和先进制造业基地,以历史文化和花卉为主的旅游中心城市
许　昌	国际文化旅游城市,中原城市群重要的轻纺、食品、医药和精细化工基地
开　封	中国历史文化名城,国际文化旅游城市,中原城市群重要的轻纺、食品、医药和精细化工基地
漯　河	中国食品城,中原城市群轻工业基地,生态农业示范基地,中原城市群南部区域物流中心
济　源	中原城市群能源和原材料为主的加工制造业基地,以历史文化和自然景观为主的旅游城市
新　乡	中原城市群的高新技术产业和加工制造业基地,河南省职业培训基地,中国现代农业示范基地,中原城市群北部区域物流中心
平顶山	中国中部化工城,中原城市群化工、能源、原材料、电力装备制造业基地,河南省历史文化和自然旅游基地
焦　作	中原城市群的能源、重化工、汽车零部件制造基地,国际山水旅游城市

（一）中原城市群改善了河南城市面貌

在中原城市群发展强有力的带动作用下，构成中原城市群的多个地区的城市面貌发生了巨大的变化，有些地区甚至发生了质的提升，俨然成为代表河南对外展示的名片。郑州和洛阳已双双进入国家特大城市行列，不少城市的生态文明和城市功能也进入高水平行列，在过去的几年中不少城市被评为国家园林城市和国家卫星城市等。城市群的快速发展也带动了城区面积的快速扩张，并进一步形成城市发展的聚集效应和规模效应。

（二）中原城市群有力地带动了区域经济的发展

随着中原城市群建设的逐步成熟，区域间协作发展动力愈发强劲，中原城市群的整体效率更加显现，对周边乃至全省经济发展的带动、辐射作用逐步显现。其中，9地区占全省GDP总量的份额逐年提升、固定资产投资总额和结构在持续提高与不断改善。尤其是，郑州航空港试验区的落户，在空间和时间两个方面对中原经济区乃至全省的经济发展效率带来了巨大的提升。

（三）进一步明确了各地区的主导产业方向

总体上看，中原城市群要加快推进新型工业化的发展步伐，建设科技创新基地、全国先进制造业基地，纺织、化工、食品和汽车零部件生产基地、医药工业基地；其中，已形成郑汴洛城市工业走廊、"洛平漯"产业发展带、新郑漯产业发展带、"新焦济"南太行产业发展带四大产业发展带。同时，中原城市群以产业发展和产业聚集为载体，强化内部合作，外联区外衔接，强化了城市群内外部生产要素的高效率配置，对河南形成区域产业集聚格局提供了重要的支撑。

但是，尽管如此，由于中原城市群上升为国家级城市群时间较短，获得的相关政策和资源支持相对于其他几个城市群也较少，再加上其根植的中原地区经济社会发展总体水平偏低等因素，中原城市群在自身发展和带动周边区域经济社会发展方面还存在着不少问题，最为突出的便是其综合运行效率不高、运行机制不够顺畅等。

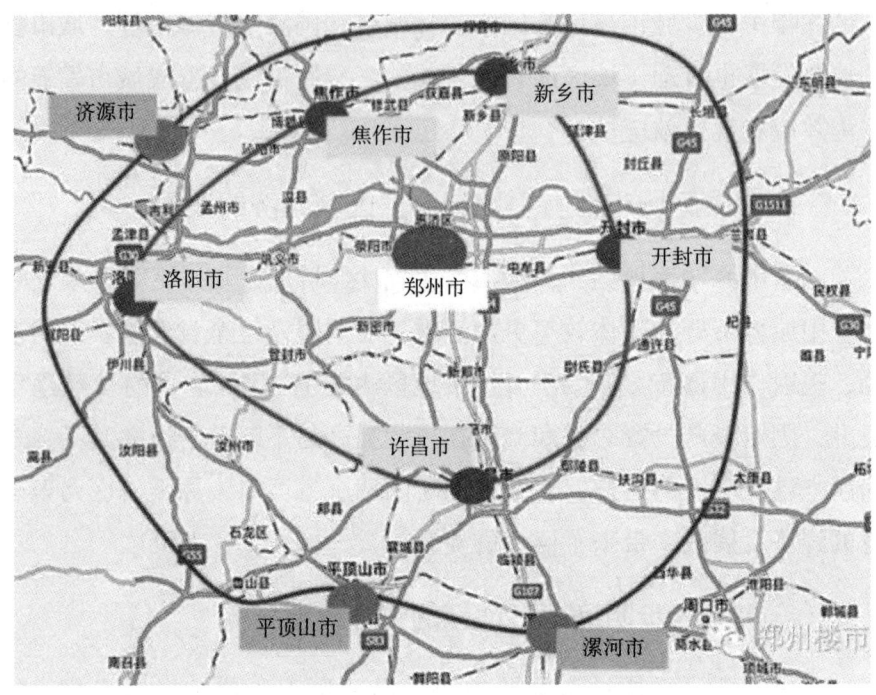

图1 中原城市群分布格局

二 中原城市群发展中存在的问题

(一)一体化机制缺失、发展尚不协调

虽然中原城市群是作为一个整体出现,但是其9大城市在具体的发展过程中仍然是各自为政,各尽其责。在区域的发展上没有一个统筹的规划和设计,以至于产业的发展零乱分散,重复建设问题比较突出。尤其是各城市在招商引资和承接东部沿海产业转移方面,彼此之间的恶性竞争更是加剧了区域整体利益的丧失。同时,为了强化自身的硬件优势,各区域都在不断加大对基础设施的投入和对产业环境的硬件升级,这样不仅造成重复建设的浪费,更会阻碍中

原城市群整体合作向深层次的发展，最终会大大降低中原城市群整体综合效率。

同时，中原城市群在行政级别上同属于地级市（郑州和洛阳为副省级）的架构，在经济上也没有形成具有明显优势的极化地带或区域经济腹地。而城市群内各个城市行政机制的独立和体制改革的滞后，在全省经济考核排名指挥棒的引导下，必然会强化9大城市间的竞争和非合作，表现在9大城市之间人为设置的贸易保护和贸易壁垒上。对市场要素流动性的限制，破坏了市场经济的发展规律，必然导致整个中原城市群效率的低下。这又反过来导致区域内各市的功能定位、专业化分工与协作地位等方面很难在一个合作框架内达成各地利益诉求的一致。在一个良好的合作协同机制建立之前，各自为政的非合作博弈局面或许还会进一步恶化。

（二）产业层次低

目前，河南省整体的工业化水平依然不高，虽然中原城市群的产业结构较全省平均水平有较大改善，但其基础工业、基础设施、支柱产业的技术水平和技术含量仍然较低，还处于一般层次的产业结构演化阶段。

1. 技术含量低

目前中原城市群的大多数工业产品的附加值不高，能耗却偏高，表现为数量型的发展路向，阻碍了产品的升级和生产率的提高。例如中原城市群内主要的十多种原材料耗能量比发达地区要高出5倍，而同样的能耗量的产出却只有他们的2成左右。同时，从行业结构看，中原城市群内起支撑作用的仍然是资源能源型产业和传统优势产业。产业链条较短，高附加值和深加工产品少，技术含量低、附加值低、综合利用率低等，而带动性强、关联度高的新型制造业相对较弱。

2. 投资结构不尽合理

投资是经济增长效率提升的重要推手。但是投资结构不同，导致经济增长的方式也不同，这是由投资结构对经济增长方式的作用所决定的。首先，在投资再生产结构方面，基建投资在中原城市群固定资产总投资中的份额较高，而技术改造投资所占比重较小，致使一大批老企业设备陈旧、技术落后的状况得不到改善，单位产品成本高、耗能大。效益差不可避免。随着中原城市群经济规模的日益扩大，一些重要的基础性、战略性资源供给"瓶颈"约束将越发显现。其次，在投资的结构方面，中原城市群整体上也呈现出工业投资增长较快、服务业投资增速缓慢的特点。在投资区域结构方面，中原城市群内各地区经济结构趋同现象普遍，往往造成区域设施的重复建设和低效利用等问题。

（三）城镇化水平不高

城市群概念提出的初衷是，希望通过城市聚集发展的规模效应来带动地区城镇化的快速推进，而城镇化的发展又可以反过来促进城市和区域经济、社会、文明的迅速提高。然而，河南省作为一个传统的农业大省和农业人口大省，城镇化总体水平一直偏低。中原城市群根植于中原大地，其较低的城镇化水平一直是制约其运行效率提高的问题之一。在《中国城市群发展报告2014》中，中原城市群的城镇化水平在国家级六大城市群中位列倒数第一，该项指标的严重滞后是造成中原城市群在全国6大城市群综合排名靠后的重要因素之一，而较低的城镇化水平也成为中原城市群解决"三农"问题的重要障碍。

同时，中原城市群的各地区之间发展不平衡，9个地市之间的城镇化水平存在较大差距。近年来，郑州、济源、洛阳、许昌等地市的城镇化发展迅速，但其他地市则明显滞后。城镇化水平的落后会严重制约生产要素在城市的聚集和有效流动，进而降低城市群的总体运行效率，包括城市文明在乡村的普及、城市福利在农村的惠及，以及科学技术在农村地区的有效扩散等。

三 提高中原城市群运行效率的对策建议

（一）宏观层面：构建统一的中原城市群市场体系

1. 建立统一有序、产城融合的商品市场体系

积极推进专业市场建设与产业集群发展、商品市场与物流配送中心建设、外贸发展与内贸发展紧密结合，建设发展一批各具特色的跨区域共同市场，重点促进城市群内人流、物流、信息流和资金流的畅通互动。着力打造以郑州为中心的商品、资本产品交易中心，提升城市群内中心城市的市场服务功能和对周边的辐射带动能力，深挖中原城市群产业、产品优势，加快发展业态先进、集聚辐射能力强、发展潜力大的大宗商品集散市场和各类专业市场。

2. 构建共赢互利、高效有序的要素市场体系

依托中原城市群内双核（主核心城市郑州、副核心城市洛阳），加快建设以郑州和洛阳为中心的要素市场，促进区域资本、土地和人力、技术等专业市场和区域特色市场的合理布局，加速生产要素向其他城市群成员地区扩散和聚集。同时，要注重城市群对信息化的运用。例如，可以构建统一的中原城市群企业信用信息数据库，完善群内企业的跨区域信贷机制，推进跨地区的互投融资，形成更加安全稳定、规范有序的金融生态环境。

3. 统筹市场监督、优化市场环境

健全区域内政府间沟通磋商机制，合作编制实施中原城市群市场体系建设发展规划。进一步打破行政性垄断和地区封锁，对地方性政策法规进行梳理整合，统一市场准入、地方标准等规范，探索制定适

宜的区域一体化的市场监督体系。同时，要规范市场经济秩序，健全产品质量监管机制，建立稳定规范的政策和法制环境。

（二）中观层面：加快整合中原城市群产业体系

区域发展的载体归根结底在于产业的协调和互补。因此，提升中原城市群运行效率的突破点取决于，中原城市群内部产业经济的协作水平。要不断完善群内区域经济合作机制和合作规划，创新合作模式和合作方式，搭建产业合作平台，促进产业链接向高端发展集聚，打造产业布局合理、结构优化、层次较高，各区域产业互动、协调发展的良好中原城市群格局。

1. 推进工业合作链接

中原城市群应该以能源原材料、现代装备制造业和高新技术产业基地建设为重点，加快发展先进制造业和战略性支撑产业，强化与周边省份的产业关联，发挥引领带动作用，转变发展方式，实现转型升级。济源和焦作地区，要发挥煤油气资源优势，以煤炭、油气等能源合理开发利用为纽带，调整产业结构，延伸产业链条，提升能源开发技术含量，提高能源利用率，力争联合打造全国重要的化工基地。

2. 推进农业合作链接

充分发挥中原城市群的农业传统优势，加快推进城市群的农业现代化建设。将许昌和新乡重点打造成为中国农业科技示范基地、生态观光区以及现代农业示范基地。要共同组建一批跨地区的农业科技综合示范园、农业合作基地，并积极开展农业科技合作，实现9地市的优势互补。必要时，还要根据相邻地区（非中原城市群地市）的农业产业特点，实施有效的资源整合，实现城市群内外的产业联动效应，发挥城市群对周边区域的辐射带动作用。

3. 推进服务业合作链接

城市群内以产业结构优化升级为主要目标，加强服务业跨省合作，促进中原城市群现代服务业的发展。根据中原城市群内优势产业的特点，要重点加强商贸物流业合作链接，充分发挥中原城市群承东启西、联南通北的区位交通优势，以一体化的交通和通信等基础设施为支撑，加强中原城市群与全国各地的联系。共同打造中原城市群商贸物流绿色通道及与全国合作的有效机制。形成以中原城市群为中心的中部大融合、大开发、大市场、大发展的区域发展格局，利用经济的规模效用提升中原城市群的整体运行效率。

（三）微观层面：培育中原城市群内生机制

1. 继续深化城市群内国有企业改革

中原城市群内存在大量的国有企业，如何激发国有企业的发展活力，对提高中原城市群内的经济和结构效率意义重大。因此，进一步深化国有企业改革要在结构调整和制度创新等方面有新的突破。首先，要进一步调整城市群内国有企业的经济布局。要坚持有所为有所不为，着力完善国有企业的退出机制，把重点放在增强国有企业的控制力上。其次，要积极推进企业股份制改造。以 A 股市场 IPO 实施注册制为契机，大力推进国有企业的产权改制，力争符合"归属清晰、权责清晰、流转顺畅"的现代企业产权制度要求。事实上，在中原城市群内进行国企改革试验所取得的经验可以为今后在河南全省的开展提供参考。

2. 加快发展非公有制经济

一是进一步调整民间资本的市场准入政策，放宽非公有制的投资领域。二是引导个体、私营企业制度创新，提高管理水平和技术创新能力。加大政策扶持力度，完善民营经济服务体系，以"大众创业、万众创新"为契机，加快建设小企业创业基地、中小企业公共服务平台、特色大厦和特色园区。三是加大对非公有企业的财税支持。对城市群内涉农风险高的中小企业给予税收方面的优惠。

3. 积极培育城市群内市场中介组织

中介组织是支持和保证现代市场经济平稳高效运转的重要系统。决定企业竞争优势和提高企业长期竞争力的往往是市场中介服务提供的战略性投入要素。而整个社会也对市场中介服务的需求越来越大。加快和规范中介组织的发展，已经成为中原城市群建设过程中一个十分重要而且迫切的课题。

参考文献

刘士林、刘新静：《中国城市群发展报告2014》，中国出版集团，2014。

陈章喜、徐通：《珠三角城市群战略实施以来的效率评价》，《经济地理》2011年第11期。

王发曾等：《省域城市群深度整合的理论与实践研究——以中原城市群为例》，《地理科学》2011年第3期。

喻新安等：《中原经济区研究》，河南人民出版社，2010。

尤胜：《认识中原城市群解读河南城镇化》，《科技信息》2010年第1期。

万庆、吴传清、曾菊：《新中国城市群城市化效率及影响因素研究》，《中国人口·资源与环境》2015年第1期。

王发曾、吕金嵘：《中原城市群城市竞争力的评价与时空演变》，《地理研究》2011年第1期。

苗长虹、胡志强：《城市群空间性质的透视与中原城市群的构建》，《地理科学进展》2015年第3期。

杨子江、张剑锋、冯长春：《中原城市群集聚效应与最优规模演进研究》，《地域研究与开发》2015年第6期。

Dannice. Eco-spatial Etructure of Urban Agglomeration. Chinese Geographical Science, 2007, (1): 28-33.

B.3
构建郑州大都市区研究

郭志远*

摘　要： 大都市区是城镇化发展到较高阶段的城市空间组织形式。构建郑州大都市区是顺应世界城镇化发展的客观规律的必然选择，也是在中部地区打造国家级中心城市、促进全国区域协调发展的客观要求。当前，郑州大都市区建设正处于起步阶段，应着重从加强规划引导、加快基础设施互联互通、促进城际互动发展、促进公共服务共建共享等方面，加强对大都市区建设的引导。

关键词： 郑州　大都市区　中原城市群　区域协调发展

大都市区是城市化发展到一定阶段以后出现的一种城市空间组织形式，大都市区的出现是城市现代化进程的重要里程碑。随着河南省工业化与城镇化的快速推进，郑州大都市区正在快速形成，并成为带动中原经济区发展的主要引擎。促进郑州组合型大都市区发展，事关全省发展大局，刻不容缓，既需要加强顶层设计和总体谋划，也需要在形成思想共识、加强规划引导、创新体制机制、加强组织领导以及基础设施共建共享等方面率先突破，加快推进。

---

* 郭志远，河南省社会科学院城市与环境研究所助理研究员，博士。

一 大都市区的界定及郑州大都市区基本情况

从世界发达国家城市化发展规律来看,城市人口比重超过50%是由传统城市化发展阶段进入大都市区发展阶段的转折点。河南省2015年城镇化率达到46.85%,根据《河南新型城镇化规划(2014~2020)》,到2020年,全省常住人口城镇化率将达到56%左右,今后几年是构建大都市区的关键时期。河南省省长谢伏瞻在其2015年所做的政府工作报告中已经明确提出要"促进郑州与毗邻城市形成组合型大都市区"。

(一)大都市区概念辨析

大都市区的概念最早出现在1905年美国人口普查局的报告中。经过近百年的发展,美国管理与预算办公室将其定义为:聚集了大量人口的,并与其毗邻的周边社区的经济和社会有着极其密切联系的核心区域。[1] 改革开放以后,随着工业化和城镇化的快速推进,我国长三角、珠三角地区开始出现都市区形态,国内学者也开始对大都市区进行研究,其中比较有代表性的为周一星(1995),他认为都市区是由一定规模以上的中心市及与其保持密切社会经济联系、非农业活动发达的外围地区共同组成的具有城乡一体化倾向的城市功能地域。[2] 王兴平(2002)指出,都市区概念应该具备中心市区、城市边缘、外围生态开敞空间3个基本要素。[3]

---

[1] 许瑞生:《都市区的区域管治——地区发展中政府间的协调与管理》,《城市规划》2006年第11期,第82~88页。
[2] 周一星:《城市地理学》,商务印书馆,1995。
[3] 王兴平:《都市区化:中国城市化的新阶段》,《城市规划汇刊》2002年第4期,第56~59页。

(二)郑州大都市区基本情况

郑州不仅是河南的省会,还是中原经济区的核心城市,是河南省经济规模最大,发展水平最高的城市。2014年,郑州市地区生产总值达到6776亿元,常住人口达到938万,城镇化率达到68.3%,城镇人口超过630万。开封作为中原经济区的新兴副中心城市,是最早提出融入郑州大都市区的城市,郑汴一体化的提出已有近10年时间。尤其是随着郑开大道的建设以及郑东新区的开发、郑州航空港经济综合试验区的加快建设,郑州和开封、许昌之间的联系愈发紧密。此外,新乡的原阳县和平原城乡一体化示范区,焦作的武陟县等地已经开始主动融入郑州大都市区的发展,郑州的一些产业也已经开始向这些地区转移,新乡市还专门制定了《新乡市推进郑新融合发展工作方案》。郑州大都市区的建设已经开始进入政府视野,受到各相关城市和学术界的重视,将进入加快推进的新阶段。郑州大都市区核心区基本情况如表1所示。

表1 郑州大都市区核心区基本情况

地区	常住人口（万人）	城镇人口（万人）	市区建成区面积(万平方米)	地区生产总值(亿元)	公共财政预算收入(亿元)
郑州	938	641	413	6776	834
开封	455	232	113	1492	96
洛阳	668	340	194	3285	260
新乡	571	272	113	1918	139
焦作	352	188	114	1844	106
许昌	432	197	88	2087	125

资料来源:《河南统计年鉴2015》。

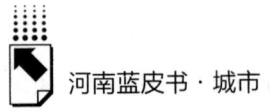

二 构建郑州大都市区的重要意义

大都市区是城市化发展的高级阶段和必然趋势,河南当前已有超过5000万人口居住在城市内,城镇化率很快将超过50%,即将进入城市型社会新阶段,无论是从全国区域协调发展大局还是从拓展郑州发展空间的现实需要出发,郑州大都市区的建设都显得尤为重要,刻不容缓。

(一)是顺应世界城市发展规律的必然选择

随着人类生产及组织方式的变革,经济全球化和区域经济一体化成为潮流和发展趋势,大都市区作为一种重要的区域单元,成为各国参与全球竞争的战略选择,全球城市化进程早已进入大都市区发展阶段。美国在城市化率超过50%以后就进入大都市区发展阶段,其中人口超过百万的大城市发展尤其迅猛,1940~1990年的短短50年间,美国人口过百万的大都市区从11个猛增到60个。法国、英国、日本等国家在"二战"后城市人口占比很快超过了50%,伦敦、巴黎、东京等为代表的人口过百万的大都市区也进入快速发展阶段,目前西方主要发达国家超过一半的人口分布在大都市区。世界经济发展的实践证明,纽约、伦敦、巴黎、东京等之所以成为世界级的大都市,不仅在于其自身强大的经济实力,更因为它们都有一个辐射周边的大都市区。近年来,随着我国工业化、城市化水平的快速提高,沿海发达的北京、上海、广州等地已经进入大都市区快速发展阶段。随着郑州地区生产要素的大量集聚、经济实力大幅提升、辐射带动能力显著增强,郑州对周围地区的影响日益加深,与周边城市的融合趋势日趋明显,加快推进郑州与毗邻城市形成组合型大都市区已经成为河南省科学推进新型城镇化的必然选择。

（二）是推动全国区域协调发展的客观要求

改革开放以来，我国经济经历了 30 多年的高速发展，各项事业均取得了很大成就，但是地区差距依然长期存在。随着国家对中西部地区发展的支持力度不断加大，地区发展差距扩大的趋势有所缓解，但是从发展趋势看，东部地区与中西部地区人均 GDP 的绝对差距还未呈现缩小的趋势。从全国层面来看，要构建东中西互动协调、共同发展的新棋局，沟通的桥梁和纽带不可或缺。河南在全国地处中部，承东启西，被视为中国之处而天下之枢，郑州在中原经济区、中原城市群中居于中心地位。随着我国经济重心的西移，郑州市在中西部乃至全国的战略地位不断凸显。促进郑州与毗邻城市形成组合型大都市区，不仅有利于将郑州打造成为国家级中心城市，而且有利于国家经济社会发展空间的优化，更有利于在中部地区形成全国区域协调发展的重要战略支撑区域。

（三）是实现中原崛起的必由之路

《国家新型城镇化规划（2014－2020 年）》明确提出要"加快培育中原等城市群"，还要求"增强中心城市辐射带动功能，推进中心城区功能向一小时交通圈地区扩散，培育形成通勤高效、一体发展的都市圈"[①]。国家"十三五"规划建议也明确提出要"积极拓展区域发展空间，加快形成中原地区城市群"。中原城市群已经成为国家今后一段时期要重点培育的新增长极，郑州作为中原城市群的龙头，加快打造国家级中心城市，进而带动郑州大都市区乃至中原经济区实现跨越发展势在必行。如何进一步提升郑州市的功能定位、构建郑州国家中心城市是摆在我们面前的历史命题和现实责任。在人口超过 1.6

---

① 中共中央国务院：《国家新型城镇化规划（2014－2020 年）》。

亿的中原地区,若没有强有力的区域性中心城市及以其为核心的大都市区的带动,很难实现整个地区的快速发展。核心带动战略是中原崛起的必然选择,郑州组合型大都市区被赋予带动中原崛起的历史使命和责任。

(四)是拓展郑州发展战略空间的现实需要

近年来,随着郑州城市规模不断扩大,面临的一些亟待解决的问题也愈发突出,主要表现在两个方面,一方面随着人口向郑州市的大量集聚,郑州市中心城区承载能力不足逐渐凸显,交通拥堵、环境污染、住房紧张等"城市病"问题日益突出;另一方面,随着郑州市城市建设的快速推进,第二、第三产业的加速发展,以及基础设施、公共服务设施、生态环境设施的快速建设,郑州市建设用地供需矛盾比较突出,土地资源短缺问题较为显著。有限的生态环境容量和受限的建设用地空间,制约着郑州市持续快速健康发展。如何破解建设用地、资源环境等要素制约,开辟新的战略空间,已成为当前推进郑州继续保持快速发展必须考虑的重大现实性问题。打破行政区域的束缚,变行政区域为经济区域,促进郑州与毗邻城市形成组合型大都市区是解决郑州发展战略空间难题的现实选择。

三 构建郑州大都市区的总体思路

(一)空间范围

通勤距离是国内外界定大都市区的重要标准。从大都市区所在地区的城镇体系、各城市之间的经济和产业联系强度,以及区域一体化发展程度等特征出发,国内外成熟的大都市区通常可以划分为2~3个圈层。第一圈层为都市连绵区,其空间范围包括25~30公里服务半径;第二圈层主要包括 30~50 公里服务半径;外围圈层大多介于 50~75 公里半径范围。此外,有些大都市区还根据日常通勤所用交通工具的不同来划定交通通勤圈。通常以通勤时间在 1 个小时以内为标准,因此,以公路交通为主的通勤半径在 25~30 公里,以轨道交通为主导的通勤半径可以拓展到 80 公里左右。

表 2 国内外城市大都市区规模与空间层级对比

大都市区	中心城区	发展连绵区(已建成区)	功能一体区(经济产业协作区)
巴黎	105.4	2845	12000
东京	621.8	13000	36000
北京	1085.0	1700	7665
上海	663.5	1650	6340.5

说明:巴黎为 2009 年数据,东京为 2008 年数据,北京、上海为 2013 年数据。

对照郑州组合型大都市区实际情况,可大致将空间层次分为三个圈层。

第一层为都市连绵区,主要包括郑州和开封两个城市。

第二层为一日通勤圈,按照轨道交通来计算,其辐射半径在 25~80 公里,包括郑州、开封、新乡、焦作、许昌和洛阳六个城市。

第三层以实际能带动的区域为准,主要包括郑州、开封、新乡、焦作、许昌、洛阳、漯河、平顶山和济源九个城市。

表 3 郑州"米字形"高铁 1 小时可达主要城市

高铁运行方向	途经主要城市
北京-广州高速铁路客运专线	邢台、邯郸、安阳、鹤壁、新乡、郑州、许昌、漯河、驻马店、信阳
郑州-西安高速铁路客运专线	郑州、洛阳、三门峡
郑州-徐州高速铁路客运专线	郑州、开封、商丘

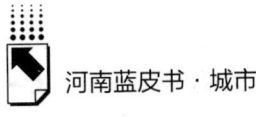

续表

高铁运行方向	途经主要城市
郑州－重庆高速铁路客运专线	郑州、许昌、平顶山、南阳
郑州－合肥高速铁路客运专线	郑州、许昌、周口、项城、界首、阜阳、淮南
郑州－济南高速铁路客运专线	郑州、开封、菏泽
郑州－太原高速铁路客运专线	郑州、焦作、济源、晋城、长治

（二）建设步骤

从单个城市到都市区，进而演进到大都市区，是城镇化不同发展阶段的产物，是城市地域空间组织形式从简单到复杂、从低级到高级的演变过程。郑州大都市区的形成和发展也应该是一个既有连续性又有阶段性，既要总体谋划又要分步设计的持续性发展进程。从实际情况出发，郑州大都市区的形成和发展规划可以分为三个阶段。

第一阶段：2016~2020年，在郑汴一体化发展的基础上，以郑东新区和郑州航空港经济综合实验区开发建设为契机，构建涵盖郑州和开封全域的"郑汴都市区"。

第二阶段：2021~2030年。在沿黄经济带多年发展的基础上，依托城乡一体化示范区和产业集聚区建设载体，发挥郑州、开封、新乡、焦作四城联动的效应，打造"郑汴新焦都市圈"；在陇海沿线多年开发建设的基础上，借中原经济区副中心城市洛阳与沿线工业城镇之力，发挥郑－汴－洛工业走廊的产业优势，建设"郑汴洛都市带"，并沿陇海线向西向东延伸，打造中原经济区的"核心增长轴"。

第三阶段：2031~2040年。在中原城市群发展建设的基础上，发挥米字形高铁以及高速公路网带动作用，打造包括郑州、开封、新乡、焦作、许昌、洛阳、漯河、平顶山和济源九个城市在内的"郑州大都市连绵区"。

四 构建郑州大都市区的突破口和路径选择

大都市区的形成和发展是城市化过程中的客观规律和必然出现的空间形式，国内外在大都市区建设过程中已经有很多成功的经验和失败的教训，在郑州大都市区的建设过程中，我们应当努力做到遵循客观规律，发挥主观能动性，加以科学引导。

（一）加快形成构建郑州大都市区的共识

思想观念的解放和更新是正确决策和有效执行的先导。促进郑州与毗邻城市形成组合型大都市区，势必会打破现有行政格局，建设过程绝不会一帆风顺，肯定会遇到诸多困难，我们必须要有坚定的信念和强大的共识。推进郑州大都市区建设的首要工作就是在全省范围内形成强大的建设共识，为打造郑州大都市区奠定良好的理论基础和思想共识。通过电视、报纸、网络等媒体，加大对郑州大都市区建设的宣传和舆论引导工作。引导郑州大都市区范围内的郑州、洛阳、开封、新乡等市的各级干部和广大群众在思想观念、理论认识、工作态度、精神状态等方面，加快树立合作意识，凝聚建设郑州国际化大都市区的共识。加快成立河南省政府主导的郑州大都市区建设领导小组，强有力的领导机构是推进郑州大都市区建设的坚强保障，郑州大都市区建设事关全省发展大局，需要在全省层面上进行统筹协调，以突破行政壁垒的障碍。应当加快成立由省政府主要领导任组长的领导小组，省直有关部门和郑州、洛阳、开封、新乡、焦作、许昌等相关城市领导班子为成员，下设办公室，统筹协调，组织推动郑州组合型大都市区建设各项工作，定期召开会议，研究解决大都市区建设中的重大问题。

（二）强化郑州大都市区建设的规划引导

规划是推动郑州大都市区建设和发展的依据和基础。以郑州为核心构建组合型大都市区区域规划，应突破行政区概念，把编制和实施区域规划放在突出重要的位置；着眼于打破地区分割，发挥各自优势，与周边地区一起统筹重大布局和生态环境建设，提高区域的整体竞争力。促进郑州与毗邻城市形成组合型大都市区，具有很强的现实紧迫性，应当将其纳入河南省和各地发展规划，重点推进；根据大都市区发展需要，加快修改完善河南省城镇体系规划、河南省土地利用总体规划、河南省综合交通运输体系规划等专项规划；加强涉及的市、县各项规划的全面衔接；加快制定"郑州大都市区总体规划"，用国际一流的规划引导郑州大都市区朝着正确的方向发展。

（三）加快促进郑州大都市区发展的体制机制创新

作为组合型的大都市区，郑州大都市区尤其需要强化城际互动发展，加快完善都市区一体化发展体制机制，推动交通一体、产业链接、服务共享、生态共建，促进产业和人口集聚，建设现代产业和新型城镇密集带，促进城际功能对接、联动发展。郑州大都市区同国内其他大都市区一样，存在着明显的"行政区划面积倒置"现象，即城市人口规模大，行政区划面积小。在现有城乡规划法律和规划体制，特别是现行财税体制和领导干部考核体制框架下，"行政区划面积倒置"带来的"政府治理碎片化"成为大都市区经济社会发展的严重障碍，可以通过以下几种手段解决这一问题：一是通过推动行政区划调整，将郑州周围半径50公里左右的区域，以县为单位划归郑州大都市区；二是更新大都市区管理理念，创新管理体制，强化跨区域协调管理；三是促进非政府组织的发展，发挥非政府组织在区域公共服务供给及促进区域协调发展中的作用。

（四）积极推进郑州大都市区范围内基础设施共建共享

加快推进现代交通、信息网络、能源支撑等重大基础设施共建共享，不断提高郑州组合型大都市区的基础支撑和保障能力。加快完善现代交通系统，重点要加快城际轨道建设，完善高等级公路网，提升水运通道功能，形成多种运输方式联动的大格局。完善信息网络系统，大力推进信息基础设施共享，加快实现通信服务同城化。积极推进跨行政区域的基础设施建设，推动城乡交通、供水、供电、电信、环保、消防等公共基础设施向农村延伸，促进大都市区范围内城乡基础设施共建共享。强化米字形高速铁路网骨干支撑作用，提速发展城际铁路网，打造覆盖所有中心城市的高效密集轨道交通网络；以跨省通道和城市群核心圈加密路段、紧密圈连通路段为重点，推动高速公路网内联外通，提升国省干线公路技术等级，协调布局建设综合交通枢纽和集疏运系统，形成多种运输方式支撑的综合运输通道。公共服务设施的共建共享是大都市区的重要内容。在今后的发展中，应当加快形成资源要素优化配置、流转顺畅、协作管理的公共事业管理机制，强化各城市公共服务领域的合作意识，推动都市区内教育资源整合和均等化，促进科技创新资源开放共享，积极鼓励医疗卫生机构跨区域布点，构建一体化的人力资源市场。

参考文献

张萍、张玉鑫：《上海大都市区空间范围研究》，《城市规划学刊》2013年第4期。

周阳：《中国大都市区的空间范围与城镇体系——以武汉大都市区为例》，《学习与实践》2014年第12期。

刘战国：《构建郑州国家级中心城市问题探讨》，《河南科学》2014年第6期。

康盈、桑东升、李献忠：《大都市区范围与空间圈层界定方法与技术路线探讨——以重庆市大都市区空间发展研究为例》，《城市发展研究》2015年第1期。

王发曾：《科学谋划郑州大都市地区》，《河南日报》2014年2月12日。

吴正海：《西安建设国际化大都市面临的主要问题及对策》，《西安社会科学》2011年第4期。

赵坚：《坚持底线思维破解发展大都市区的体制障碍》，《北京交通大学学报》（社会科学版）2015年第1期。

洪世键、黄晓芬：《大都市区概念及界定问题探讨》，《国际城市规划》2007年5月。

张欣炜、宁越敏：《中国大都市区的界定和发展研究——基于第六次人口普查数据的研究》，《地理科学》2015年第6期。

王旭：《美国城市发展模式》，清华大学出版社，2006。

B.4
省际交界地区中心城市发展研究

李建华*

摘　要： 省际交界地区资源禀赋、发展水平和地域文化相近，在区位上存在天然的合作基础，但这些地区远离省会城市和中原城市群核心城市，总体发展水平较落后。近年来，我国相继出台了一系列的重大区域发展规划，区域协调发展进入了新阶段，然而省际交界地区发展较为落后，这种局面一定程度上影响了区域协调发展，省际交界地区亟须大力发展中心城市，辐射带动省际交界区域发展。本文分析了河南省省际交界地区大力发展中心城市的必要性，提出了省际交界地区加快中心城市发展的思路、着力点以及相关对策建议。

关键词： 省际交界地区　中心城市

省际交界地区是指两个及以上省（自治区、直辖市）之间的接壤区域。全省18个省辖市中，就有三门峡、商丘、信阳等9个省辖市与陕西、湖北等省交界。这些省际交界地区的城市（简称省界城市），在区位上占据两省互通的优势，自古就是交通要地和繁华重镇。而且这些地区由于吸收兼容多地的人文风俗，地域文化相近，所

---

* 李建华，河南省社会科学院城市与环境研究所助理研究员。

以在地缘、人缘、资源方面能够互通有无，共享发展。但近年来随着区域经济一体化的深入推进，城市带、城市群成为区域竞争合作的重要组织形式，省界城市由于与本省行政中心的距离较远，难以接受中心城市的辐射带动，在现代区域竞争格局中处于边缘化的地位。因此，这些省界城市亟须加强自身发展，在新一轮的区域竞争中发挥自身的交通、资源等优势，强化与周边城市的合作，建成为省际边界地区的中心城市，在省际边界地区发展中做勇于担当、率先发展的"领头雁"。

一 省际交界地区的区域特性

省际交界地区是我国区域发展中一类特殊区域，具有一定的区域特性，主要表现在以下几方面。

一是省际交界地区资源禀赋具有同质性。省际交界地区地理位置相毗连，资源禀赋、文化风俗相近，经济发展上具有高度同质化的特征。但由于所属省份不同，省界城市战略地位与政策环境存在差异性。另外，省际边界地区所属省份的经济发展水平以及发展战略存在差异，决定了省际交界地区城市各自的发展定位也不尽相同，其受所属省份行政中心和核心城市的辐射能量不一致，在招商引资政策、基本公共服务供给等方面也存在较大差别。

二是省际交界地区之间要素流动便捷。省际交界地区由于地理区位条件相近，在社会、经济、文化等方面具有天然的连续性和相似性，区域发展的梯度差异也使这些地区具有高度的经济互补性和社会融合性。此外，省际交界地区空间距离相近，为人才、资金等资源要素流动和信息传导提供了有利条件。但同时也要认识到跨边界要素、信息流动与传递容易受到行政边界阻碍制约，相互合作面临较大障碍。

三是省际交界地区经济发展存在溢出效应。省际交界地区产业有向边界区域集聚或扩散的趋势和特征，说明了地理位置临近对相关产业的发展有促进作用，省际交界地区存在着非常明显的临边界溢出效应。然而有些地方忽视这种溢出效应，不重视边界区域发展，在财政投入和政策优惠等方面忽视边界地区，这在一定程度上弱化了产业发展给省际边界地区带来的溢出效应，不利于省际边界地区的发展。

四是省际交界地区经济发展具有后发优势。省际交界地区容易成为发展的边缘区，地方各省在制定自身发展战略和政策时，往往将资源要素和政策支持向行政中心以及核心城市倾斜，对边界地区投入不足，致使省际边界地区长期以来难以有效接受中心地区的辐射带动，社会经济发展滞后，成为各省份发展的"边缘区"。但省际交界地区同时又是省级行政单元对外经济交流与合作发展的前沿阵地，在接受与利用省际资源要素方面具有地理优势，这种优越的地理条件即是省际交界地区赶超发展的后发优势。

二 省际交界地区建立地区性中心城市的必要性

地区性中心城市是指城市在某一区域内具有综合服务功能，对一定区域内的经济发展有强烈的辐射带动作用，具有综合服务功能，承担该区域的金融服务、交通运输、商品流通、科教文化等多种功能，在该区域中处于重要地位。省际交界地区建立中心城市对于促进与毗邻城市经济互动合作、加快中原经济区经济一体化发展等方面都具有重要意义。

一是应对区域竞争加强地区性合作发展的需要。当前，经济全球化和区域经济一体化是世界两大发展趋势，经济竞争已经由企业竞争演化为区域竞争，而区域竞争最终的表现形式是城市之间的竞争。而且,城市之间的竞争也不再是单个城市的竞争,而是城市和周边若干城市进行资源的整合,形成城市群、城市带,以整合效应应对区域竞争。因此,单打独斗的个体城市发展模式难以适应竞争和发展需要,城市群、城市带已经成为区域竞争的重要形式。省际边界城市应认识和把握这种发展趋势,深化与周边城市之间的抱团合作发展,在地区性合作发展中发挥主导作用,成为地区性中心城市。

二是中原经济区经济一体化发展的需要。中原经济区在国家区域经济发展战略布局调整中上升为国家战略,是促进中部崛起的重要支撑。按照中原经济区的战略布局,郑州、洛阳等城市作为中原经济区的中心城市,在加快中心城市发展的同时,要发挥三门峡、商丘、周口、信阳等省界城市连接周边的作用。中原经济区建设纲要提出,要深化城际开放合作,推动北部城市密集区(邢台、邯郸、鹤壁、安阳、濮阳等)提升发展,促进豫东皖北城市密集区(蚌埠、阜阳、商丘、周口、驻马店、信阳等)加快发展,形成与沿海地区沟通联系的开放合作前沿地带。省际交界地区构建地区性中心城市,紧抓出省通道优势,加深拓展对外联系,有利于提升这些地区在区域竞争的战略地位,促进中原经济区实现优势互补、一体化发展。

三是省际交界地区加快自身发展的需要。省际交界地区在地理位置上距离本省的行政中心相对较远,在争取省级层面的财政投入和发展政策方面往往处于劣势,难以受到本省行政中心和中心城市辐射,对邻近省份又受行政区划制约,很难融入省外的城市群、城市带。面对区域竞争加剧的发展趋势,这些省际交界地区迫切需要构建地区性中心城市,提升在区域竞争中的战略地位,如商丘、周口要强化在淮海经济协作区中的地位,三门峡要扩大在黄河金三角地区的影响力,安阳、濮阳要强化在晋冀鲁豫毗邻地区的作用,以此在新一轮的竞争中形成新优势。

三 河南省际交界地区主要中心城市概况

河南全省18个省辖市中,就有济源、三门峡、商丘、焦作、信阳等7个省辖市属于省际交界地区。这些省界城市在近年来的区域经济发展中,都瞄准周边县市,致力于建设地区性中心城市。三门峡市是河南省对外开放的西门户,与山西、陕西交界,三门峡市和山西省的运城市、临汾市,陕西省的渭南市共同形成了晋陕豫黄河金三角地区,三门峡市的定位是建成黄河金三角地区的中心城市。商丘市地处河南的东部,同时又处于豫鲁苏皖四省的交界地区,山东菏泽位于其北部,南面接安徽亳州,东边江苏徐州与其相连。商丘市具有的区位、产业、资源和人文等优势,使商丘具备建设地区性中心城市的良好支撑条件和现实基础。商丘市在"十二五"时期就提出,要建成为豫鲁苏皖四省接合部地区性中心城市。信阳市与湖北、安徽交界,信阳市的定位是建设鄂豫皖三省交界区域性中心城市、大别山区域中心城市。

表1 河南省际交界地区城市分布一览

单位:万人,平方公里

类型	名称	市区总人口	建成区面积	相邻省份
省辖市	商丘	180.48	120	安徽、山东
	三门峡	30.10	30	山西
	信阳	151.23	89	湖北
	濮阳	69.83	54	山东
	安阳	115.50	110	河北
	焦作	98.47	114	山西
	济源	30.00	43	山西

续表

类型	名称	市区总人口	建成区面积	相邻省份
县级市	灵宝	20	16	山西
	邓州	40	50	湖北
	永城	45	38	安徽
	林州	30	30	山西、河北

资料来源：《河南统计年鉴2015》。

河南省高度重视推进区域协调发展，省际边界区域发展取得较大进展，三门峡市、商丘市、信阳市等城市正在成为省际交界地区的重要增长极。但这些省际边界城市在地区性中心城市建设中还存在一系列有待解决的问题。一是省际边界城市产业结构趋同，同质化竞争严重，资源要素跨区域整合难度大。二是省际边界地区资源环境破坏严重，在环境保护和资源开发利用方面存在相互推诿现象，导致矿产、林地等资源过度开采，生态环境遭到破坏，生态修复成本高、难度大。三是省际边界区域协调与合作机制不完善，受行政界线的刚性制约及地方利益的束缚，相互间协调与合作效率较低。

四　河南省际交界地区建立地区性中心城市的思路与着力点

（一）省际交界地区建立地区性中心城市的思路

省际交界地区建立地区性中心城市的核心是推进省界城市与周边城市一体化发展，导向是提升三门峡、信阳、商丘等城市的地区性中心城市地位，重点是整合区域优势资源、创新区域合作机制，以"市场主导、政府推动、优势互补、开拓创新"为基本原则，着力提升城市的辐射带动能力，着力强化城市的交通枢纽战略地位，着力强化城市的现代服务功能，着力强化城市的住房教育两牵动，着力强化城市的科技创新，建设成为服务周边的交通枢纽，商品贸易、金融服务、科技文化和信息交流中心。

（二）河南省际交界地区建立地区性中心城市的着力点

1. 着力提升城市的辐射带动能力

省际交界地区构建地区性中心城市的关键在于城市的承载力和城市功能，只有具有较强的城市承载能力和完善的城市功能才能具有辐射周边的能力。因此，省界城市要在提升完善城市综合服务功能、提升城市品位、聚集人气上下功夫，着力健全和完善商贸、物流、交通、金融等配套基础设施，不断改善城市生态环境质量，提升产城融合水平，提高要素集聚、创新发展能力，增强城市对周边县市的辐射带动作用。

2. 着力强化城市的交通枢纽地位

交通是资源要素流动的重要通道，是经济一体化发展重要的基础条件。省界城市建设地区性中心城市当务之急就是打造与周边地区的无障碍交通，保证人流、物流等要素流动畅通。省界城市要加强客、货运交通枢纽建设，加快周口、三门峡、信阳等地的通用机场建设，改造提升客运车站、码头，提高人流、物流的集散、运输效率。大力发展轨道交通，完善路网体系，推进高速铁路、高速公路建设，加快国道、省道升级改造，打通省际的断头路，形成内通外连、便捷高效的综合交通网，强化城市的交通枢纽地位。

3. 着力强化城市的现代服务功能

省界城市构建地区性中心城市肩负最重要的功能就是要为周边地区的社会经济活动提供各种服务，因此，省界城市要加快推动现代服务业发展，以商务中心区和特色商业区为服务业发展载体，加快建设地区性金融服务中心，壮大银行、保险、证券等金融服务业主体，推动互联网金融创新发展。积极创建地区性商品交易和物流中心,以农产品、能源为重点,建立大型物流园区,扶持发展行业物流。大力发展总部经济、楼宇经济,促进研发设计、广告策划、餐饮住宿、休闲购物等生产性和生活性服务业发展,提升城市综合服务功能。

4. 着力强化城市的住房和教育牵动

住房和教育是与人们生活息息相关的两个方面,是农村转移人口选择打工或者定居目的地时最为关注的因素。因此,省界城市构建地区性中心城市要充分考虑人口流动需求,强化住房保障,提供优质教育服务,满足外地流入人口在本地就业、创业和定居的基本需求。省界城市要拓宽住房保障渠道,加大棚户区、城中村改造力度,增加中低价位、中小户型普通商品房供给,满足不同层次需求。同时,也要大力发展各级各类教育,树立优质教育品牌,以优质教育吸引人口集聚。

5. 着力强化城市的科技创新

创新是保持经济持续发展的坚强动力,创新能力是衡量一个城市是否具有吸引力及未来发展潜力大小的关键。省界城市构建地区性中心城市就要致力于提高城市的创新能力,为大众创业、万众创新提供条件。省界城市要加强科技创新平台建设,依托产业集聚区建设重点实验室、创业孵化器等平台,大力引进国家级检验检测、标准认证、研发设计等资源,鼓励龙头企业组建跨区域、跨行业的技术创新联盟,整合政府、企业、高校、科研院所等各类创新资源,建设地区性的政、产、学、研合作示范中心。

五 河南省际交界地区建立地区性中心城市的对策建议

(一)统筹制定区域发展规划

河南省界城市共有38个,其中包括济源、三门峡、信阳等7个省辖市，固始、鹿邑等24个县城，永城、灵宝等5个县级市，这些城市大大小小、发展情况各不相同，有的城市如三门峡和商丘，目前在省际边界地区相对于周边城市已经处于领先发展水平，这些省界城市建设地区性中心城市的基础和条件更充分一些，还有一些省界城市经济综合实力还较弱，不具备建设地区性中心城市的实力。这就需要省级层面的决策研究机构，进行充分的调查论证，在此基础上确定一批省界城市作为试点，率先制定地区性中心城市发展规划，并指导其实施规划。根据目前省际边界地区城市发展实际情况，可率先将商丘、信阳、三门峡、安阳、焦作、济源定位为地区性中心城市，制定发展战略总体规划。商丘市着力加强与长三角和环渤海经济圈的经济联系，增强承接产业转移的竞争力，将商丘市打造成豫鲁苏皖四省接合部的区域性中心城市。信阳市强化陆路运输和内河航运，依托明港、潢川机场，打造郑州航空港经济区分中心，建设成为鄂豫边界地区的中心城市。三门峡市加快资源型城市转型，强化海关通关、物流服务功能，建设成为晋陕豫边界地区的中心城市。安阳市强化高速公路、高铁、航空港、陆路港建设，建设现代综合交通枢纽，成为晋冀豫边界地区的中心城市。

（二）加强政府间合作与协调

构建地区性中心城市不仅仅是谋划一个城市的发展，而是要统筹考虑一个区域的资源配置和产业协调发展。构建地区性中心城市涉及能源、交通、水利等基础设施共建共享，这需要边界地区的各级政府，包括不同省份的县市政府之间，加强区域合作协调。在地区性中心城市规划建设中，省界城市政府部门之间要突破行政区划制约，建立一种长效协调合作机制，有效整合地方、部门、行业的行政资源，协商解决省际边界地区的重大发展问题。河南省应与山西、陕西、河北、湖北等周边相邻省份积极建立省际边界区域合作高层协调机制，加强组织领导和统筹协调，合力解决区域合作的重大问题。鼓励支持建立区域性行业协会、商会等社会团体，发挥社会组织在区域合作协调中的积极作用。推进省际边界城市法治合作平台建设，建立跨地区协调处理利益纠纷制度。此外，构建地区性中心城市需要社会各层面齐心协力，建立联合宣传推广平台，大力宣传建设地区性中心城市的作用意义和目标任务，宣传其他地区的工作成效和典型经验，使社会大众能够全面了解地区性中心城市建设的各项决策部署和政策措施，增强对建设地区性中心城市的战略认同和政策支持。营造全社会参与和支持地区性中心城市建设的良好氛围。

（三）完善配套政策支持

省界城市是河南对外经济交流的门户，承担连接周边、承接发达地区产业转移的"桥头堡"功能，在社会经济发展中要有完善的配套政策去支持，促使其实现大发展、快发展。在金融政策方面，支持发展地方金融业，重点支持引进银行、保险、信托、证券、创投、风投等各类金融机构和资本市场主体，支持边界地区城市实行金融同城化结算，提高省界城市的金融要素集聚辐射能力。在土地政策方面，重点是要优化城市用地结构，优先满足行政办公、教育医疗、金融贸易、科研设计、商业服务、文化娱乐等方面的用地需求。在财税政策方面，重点要支持交通、通信等公共基础设施与公共服务共建共享的薄弱环节建设。在生态环保政策方面，建立环境损害赔偿政策机制，鼓励同一流域上下游生态保护与受益区之间实行横向生态补偿。在社会保障政策方面，推进区域社会保障网络互联互通，加强区域内基本医疗保障、社会救助、社会养老等领域合作，建立社会福利共享机制。

（四）激发人才创新创造活力

整合省际边界地区公共就业服务和人力资源信息共享平台，建立一体化的人力资源市场。实施积极的人才政策，加快技能型人才培养和创新型人才开发。一方面实施引智工程，大力引进外地人才，根据地区性中心城市建设需要制订人才引进计划，多渠道发布人才需求、就业、创业优惠政策信息，更多地吸引外部人才来就业和创业；另一方面，要培养和留住本地人才，深入推进全民技能提升工程，加强就业和创业培训，提升劳动者技能和素质，提高劳动者待遇和福利水平，营造良好的人才发展环境，使大学毕业生、农民工、专业技术工人等各类人才都能够激发创新创造活力，安心就业和创业。完善和落实就业、创业帮扶政策，共同营造有利于人才创业创新的环境。

参考文献

朱传耿：《我国省际边界区域的研究进展及展望》，《经济地理》2007年第2期。

尚正永等：《省际边界区域中心城市定位研究——以江苏省徐州市为例》，《淮阴师范学院学报》（自然科学版）2008年第1期。

梁华石等：《冀鲁豫省际边界城镇区域协调的几点认识》，《小城镇建设》2009年第10期。

陈潇潇等：《省际边界区域城市化研究的进展与展望》，《经济与管理研究》2009年第10期。

韩雨薇等：《省际边界区域城市发展的途径分析——以商丘为例》，《区域经济》2011年第12期。

何丹等：《省际边缘城市的发展路径研究——以阜阳市为例讨论》，《地域研究与开发》2012年第5期。

韩跃：《省际边界区域的经济发展状况分析——以冀鲁豫交界区为例》，《特区经济》2012年第12期。

王印传：《省际边界城镇发展研究——首都经济圈省际边界城镇类型探

讨》,《城市发展研究》2014年第1期。

王友云等:《省际边界城市建设:定位与路径》,《开放导报》2015年第1期。

曾冰:《边界效应与省际边界区经济发展——基于新经济地理视角》,《财经科学》2015年第9期。

B.5
着力提高河南县级城市承载力研究

吴旭晓*

摘 要： 提升河南县级城市承载力，是建设生态文明和小康社会的需要，是有序推进河南新型城镇化的战略基础。在分析提高河南县级城市承载力面临的挑战的基础上，本文从资源承载力、环境承载力、经济承载力、社会承载力和基础设施承载力五个方面提出提升河南县级城市承载力的对策建议。

关键词： 县级城市 承载力 新型城镇化 生态文明

过去的10年，是河南省城镇化水平快速提升的时期，更是大城市的吸附效应不断增强的时期，各种优质资源向大城市聚集与配置，区域中心城市角色定位不断变化，新一代的劳动力竞相涌入，大城市的环境压力加大，交通网络极为脆弱、医疗条件滞后、房价不断攀升、教育不均衡等民生问题越来越突出，"大城市病"引起了决策部门与专家学者的反思。与此同时，随着国际产业和沿海制造业不断向中西部地区加速转移，河南省县级城市获得快速发展，取得了令世人瞩目的成就，呈现出极大的竞争力，驱动着河南经济的腾飞，河南县级城市对农村转移人口的吸纳作用逐步增强。充分利用经济全球化引

---

* 吴旭晓，河南省社会科学院城市与环境研究所副研究员，博士。

起的产业转移所带来的机遇，发挥自身优势，合理选择发展路径，主动适应经济新常态的发展要求，通过提升河南县级城市承载力，达到加快推进城镇化优质发展的目标，为全面实现小康社会提供战略保障。

一 城市承载力的内涵阐释

近年来，在城市可持续发展能力描述上，城市承载力的作用日益凸显，越来越多的国内外专家学者将城市承载力概念应用到城市系统演化发展的研究过程中。

"承载力"一词起源于生态学研究，最初是指生态学意义上的容纳能力，即某一区域在特定的环境条件下能维持某一物种个体的最大数量。英国学者马尔萨斯（Malthus）1842年的《人口原理》就已经隐含人口承载力的概念。之后，对承载力的研究相继在经济学、人口学等领域拓展，相继出现了人口承载力（帕克，伯吉斯，1921）、土地承载力（Allan，1949）、经济承载力、资源承载力、环境承载力、生态承载力等概念。

国外的 Oh k 等人（2002）对城市承载力进行了界定，他们认为，城市承载力是城市在人类活动、人口增长、土地利用、物质水平发展中所能承受的最大负荷，包括城市环境资源状况和基础设施水平等对城市人口、经济和社会活动的承载边界，在这样的承载水平上，城市的人居环境系统仍然保持可持续发展的轨迹，同时不会引起其退化或不可逆的破坏。Kyushik Oh etal（2005）基于地理信息系统构建了城市承载力评估系统。

国内的科研工作者对承载力的研究也取得丰硕成果，主要包括人口承载力（杨晓鹏、张志良，1993）、土地承载力（郭秀锐等，2000；孟庆香等，2003；罗贞礼等，2005；蓝丁丁、韦素琼、陈志强等,2007)、水资源承载力(施雅风、曲耀光,1992;王浩、甘汉等,2000;韩俊丽、段文阁,2004)等。

叶裕民(2007)认为,城市承载力是城市公共服务、基础设施、资源禀赋和生态环境等对城市人口及经济社会活动的承载能力;城市综合承载力是环境、资源、经济和社会承载力的有机结合体。

虽然国内外学者对城市承载力提出了不同的概念,但内涵大体相同。笔者认为,城市承载力是以人为本的新型城镇化进程中,具有组织功能的城市系统对城市可持续发展的一种支持能力,包含资源承载力、环境承载力、经济承载力、社会承载力和基础设施承载力,这几种承载力之间不是简单地相加,而是通过紧密的相互联系、相互影响耦合联动成一个有机整体。

二 提高河南县级城市承载力的意义

(一)是生态文明建设的时代要求

党的十八大报告把生态文明建设放在突出地位,明确提出要把生态文明融入经济建设、政治建设、文化建设、社会建设各方面和全过程。《国家新型城镇化规划(2014-2020年)》进一步明确要求:"顺应现代城市发展新理念新趋势,把生态文明理念全面融入城市发展,推动城市绿色发展,加快绿色城市建设。"县级城市是生态文明建设的重要阵地和主力军,提升土地、水和能源等资源的节约集约利用水平,实施绿色建筑行动计划,推进空气污染的预防和整治,强化城区之间的联防、联控及联治,改善县域城区的空气质量。通过强化生态资本运营,优化绿色生态廊道建设,优化县域城区的生态空间,扩大县域的森林、湖泊、湿地面积,提升县级城市的生态环境承载力,是生态文明建设的时代要求。

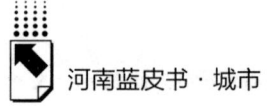

（二）是全面建设小康社会的需要

2020年全面实现小康社会，是河南省的一个重要奋斗目标。目前，全省的县城、县级市集聚的人口占到全省人口的很大比例，县城、县级市没有实现小康社会，全省全面实现小康社会的目标就会落空。作为连接中心城市与乡镇的联结点，县级城市推进新型工业化，优化投资环境，形成完整的区域市场体系，推动区域生产经营活动有效地展开，有利于打破城乡二元结构。与河南省全面小康社会建设及河南省新型城镇化方略相结合，有效发挥县域经济网络增长极作用，提高河南县级城市承载力，特别是提升经济承载力，安置不断涌现的农村转移劳动力，使县级城市发展成为带动城乡居民奔向小康的重要载体，是河南省全面建设小康社会的现实需要。

（三）推进新型城镇化发展的要求

按照河南省新型城镇化的发展思路和战略布局，河南的城镇化体系包括核心城市、区域中心城市、县级城市、乡镇和新型农村社区，县级城市在新型城镇链条中处于中间位置，是连接区域中心城市和乡、镇的纽带。以县级城市为突破口，提高县级城市承载力，推进就地城镇化，将有助于提升河南省的城镇化质量，从而推动全省产业结构调整和发展方式转型，并对合理分流集聚区域中心城市的人员、缓解区域中心城市的"城市病"及推动全省城镇的房价合理化作用巨大。确保农村转移人口和乡镇转移人口能够进城，实现有效就业，提升生活质量，有利于全省新型城镇化的提质增效。

三 提高河南县级城市承载力面临的挑战

在全省经济发展仍处于重工业化阶段，要想县级城市实现经济与环境、基础设施、社会协调发展，不断提高城市承载力是目前面临的重要任务之一，也是必须要解决的现实问题，而县级城市承载力较弱是目前制约河南省新型城镇化可持续发展的重要因素。

（一）资源支撑发展的能力在减弱

河南省相当大的一部分县级城市是以本地的矿产资源发展壮大起来的，资源依赖性特征相对比较明显。例如，在全国县级市竞争力较强的义马市是以煤炭资源为依托发展起来的，其煤炭储量约占全省煤炭总储量的40%；舞钢市的依托资源则是铁矿石，其储量达8亿吨；灵宝市的依托资源则是岩金矿。改革开放特别是近年来，随着河南省工业化和城乡一体化的快速推进，县级城市的自然资源加速消耗，加上科技水平相对落后，单位GDP的资源消耗没有明显下降，导致资源对经济发展的支撑能力日渐减弱，资源瓶颈制约日渐凸显。近年来，县级城市规模不断扩大，由于河南省是农业大省，以耕地红线的规定为底线，城区土地存量已显得捉襟见肘。从城镇化演化发展的趋势来看，即便有旧城区的改造为补充，县级城市的土地资源增量的空间也不大。可以预见，随着经济社会的发展，县级城市的土地、水资源和矿产资源的消耗都将持续地增加，资源支撑城市发展的能力在减弱，将进一步影响县级城市的健康、快速、有序、高效发展。

（二）城区环境容量日益趋近饱和

县级城市以资源为依托发展的模式，决定了县级城市的自然生态环境相对比较脆弱。不可否认，过去的10年，河南省县级城市工业化快速推进，经济连续多年保持较高的发展速度，经济综合实力日益增强，但大多数的县级城市在很大程度上是依靠资源的高开采、低利用来实现高排放、外延式的粗放型经济增长。随着县级城市工业总量的增加，传统工业化模式所带来的污染也刚性增长，资源开发型产业结构及粗放型经济增长方式对县级城市的环境造成了极大的污染，严重弱化了生态环境，环境污染的压力越来越大，加上污染治理的步伐相对滞后，严重制约县级城市的工业化进程和产业结构的转型升级。随着农村转移人口的加速涌入，县级城市的居民大量增加，没有经过处理的生活污水的大量排放，也进一步考验着县级城市的环境容量。为了全面实现小康社会的发展目标，如何在确保经济增长速度不出现大幅下滑，在有限的环境容量内实现经济总量持续上升，将成为县级城市经济绿色发展的重要内容。

（三）人口聚集的速度呈现加速态势

河南省目前处于城镇化加速发展阶段，区域中心城市的房价相对较高，对于农村转移人口而言，中心城市的城镇化门槛较高。随着县级城市户籍的全面放开，以及县级城市的医疗、教育、卫生、交通等公共服务水平的提升，在理性选择的条件下，收入中等的乡镇居民会向县级城市迁移，县级城市人口总量将会持续增加，而且增速不会太慢，但相对于现在的资源环境状况而言，县级城市将会承受人口快速集聚对城市资源环境的巨大压力；如不及时采取有效措施，未来一段时间河南省县级城市的人口与资源、环境和经济社会发展的矛盾会进一步加剧。我们既不能人为地阻碍乡镇人口向县级城市转移，也不能再走以资源过度消耗、牺牲生态环境为代价的发展道路，如何更好地实现人口、资源、环境与经济、社会的协调发展，是摆在河南省县级城市面前必须认真思考与处理的问题。

四 提升县级城市承载力的对策建议

整体上，河南省县级城市的综合承载力处于稳步上升的发展态势，但从具体因素来看，河南省县级城市的发展又存在诸多问题，它们是制约河南省县级城市高效、快速、可持续发展的短板。针对这些问题，本文提出了提升河南省县级城市综合承载力的如下策略，以求突破发展瓶颈，实现可持续发展。

（一）优化资源管理模式，提升资源承载力

县级城市的资源主要包括土地资源、水资源以及矿产资源等。要合理整合城市发展资源，利用不同县级城市自身要素集聚的天然优势，以高效的城市管理为依托，从整体上运用市场手段，实现各种资源配置在容量上最大化以及结构和秩序最优化，提升资源承载力，促进县级城市经济快速健康可持续发展。

要针对现有的各种资源进行优化规划，加快资源管理模式创新，转变资源的利用方式，合理地使用资源。从不同县级城市具体的产业结构、区位优势、资源禀赋等客观现实出发，按照未来的发展目标和长远利益，准确预测各种资源的需求，进而合理确定县级城市的发展规模和发展路径。遵循产业集聚、布局合理、集约节约的原则，有序地配置土地、水和矿产等资源。

强化对资源供给的分类指导，对于国家、省、市支持与鼓励的现代服务业和低能耗、低污染、高产出的工业产业项目，优先安排土地供应，提供配套资源；对于高污染、高载能的企业，采取"腾笼换鸟"措施，引导其退出或搬迁；不符合省市产业扶持政策的项目以及那些产能过剩和重复建设的项目，严格控制资源供给。

要通过盘活城乡废弃土地存量，将其置换到县级城市来进行使用；积极开发未充分利用的土地，积极开发和利用城市地下空间资源，充分发掘县级城市旧城区用地的潜在价值。对县级城市周边尚未利用的土地和水等资源，要加快生态环境建设，积极培育潜在的未来利用资源。

必须强化资源的集约节约利用，强化居民的资源危机意识，提高

居民节约资源的意识，注重城市发展和资源综合利用的有机统一，城市的生产、流通、消费等环节均按照节能、节水、节材的原则进行，谋求以最小的资源消耗获得最大的经济社会效益。依靠科学管制，完善资源开发利用的管理制度，协同推进工业化、城镇化和农业现代化，增加科技研发的财政支出，鼓励企业采用资源集约节约的新技术、新工艺、新设备，提高县级城市现代化进程中的资源综合利用效率。

（二）强化环境保护力度，提升环境承载力

必须改变以往片面注重经济发展而忽视生态环境的做法，摒弃以牺牲生态环境为代价的发展方式，要把环境保护工作放在核心位置上，把环保工作纳入县级城市的社会经济发展战略中，加大环境保护力度，推动经济、社会、文化和生态协同发展。

以生态文明为指导，理顺县级城市的环境保护体制机制。构建完善的环境保护政策体系，完善环境保护决策机制，强化生态环境的监督与检测，营造生态文明建设的良好环境氛围。建立各级政府对本辖区的生态环境质量责任清单，完善各相关部门对本辖区、本行业、本系统的生态环境责任制。完善县级城市生态环境保护与建设的审计制度，实行对环境污染零容忍的绩效考核制度。与经济发展相适应，加大对生态环境修复、保护与建设的财政支出，不断提升环境治理水平，健全生态环境的补偿机制。推行收费减免、税收减免、贷款优惠等相关政策，使县级城市的生态环境建设取得重大进展。

河南省很多县级城市属于资源型城市，生态环境相对较为脆弱，生态环境的重要性十分突出。河南要从生态环境资源化的视角，深刻认识在县级城市推进生态文明建设的重大历史和现实意义，切实增强环境治理的责任感、环境保护的紧迫感和生态建设的使命感，坚持发展速度不降低、经济总量持续增加、生态环境良好的经济绿色化发展

的道路，推动县级城市的跨越发展与生态环境保护协同共进，实现协调、可持续、包容性、绿色化的发展。

要明确重点支持环境友好型产业项目，淘汰那些高排放高污染的企业，发展低碳产业，推动产业结构不断优化升级。倡导低碳生活方式和绿色消费理念，建设低碳城区，建设低碳县级城市，从资源消耗型的发展模式中走出来，以前瞻性思维模式迎接生态文明时代的降临。

（三）构建现代产业体系，提升经济承载力

加快产业结构优化与调整，发挥各地特色资源的比较优势，推动产业错位发展。要加快新型工业化和信息化融合步伐，加快现代服务行业的战略性突破，推进区域特色的现代农业产业体系，以市场化、规模化、专业化、集约化、标准化、规范化为导向，构建具有河南特色的完整的县域现代产业体系。

实施产业错位发展策略。不同县级城市要从实际的产业发展状况出发，着力发展具有比较优势的产业，对行业竞争力进行评估，打造县域特色品牌，避免不同县级城市之间的产业同质同构的现象，实现错位发展，达到资源优化配置、提高县级城市产业承载力的目标。

实施产业对接发展策略。目前，河南省整体上仍然处于工业化中期，城镇化进程也进入快速发展阶段。先进制造业和高新技术服务业主要集中在中心城市。县级城市应本着"发挥优势、突出特色、利益分享、共生共赢、联动发展"的思路，采取互补共建式、链接联盟式、协作嵌入式等模式，积极与中心城市在产业上对接发展，为中心城市提供高质量的现代服务和生产配套设施，实现产业功能互补，实现与中心城市融合发展，建设县域现代产业发展新高地。

积极承接产业转移。借鉴国内外发达地区县级城市产业发展的模式和经验，要优化产业发展的环境，按照产业链匹配的方式，积极承

接国际产业转移和国内沿海发达地区的产业转移。既要积极承接现代服务业和先进制造业的产业转移，更不能忽视承接劳动密集型产业转移。通过积极承接产业转移，吸收引进适用技术和管理模式，推动传统产业转型升级，解决就业问题，壮大县级城市的产业实力，提升县级城市的经济总量和经济质量。

（四）完善公共服务功能，提高社会承载力

优质的公共服务体系是化解错综复杂的社会矛盾、实现社会和谐稳定和保障经济可持续发展的基础，是提高县级城市综合承载能力的重要手段。按照以人为本的宗旨，提供全覆盖、制度化、高质量的公共服务，是提升县级城市社会承载力的关键。

要积极主动适应新型城镇化发展态势，从人民群众生产生活需要出发，构建权责明晰、服务为先、执法规范、安全有序的现代城市管理体制；以"互联网+"为手段，加快城市管理方式创新，提升城市信息化管理水平，提升城市建设和运行效率。

对县级城市的幼儿园、小学、中学进行全覆盖的财政支出，鼓励社会力量参与教育投入，完善各级教育设施的建设，加大对贫困家庭的助学力度，经济条件较好的县级城市要普及高中阶段教育，全面提升教育质量，推动全日制基础教育和职业教育协调发展，提升县级城市的人口素质。

强化县级城市的危机管理意识，建立门类齐全的预警系统，健全危机预报机制，提高应对社会突发事件的能力，避免潜在风险的集中爆发。要严格保障县级城市城区的供水、燃气、公共交通、社会保障、医疗卫生等公用产品和服务的有效供给，强化对食品安全状况的监督。

构建县级城市的"创业园""产业园""安居园"三园互动的新格局，优化商务环境和生态环境，降低创新创业成本，把县级城市建

设成为有意愿、有能力的公民进行创新创业的目的地。营造容忍失败、推崇成功的社会氛围，形成大众创新、万众创业的社会文化，促进社会阶层的纵向流动和公平正义。

此外，要完善县级城市的基础设施体系，提高基础设施承载力。加强政府引导，充分发挥市场配置资源的作用，推进信息化基础设施和交通基础设施建设，积极建设城区的供水、排水和污水处理设施。

总的来说，县级城市的承载力是一个整体，不同地区的县级城市的资源承载力、环境承载力、经济承载力、社会承载力和基础设施承载力的发展水平存在差异，不同地区的县级城市应该因地制宜，拉长短板，才能发挥整体优势，进而提高县级城市的综合承载力。

参考文献

Ohk, Jeongy, Leed et al., "An Intergrated Framework for the Assessment of Urban Carrying Capacity", *Korea Plan Assoc.*

叶裕民：《叶裕民解读"城市综合承载能力"》，《前线》2007 年第 4 期。

Kyushik Oh et al., "Determining Development Density Using the Urban Carrying Capacity Assessment System", *Landscape and Urban Planning.*

付金存、李豫新、徐匆匆：《城市综合承载力的内涵辨析与限制性因素发掘》，《城市发展研究》2014 年第 3 期。

付金存、常昕辉、陈静：《PSR 框架下西部地区城市综合承载力时空演变研究——以新疆为例》，《现代城市研究》2014 年第 8 期。

张学良：《新型城镇化背景下城市边界调整与城市综合承载力提升》，《探索与争鸣》2015 年第 6 期。

城市建设篇
City Construction Reports

B.6
河南城市地下综合管廊建设研究

王元亮*

摘　要： 地下综合管廊是保障城市持续安全运行的重要公共基础设施，建设地下综合管廊已成为城市可持续发展的重要方向和主要途径。目前，河南省城市地下综合管廊处于起步建设阶段，要适应河南新型城镇化要求和现代化城市建设形势，按照高起点规划、新老区统筹、市场化运作、示范性推广的原则，合理确定建设的时序、规模、目标，统筹考虑城市发展的近期、中期和远期规划，分片分阶段实施，建成国内一流、国际先进的干线、支线和缆线管廊协调分布的地下综合管廊体系。

---

* 王元亮，河南省社会科学院科研处助理研究员。

关键词： 城市 地下综合管廊 建设 河南

近年来，伴随城市的迅速扩张，城市地下管线建设数量不足、质量不高、管理水平低下问题日益凸显，造成雨水内涝、管线破裂、路面塌陷等社会公共突发事件频现，严重影响了城市正常运行秩序。为此，国家高度重视城市地下综合管廊建设，2013年以来连续出台了《关于加强城市基础设施建设的意见》（国发〔2013〕36号）、《关于加强城市地下管线建设管理的指导意见》（国办发〔2014〕27号）、《关于推进城市地下综合管廊建设的指导意见》（国办发〔2015〕61号）、《关于推进海绵城市建设的指导意见》（国办发〔2015〕75号）以及制定了《城市地下综合管廊工程规划编制指引》（建城〔2015〕70号）、《城市综合管廊工程技术规范》（GB50838-2015）等指导性文件，加强城市地下综合管廊建设工作。

城市地下综合管廊又称"共同沟"，是在城市地下建造集市政、电力、通信、给排水等各种管线于一体的隧道，并实施统一规划、统一设计、统一建设和统一管理的城市公共基础设施。从当前经济社会发展形势看，建设城市地下综合管廊既可以消除"马路拉链""空中蜘蛛网"等问题，避免城市道路反复开挖带给城市居民的出行困扰和环境污染，又可以合理利用地下空间，优化市政工程公共管线的安全布局，增强城市的防灾与抗灾的整体性能，有效避免重大管线安全事故的发生，提高城市综合承载力，提升新型城镇化发展质量，打造经济发展新动力。

一 国内外城市地下综合管廊建设的总体现状

城市地下综合管廊开始于19世纪的欧洲。1833年法国巴黎在有系统地规划排水网络时，就开始兴建城市地下综合管廊，目前它已经持续运行近200年。1861年英国在伦敦开始建设综合管廊，迄今伦敦市区建设综合管廊已超过20条。1890年德国在汉堡开始兴建第一条综合管廊，1964年苏尔市、哈利市也开始实施综合管廊的实验计划。1923年关东大地震以后，日本在九段坂、滨町、八重洲也开始兴建地下综合管廊。1933年西班牙计划建设城市地下综合管廊，1953年马德里首先进行综合管廊的规划与建设，并在技术和经济上都收到了满意的效果，综合管廊逐步得以推广。到现在为止，发达国家已经基本完成地下管廊建设。

相比国外一百年多的发展历程，我国无论是在建设规模、技术应用、资金筹措、管理方式等方面都还存在很大的差距，对城市地下综合管廊的研究和实践还处于起步阶段。1958年北京天安门广场铺设了1000多米的综合管廊，1994年底上海浦东新区建成了我国第一条规模较大、距离较长的综合管廊。2006年北京中关村西区建成了我国第二条现代化的综合管廊。除此之外，广州大学城也建成了17公里的综合管廊。不完全统计数据显示，目前全国城市地下综合管廊建设里程约800公里。和全国大多数省份一样，河南省城市地下综合管廊还处于起步建设和试点阶段。河南省第一条地下综合管廊示范段位于郑州经济技术开发区滨河国际新城，计划建成5.58公里投资2.7亿元，现在已建成2.4公里，平均每公里成本4000多万元。此外，河南正在建设郑州CBD副中心地下综合管廊，标准更高、功能更全，总投资6.58亿元，平均造价每公里1亿多元。此外，全省计划建设的项目还有郑州白沙园区豫兴大道综合管廊、雁鸣路综合管廊、锦绣路综合管廊等（见表1）。

目前，河南省城市地下综合管廊建设的相关法律法规还不完善、技术规范还不健全、投融资和运营模式还不明确。城市的多数地下管线基本上是由管线建设单位自行建设，造成道路建设和地下管线建设不能同步进行,各类管线铺设不能同步到位,出现路面反复开挖,造成人力、物力高度浪费的现象,很大程度上制约着城市的快速发展。以郑州为例,城市地下管线系统有八大类二十多种管线,涉及三十多个职能和权属部门,多种管线交叉,但又自建自管,导致道路沦为"拉链马路",频繁被破。

表1　国内外城市地下综合管廊建设基本情况

序号	国别	城市	开建时间(年)	建设地区
1	法国	巴黎	1833	
2	英国	伦敦	1861	
3	德国	汉堡	1890	
4	日本	九段坂、滨町、八重洲	1923	
5	西班牙	马德里	1953	
6	中国	北京	1958	天安门
7	中国	上海	1994	浦东新区
8	中国	广州	2003	大学城
9	中国	郑州	2015	经济技术开发区

二　河南城市地下综合管廊建设的总体思路及基本原则

(一)总体思路

适应河南新型城镇化和现代化城市建设的形势,按照高起点规划、新老区统筹、市场化运作、示范性推广的要求,合理确定建设的时序、规模、目标,统筹考虑城市发展的近期、中期、远期规划,分片分阶段实施。到"十三五"期末,河南力争建成一批具有国内一流、国际先进水平的地下综合管廊,初步建立干线管廊、支线管廊和缆线管廊协调发展的格局。

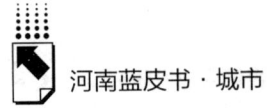

（二）遵循的原则

城市地下综合管廊建设是一项系统复杂并牵涉多方利益的工程，涉及市政工程、电力通信、供水供气等多个行业和领域，在建设过程中要遵循以下方面的原则。

加强顶层设计，坚持规划引领。立足城市发展阶段和远景，加强顶层设计，有序推进，坚持先规划、后建设，积极发挥规划的引领作用，提高城市基础设施建设的前瞻性、整体性和系统性。

统筹新老城区，突出重点区域。新区与老区同步建设地下综合管廊，重点在交通流量大或地下管线较多的道路、轨道、地下空间高强度的核心区、商业区以及成片联网集中开发区优先规划建设。老区统筹考虑地下空间开发、旧城改造、棚户区改造、道路改造、河道改造、轨道交通建设、人防建设和地下综合体建设等等。

提高管理水平，确保运行安全。建立健全城市地下综合管廊的维护管理制度，编制管线管理的具体办法和实施细则，尤其是对城市地下综合管廊的维修、养护和改造明确义务和责任，确保及时发现、消除事故隐患，切实保障城市的安全持续运行。

明确质量标准，完善技术规范。结合河南不同城市区域的实际情况以及功能定位，科学合理确定城市地下管线建设的产品标准、施工标准、技术标准、管理标准和运行标准，并加强建设过程中的科技创新和制度创新，不断完善城市地下综合管廊的技术规范。

三 河南城市地下综合管廊建设的主要任务

（一）完善城市地下综合管廊综合规划

地下综合管廊相关规划是城市地下综合管廊建设和管理的依据，

也是综合管廊大面积推广的重要保障和基础。目前，虽然城市各种地下管线专项规划的编制相对完善，按照要求在城市总体规划中也有相关内容，但实际可操作性较差，缺少对各类管线进行综合安排、统筹规划的城市地下综合管廊综合规划。因此要尽快建立健全河南城市地下综合管廊建设综合规划。首先，开展城市地下管线普查，全面掌握城市地下管线的总量规模、空间位置、功能属性、产权归属、运行年限等基本情况。理顺地下管线的部门权属，消除建设单位各自为政、条块分割、多头敷设、多头管理的体制，明确地下综合管廊在政府城市建设的功能定位，2016年底完成全省城市地下管线普查工作。其次，明确规划的编制主体和程序，要求在规划阶段协调和衔接好各类管线与地下空间、道路网络、生态水系、人防建设、城市轨道交通等专项规划，统筹规划供水、排水、燃气、电力、通信等市政设施，避免彼此平面交叉和互相干扰。省辖市和省直管县（市）要在2016年5月底前完成城市地下综合管廊工程规划编制，到2018年形成城市地下综合管廊专项规划体系。

（二）完善城市地下综合管廊标准体系

根据住建部组织编制的《城市综合管廊国家建筑标准设计体系》，结合河南省发展现状，针对综合管廊设计、施工的普遍需求，按照总体设计、结构工程、专项管线、附属设施四部分，完善河南省城市综合管廊国家建筑标准设计体系，提高河南省城市综合管廊建设设计水平，保证施工质量，使其发挥积极作用。有关标准化管理部门和科研院校应尽快完成河南城市地下综合管廊一系列建设标准和质量标准，包括施工标准、产品标准、检测标准、验收标准、技术标准、抗震等级等，建议出台《河南城市地下综合管廊建设标准及工程技术规范条例》，力争确保综合管廊建设达到国内一流、国际先进的水平。

（三）加快城市地下综合管廊建设

一是突出重点。郑州全面启动城市地下综合管廊试点工程，其他省辖市和省直管县（市）因地制宜建设一批综合管廊项目，提升管线安全水平和防灾抗灾能力。二是试点先行。在地形较为适宜的城市功能区、重要地段或管线密集区，率先试点城市地下综合管廊建设，并按城市规模分档确定省、市财政支持力度，对采用 PPP 模式达到一定比例的，按补助基数给予一定奖励。三是新老区同步进行。坚持政府主导，加大政策支持力度，对于城市新建道路、新区、各类园区与地下综合管廊建设统一规划，同步设计。施工时，先建地下综合管廊，再建道路。城市既有道路、老城区结合旧区改造，有条件的也应当同步建设地下综合管廊。四是建立储备项目库。尽快建立河南城市地下综合管廊建设重大和重点项目储备库，明确 5 年项目滚动规划和年度建设计划，全面推动城市地下综合管廊建设。

（四）提高城市地下综合管廊的管理水平

推进地下综合管廊建设计划管理。召集各地下管网单位会商，确定地下管线建设方案，尽量做到统一规划，一步到位，减少重复开挖。工程全过程规范管理，主要包括前期审批、资质管理和监理制度、现场监管机制、验收、数据入股机制、设施维护长效管理机制等，建立城市地下综合管廊管理体系，进一步完善和调节各项管理行为，全面高效协调管理城市地下综合管廊。建立城市地下综合管廊信息系统。整合包括给排水、燃气、热力、电力、通信、广播电视、工业七大类 20 余种管线，实现城市地下综合管廊信息动态管理。建立跨部门的信息互通机制，逐步推进联合审批机制，针对管线管理开展工程交底机制、协调机制、信息动态更新机制，完善协调各管线权属单位和政府部门的应急处置机制，明确各部门职责分工，进一步确立完善考核评价机制,确保形成部门合力,不断提高城市地下综合管廊的管理水平。

四 河南城市地下综合管廊建设的保障措施

(一)建立专门的管理机构

城市地下综合管廊是一项复杂的系统工程,涉及地下工程、水、电、暖等各种专业技术,其中各管线又分属不同的部门和利益群体。同时,城市地下综合管廊从规划建设到运营、维护也是一个长期的运行过程,政府需要成立专门的部门负责对地下综合管廊的统一建设和建成后的统一维护管理。因此,为防止各单位和各部门从自身利益出发,各行其是,应建立统一的专门协调管理机构,协调各方的关系,进行强有力的管理协调,为城市地下综合管廊的推广利用创造有利条件。参照国内外城市地下综合管廊建设运营模式,设立专门的地下综合管廊管理机构,如成立地下空间管理委员会、地下空间管理办公室、地下空间工程信息系统管理中心等等。其主要作用是负责地下综合管廊建设的系统规划、建设、运营,实现城市地下管线统一规划、统一设计、统一投资、统一建设、统一管理、统一维护"六个统一",从源头上改变城市地下综合管廊各自为政的管线敷设、独自运行及维护的现状。

(二)制定相关的法律法规

城市地下管线的管理体制和权属关系复杂,涉及30多个职能和权属部门。由于历史等多方面原因,地下管线基本上是各建设单位各自为政、条块分割、多头敷设、多头管理的状况。健全的法律法规是管理的主要依据,有效的法律法规是管理的重要保障。由于现阶段只有相关部委及地方政府制定的城市地下管线管理的政策规定，不具有法律效力。这就造成城市政府相关部门对地下管线管理方面的职责划分不清。因此，要制定专门的法律法规，明确城市建设地下管廊的道路，任何单位和部门不得另行开挖铺设管线，所有管线必须统一入驻地下综合管廊，并按规定向经营管理企业交纳使用费；对地下综合管廊的设计方案、施工方法、检查验收和材料设备制定具体的规范；对其建设、资金的分担、产权有偿使用等关键问题做出明确的规定，尽快出台如《河南省城市地下综合管廊法》《河南省城市地下综合管廊实施细则》等地下管廊综合建设法律法规，对管道规划、施工等方面实行严格的法律规定和审批手续，不断完善城市地下综合管廊的法律法规体系。

（三）完善管理运营模式

实施对城市地下综合管廊的统一管理和统一运营，转变由过去的"家家建"为政府统一建设，然后通过"零售"方式，由运营商通过租用或购买的形式，交付使用费和维护费后直接使用，避免重复开挖，并强化管理效应。具体说就是今后对于建成地下综合管廊的区域，凡在综合管廊中预留管线位置的不得另行审批已纳入综合管廊的管线建设工程。地下综合管廊的管理和运营按有关规定享受政策支持和资金补贴，鼓励社会资本参与城市地下综合管廊运营管理，进入管廊的管线权属单位应缴纳日常维护等费用，费用标准按照国家、省以及所在城市发展水平的有关规定执行。

（四）积极探索投融资模式

目前，工程技术问题已经不是地下综合管廊建设的制约因素，其主要难点在于资金的来源和筹措。经测算，综合管廊的初期投资相当于两倍直埋管线投资，每公里平均造价高达1.2亿元。因此，要发挥市场配置资源的作用，克服基础设施建设长期实行单一投资主体的融资体制的弊端，吸引民间资本的介入，建立合理的资金分摊和利益分配体制以及政府、市场和社会共同参与的多元化、多形式投融资机制。健全以财政贴息、金融激励等间接方式为主的财政金融支持体系，通过购买服务、特许经营、股权融资、项目融资以及财政补助、以奖代补、贷款贴息等方式，鼓励引导市场资本、社会资本和民间资本参与城市地下管网的投资和建设。积极探索"政府－社会资本共建"的新城区 PPP 模式、"政府－企业共赢"的工业园区 PPP 模式、"政府主导－企业化管理"的老城区模式。同时，河南积极争取申报国家城市地下综合管廊试点城市，进一步争取金融机构对河南省地下综合管廊建设的贷款支持。

随着河南省新型城镇化的持续推进和城市的迅速发展，建设资源节约型、环境友好型社会迫在眉睫，城市地下综合管廊的建设模式正好符合这一要求。而且，城市地下综合管廊建设还能够有效提高城市品质，满足城市居民的高层次生活需求。随着城市地下综合管廊支持理论体系的不断完善，城市地下综合管廊建设必将呈现快速健康的发展态势。

参考文献

房珊珊：《运用 PPP 模式建城市地下管廊》，《南方日报》2016 年 1 月 24 日。

于晨龙、张作慧：《国内外城市地下综合管廊的发展历程及现状》，《建设科技》2015 年第 17 期。

谭春晓：《我国城市地下管线综合管廊建设前景展望》，《价值工程》2015 年第 10 期。

李林峰：《地下综合管廊在城市建设中的运用研究及实践》，《中国西部科技》2015年第6期。

闵营:《浅析城市地下综合管廊》,《居业》2015年第8期。

王贝贝、戴素娟:《浅谈我国城市地下综合管廊建设的必要性以及发展前景》,《安徽建筑》2015年第6期。

叶海涛、何智强:《浅谈城市地下综合管廊结构设计与施工》,《建材发展导向》2013年第11期。

马东玲、陈一民:《北京市地下综合管廊规划与架空线路入地探讨》,《市政技术》2014年第5期。

张颖:《浅析城市地下综合管廊建设方案》,《科技创新导报》2013年第18期。

梁荐、郝志成:《浅议城市地下综合管廊发展现状及应对措施》2013年第14期。

桂小琴、王望珍、章帅龙:《地下综合管廊建设融资的激励机制设计》,《地下空间与工程学报》2011年第4期。

刘晓琳:《地下综合管廊的应用》,《绿色建筑》2011年第5期。

徐军:《市政管网共同构建分析》,《交通标准化》2009年第17期。

孙云章:《城市地下管线综合管廊项目建设中的决策支持研究》,上海交通大学硕士学位论文,2008。

河南省住房城乡建设厅:《全省推进城市地下综合管廊建设宣贯会在郑州召开》,河南省人民政府门户网站,2015年9月29日。

中国住房城乡建设部:《中国36个大中城市将用三年全面启动地下综合管廊试点工程》,新华网,2014年10月18日。

中国住房城乡建设部:《城市综合管廊和海绵城市建设国家建筑标准设计体系》(建质函〔2016〕18号)。

B.7
河南市县开展"多规合一"试点研究

王新涛*

摘　要： 河南部分市县按照国家有关部委的部署，围绕"多规合一"试点工作进行了积极的探索，在各类规划功能定位协调性、空间布局协调性、发展规模协调性等方面都取得了宝贵的经验，但是和"多规合一"的本质要求相比，河南试点工作仍在规划目标、规划期限、数据来源、监督实施等方面存在不足之处，还要继续围绕加强顶层设计、完善基础性规划、健全编制管理体系等方面进行探索和创新。

关键词： 河南　多规合一　试点　建议

　　党的十八大和十八届三中全会、中央城镇化工作会议都明确提出，积极推进规划体制改革，探索"多规合一"。中共中央、国务院在《关于加快推进生态文明建设的意见》中进一步强调，要推进市县按照主体功能定位，以国民经济和社会发展规划为依据，强化城乡建设、土地利用、环境保护、文物保护、林地保护、综合交通、水资源、文化旅游、社会事业等各类规划的衔接，努力推动形成一个市县一个规划、一张蓝图的目标。2015年，国家发展和改革委、国土资

---

* 王新涛，河南省社会科学院城市与环境研究所副研究员。

源部、环境保护部、住房和城乡建设部等多部委联合推进"多规合一"试点工作,以期解决市县规划自成体系、内容冲突、缺乏衔接协调等问题,实现优化空间布局、有效配置土地资源、提高政府空间管控水平和治理能力的目标。

一 河南市县开展"多规合一"试点的进展

2014年,河南在巩义、禹州、西华等市(县)开展县(市)城乡总体规划暨"三规合一"试点工作的基础上,根据开展市县"多规合一"试点工作的通知要求,获嘉县作为全省唯一的试点城市,为推动"多规合一"工作成为促进经济社会与生态环境协调发展的重要保障、优化国土空间开发格局和开发模式的重要手段、完善市县空间规划和管理保障体系的重要途径进行积极的探索,取得了一定的经验,但是仍需要加快进行创新,破解约束条件,真正达到"多规合一"试点的目的和要求,并更好地将试点经验进行总结提炼、推广实施。

(一)河南市县开展"多规合一"试点的背景

当前,我国各个地区、各个部门都更加重视规划的引导作用,在经济社会发展的诸多领域编制了大量规划,但是这些规划属于不同的规划类别和规划体系,具备不同的规划方法、规划标准和规划期限,如国民经济和社会发展五年规划、产业发展规划、城镇体系规划、城市总体规划、村镇规划、控制性详细规划和各类基础设施专项规划等。这些规划之间存在着不协调、不匹配甚至相互冲突的地方,导致市县政府管理部门很难根据这些规划进行建设和管理,以及城市管理成本增高、项目重复建设等严重问题。在此背景下,开展"多规合一"试点,探索国民经济和社会发展五年规划、城镇体系规划、城市总体规划、村镇规划、土地利用规划、生态环境保护规划等"多规合一"的具体思路,探索总结市县"多规合一"的宝贵经验,研究提出可复制、可推广的"多规合一"试点方案,力求实现城乡建设、产业发展、公共服务、生态保护、要素配置一体规划,实现城乡一体建设、产业协调发展、公共服务资源的均衡分布。

(二)河南市县开展"多规合一"试点的案例分析

河南省的巩义、禹州、西华三个市县先后进行了"三规合一"试点工作,获嘉县在2014年作为全省唯一的试点城市,开始推进"多规合一"试点工作。本文现以巩义和获嘉为例,对河南市县开展的"三规合一"和"多规合一"试点工作进行回顾与分析。

巩义推进"三规合一"试点工作的主要做法。在国家新型城镇化、省直管县(市)试点的宏观背景下,巩义启动编制城乡总体规划(2014~2030年),围绕建设区域特色中心城市的目标,强调贯彻落实"三规合一"的规划思路,把全市域1040平方公里作为一个整体,以调控城乡空间资源为手段,以构建大交通格局和中心城区空间布局为重点,对城乡资源利用、产业布局、基础设施和公共服务设施配置、生态环境保护、城乡居民点体系等方面进行统一规划安排,并强化市域道路交通设施、市政公用设施、公共服务设施、商业服务业设施的空间布局,搭建市域城乡规划、建设、管理统一的空间框架。

获嘉推进"多规合一"试点工作的主要做法。2014年11月,获嘉制定的"多规合一"试点工作方案得到有关部委的认可。2015年"多规合一"试点工作全面启动实施。在"多规合一"试点工作推进中,获嘉重点围绕国民经济和社会发展五年规划、城市总体规划、村镇规划、土地利用规划、生态环境保护规划等规划中明确的约束性、控制性目标,统筹协调国家层面、省市层面和县各行业的发展要求,通过相应的技术手段，统一标准和数据，重点协调和解决各类规划中出现的矛盾，最大限度地保障各相关规划的核心内容，确保各层级、各部门的切实要求在县域内得到最大体现，最大限度反映各部门的基本诉求，力求"多规合一"规划内容的完整性。通过有效整合，形成独立的规划成果，各项具体规定、空间界限简洁明了，突出"多规合一"的指导性与约束性。

二 河南市县开展"多规合一"试点的经验

推进"多规合一"试点工作，涉及面广、难度大。巩义市和获嘉县作为县一级行政单位，空间范围相对较小，规划层级或类型相对单一，在此层面开展"多规合一"的实践，并在规划管理、规划编制、规划实施的方法、途径等方面取得了一定的经验。

（一）注重功能定位的协调性

河南城市开展"多规合一"试点，注重把握巩义市和获嘉县所处的区域发展特征，按照主体功能定位以及上位规划的要求，统筹考虑国民经济和社会发展五年规划、城乡规划、土地利用规划、生态环境保护规划等相关规划确定的发展目标，研究提出"多规合一"目标体系。获嘉在编制"多规合一"的过程中，首先从河南省城镇体系规划（2006~2020年）、河南省新型城镇化规划（2014~2020年）、河南省主体功能区规划、中原城市群新乡都市区及拓展区总体发展规划纲要（2006~2020年）、新乡市城市总体规划（2011~2020年）等上位规划出发，统筹考虑获嘉在区域整体发展中的功能定位，提出获嘉要先行成为郑新融合发展的重要区域，创新飞地经济模式，积极承接郑州精细化工产业转移，打造油漆涂料产业园，规划建设郑州金水产业园，并据此对获嘉的发展重点、功能布局、发展战略做出了指引，为确保发展目标、空间坐标、国土指标、生态控标的统一、协调奠定基础。

（二）注重空间布局的协调性

优化空间布局，增强规划的空间发展指导属性，推动生产力布局、产业发展、城镇化建设、交通基础设施建设、公共服务设施建设、生态环境保护、重大工程项目建设与城镇、农业、生态三类空间布局紧密结合，是"多规合一"试点工作的重要内容。巩义在推进"三规合一"试点工作中，确定空间发展总体战略和具体指引方案，重点强化道路交通设施、市政公共设施、公共服务设施、商业服务设施的空间布局，规划布局了8个产业集聚区和园区、6个商贸物流园区、6条生态与历史文化旅游带、18个现代服务中心集聚区。获嘉在推进"多规合一"试点工作中，基于生态保护与经济社会协调发展的目标，统筹考虑各个空间规划的协调、衔接，将国土资源划分为"村镇建设空间、农业生产空间、生态保护空间"三大空间，并进一步划定空间管控区，制定相应的管控规则，形成统一的国土空间管控体系。

（三）注重发展规模的协调性

"多规合一"的规划体系主要包含经济社会发展规划和各类空间规划两大体系，其中国民经济和社会发展五年规划由发改部门负责编制，发展规模侧重于地区生产总值、三次产业、居民收入、社会事业发展以及万元生产值能耗、主要污染物排放减少量等生态保护数据；生态环境保护规划由环保部门负责编制，侧重于大气环境、水环境、土地环境等约束性指标；土地利用规划由国土部门负责编制，侧重于建设用地的总体规模、各类土地利用类型的结构比例等控制性指标；林业部门负责编制的林业规划，侧重于森林覆盖率、林木蓄积量等规模指标。各规划编制部门的职能定位不同，目标导向不同，工作方法也存在一定差异，导致发展规划和空间规划两大体系未能有机衔接，另外，各类指标的规模控制也无法衔接，发展目标的协调性不强导致各类规划的实施性较弱。巩义和获嘉在推进"多规合一"试点工作中，根据城市性质，统筹考虑提出城市发展的人口规模、经济规模、建设用地规模、生态用地规模等明确目标。

（四）注重资源环境承载力的协调性

"多规合一"试点工作的一个重大突破是，将生态文明理念全面融入经济社会发展，科学划定城市开发边界，划定水体保护红线、绿地系统红线、基础设施建设控制线、历史文化保护线、永久基本农田保护红线和生态保护红线，形成完整的空间规划控制线体系，从而优化城市空间功能布局，保护耕地资源和生态环境，确保重要发展片区和重点发展项目落地，形成合理的城镇、农业、生态空间布局。巩义在"三规合一"试点中，强调通过构建"两带四心十廊五点"的生态安全格局，优化生态资源，打造生态安全网络。获嘉在推进"多规合一"试点工作中，不仅强调构建生态安全格局体系，在空间上推进经济社会发展与生态环境保护协调发展；而且基于村镇建设空间、农业生产空间、生态保护空间的划定，建立分区生态环境建设指引。

三 河南市县开展"多规合一"试点的不足

河南市县从"三规合一"逐步向"多规合一"探索，取得了一定的成效，特别是在"三规合一"的基础上，更加强调将环境承载能力和生态环境保护要求作为基础性的约束因素，更加强调技术规范和基础数据的统一，更加强调规划之间的协调，但是仍然存在一些问题。

（一）规划目标一致问题

当前，"多规合一"试点过程中，各类规划在目标衔接上还存在不足。比如国民经济和社会发展五年规划在目标设定中主要体现经济社会发展各方面的目标体系，通常分为经济增长、结构调整、生态建设、民生改善、改革开放等方面。城市总体规划的目标以空间目标为主。土地利用规划的目标导向较为单一和富有针对性，主要包括耕地和基本农田保护、耕地占补平衡、中低产田改造、建设用地规模、土地集约节约利用水平等方面的具体目标。环境规划的目标导向主要包括环境空气质量、地表水环境质量、城市区域声环境质量、大气污染物总量控制、水污染物总量控制、工业固体废物综合利用处置控制等。为更好达到规划目标一致的要求，河南省需要进一步依据国民经济和社会发展五年规划确定经济增长和民生改善等宏观总量指标，结合城乡规划中的城市发展定位，确定土地利用规划中的各类建设用地总体布局和规模，明确环境保护规划的生态建设指向，形成统一规划目标和指标体系。

（二）规划期限衔接问题

由于不同规划的服务对象和服务内容不同，规划期限也存在较大的差异。"多规合一"试点中，国民经济和社会发展五年规划的规划期仍然是五年，城市总体规划的规划期是二十年，土地利用规划的规划期是十五年，生态环境保护规划的规划期一般也按照五年进行编制。虽然照顾到具体指标的衔接，但是由于规划期限不同，基础数据仍然存在差别，现状分析、产业发展、空间开发、土地使用、生态环保等分析与预测难以吻合。而且各类规划的审批主体以及审批时间不一致，国民经济与社会发展五年规划和生态环境保护规划的审批主体为本级人大，审批时间较短；而城市总体规划和土地利用规划的审批主体为上级政府，审批时间相对不可控。

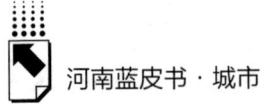

(三)数据和监督问题

"多规合一"的关键是建立一套完整的流程,在同一个信息平台上,将各类规划的最终成果集合于一张图纸上,充分发挥规划的引导作用和宏观调控作用。但是,当前"多规合一"试点工作中,基础数据和信息的来源仍然有待进一步统一。例如,国民经济和社会发展五年规划的数据资料来自统计部门,按照行政区的边界来进行统计,土地利用规划依据的是空间信息数据图,城市总体规划的依据包括地形图等,各类规划在基础数据的选取上各有侧重,很难实现图纸叠合。同时,国民经济和社会发展五年规划由本级人大依靠统计数据实施监督;城市总体规划是上级政府和本级人大依靠报告、检查实施监督;土地利用规划是国土资源管理部门依靠卫星、遥感手段进行监督。在不进行机构改革和职能调整的前提下,现行的规划管理体制难以以超常规方式进行规划融合,所以需要进行"多规合一"的顶层设计。

四 河南推进市县进行"多规合一"的建议

河南省在全面总结部分市县进行"三规合一""多规合一"试点工作的基础上,借鉴省外其他市县进行"多规合一"试点工作的经验,今后需要在以下四个方面继续提高协调性:一是加强规划体系的顶层设计。力争在省级层面由发改、国土、住建、环保等部门,围绕国民经济和社会发展、城乡建设、土地利用、环境保护、林地保护、交通运输、水资源、旅游资源、社会事业等内容,加强规划编制体系、规划标准体系、规划法律、规划协调机制等方面的制度和方法创新,尽快明确实现"多规合一"的技术标准问题、规划期限问题、规划目标问题等,确定"多规合一"的基本准则。二是完善"多规合一"的基础性规划。根据当前国民经济和社会发展五年规划、城市总体规划、城镇体系规划、村镇规划、土地利用规划、生态环境保护规划、产业发展规划等规划的编制期限、编制方法、基础数据、审批程序等特点，加快解决国民经济和社会发展五年规划存在的规划期限短、空间布局弱、审批层级低等问题，在此基础上充分吸收城乡和土地等空间类规划的综合层面，吸收完善其他各专项规划的相关内容，将国民经济和社会发展五年规划打造成为"多规合一"的基础性规划。三是完善规划体系的管理机制。推动"多规合一"，其目标之一是建立完善的规划编制和管理体系。要从顶层设计角度，科学定位规划自身的功能，科学划分规划管理单位、规划实施单位和规划审批单位的权限和职能，推动规划编制、管理的各个环节有效衔接，确保各个部门做到不越位、不缺位，促进审批流程再造，从部门审批向业务审批转变，督促规划编制单位对规划之间不衔接的地方进行修正，及时协调沟通跨部门跨行业的规划问题等。四是建立规划跟踪评价机制。要最终实现"多规合一"的目标，需要加强对"多规合一"成果的落实、评价和监督。将"多规合一"确定的"一张图"作为政府审批核准重大项目、安排政府投资和财政支出预算、制定特定领域发展政策的重要依据，确保经济社会发展各个方面在总体要求上指向一致、空间配置上相互协调、时序安排上科学有序。建立健全监测指标体系，对"多规合一"的落实情况进行动态监测。面向社会、面向群众，广泛采取多种形式，加强宣传，增进公众对"多规合一"的认识和了解，动员和引导全社会力量共同推进落实。

参考文献

廉军伟：《推进县域"多规合一"的策略研究》，《发展规划研究》2014年第92期。

汪子茗：《由"三规合一"走向"三规叠加"的路径与策略》，《规划师》2015年第2期。

赵群毅、刘世体、孙青林：《巩义市城乡总体规划（2014～2030）》，《城市规划通讯》2015年第15期。

唐燕秋、刘德绍、李剑等：《关于环境规划在"多规合一"中定位的思考》，《观察》2015年第7期。

朱兆丽：《对地市级层面"多规合一"的思考》，《江苏城市规划》2015年第1期。

陈雯、闫东升、孙伟：《由市县"多规合一"与改革创新：问题、挑战与路径关键》，《规划师》2015年第2期。

刘亭：《"多规合一"的顶层设计》，《浙江经济》2014年第16期。

徐武红：《关于开展"多规合一"工作的思考》，《陕西国土资源》2015年第4期。

王吉勇：《分权下的多规合———深圳新区发展历程与规划思考》，《城市发展研究》2013年第1期。

浙江省政府咨询委学术委：《"多规合一"的顶层设计》，《浙江经济》2014年第16期。

B.8
河南城市产城融合发展试点研究

左 雯*

摘 要: 产城融合试点是为了解决在快速城镇化进程中出现的产业和城镇发展脱节,而出现大量"鬼城"、"睡城"问题而提出的,对科学推进新型城镇化、促进区域经济发展有重大意义。推进河南城市产城融合发展试点建设要以产业与城市互动融合发展为主线,在规划体系、载体建设、产业发展、基础设施建设、社会事业、生态建设、体制机制等方面进行探索和创新,为其他地区提供示范。

关键词: 城市 产业 产城融合

新型城镇化要求工业化和城镇化协调发展,产城融合发展是产业和城市发展双向有机融合,有利于产业发展、人口集聚和城市功能完善,有利于提高资源配置效率,推进经济发展方式转变。近年来,河南积极探索产城融合发展,已走在全国前列,早在2008年河南推进产业集聚区建设时就提出产业和城市协调互动发展的理念,随后正式提出"产城融合""产城互动"发展理念,特别是在体制城市新区和城乡一体化示范区建设区规划时就体现这一发展理念。国家产城融合

---

* 左雯,河南社会科学院城市与环境研究所助理研究员。

发展试点建设为河南产城融合发展提供了重大机遇，河南要抓住机遇，先行先试，为其他地区的发展、推进新型城镇化提供示范。

一 产城融合发展试点实施背景

近年来，国家级新区、承接产业转移示范区、城乡统筹发展试验区、临空经济示范区等一大批特殊功能区相继成立，这些功能区有利于引领地方经济发展、促进区域协调发展，但是从另一个角度看，大规模的新区建设出现了一批空城和"鬼城"，这些新区在建设之初忽略了城市和产业的天然联系，人为地造成运动导致城市缺乏产业支撑，无法集聚人气，由于教育、医疗等公共服务和生活设施配套不完善，更难以吸引人口集聚，形成一个死循环。

在此背景下，国家发展改革委办公厅于2015年7月下发了《关于开展产城融合示范区建设有关工作的通知》，"拟在全国范围内选择60个左右条件成熟的地区开展产城融合示范区建设工作"。并对产城融合示范区给出了明确的定义："产城融合示范区是指依托现有产业园区，在促进产业集聚、加快产业发展的同时，顺应发展规律，因势利导，按照产城融合发展的理念，加快产业园区从单一的生产型园区经济向综合型城市经济转型，为新型城镇化探索路径，发挥先行先试和示范带动作用，经过努力，该区域能够发展成为产业发展基础较好、城市服务功能完善、边界相对明晰的城市综合功能区。"

二 产城融合发展试点实施的意义

（一）顺应新型城镇化发展的客观趋势

产城融合是以人为中心，使城市生产功能和生活功能相结合，生产布局和生活布局协调发展的空间形态，是现代城市发展的新理念。从宏观上看，使生产空间和生活空间在城市范围内合理布局；从微观上看，在小范围内合理配置生产功能和居住功能，以及配套生产性服务和生活性服务，最大限度地混合利用土地资源。这将有利于城市土地节约集约利用，产业空间不断扩大，加速产业集聚；产业的集聚带来人口的集聚，人口分布在产业周围，促进服务业发展，有利于人口集聚，避免了加速城镇化带来的空城、鬼城现象。还将有利于城镇化有序推进，以产业集聚人口，以人口集聚促进产业发展，使城镇化有产业支撑。产城融合本质是回归到以人为本，从城市功能分区向融合发展转变，是我国新型城镇化发展的方向。

（二）科学推进新型城镇化的有效途径

改革开放以来，我国城镇化发展速度不断加快，城镇化率从1978年的17.9%上升到2015年的56.1%，上升了38个百分点。在城镇化过程中，各地方政府普遍采取在城市外围区域建立封闭型的工业区、在城市区外建立大型居住区或新城区的发展模式，形成了"郊区上班，城区居住"或"郊区居住、城区上班"的现象，不仅造成"职住分离、长距离通勤"，而且严重影响土地节约集约利用。产城融合的发展模式，是对过去"产城分离"不科学的发展理念的纠正，能够有效规避"睡城、鬼城、空城"等现象，能够有效解决城镇化进程中农村转移人口市民化以及"人到哪里去"的问题。尤其是对于像河南这样的传统农业大省和农业人口大省来说，产城融合示范区建设，能够推进农村富余劳动力实现"就近城镇化"，既可以避免"异地城镇化"带来的一系列经济社会问题，又可以为解决"三农"问题提供更大的空间，更符合经济社会发展实际和广大农民群众的愿望。

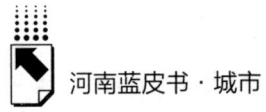

（三）促进第一、第二、第三产业协调复合发展

产城融合倡导"以产兴城、以城促产"，核心在于产业，产业属性决定了城市的功能结构、用地布局、交通导向和景观格局。产城融合、产业融合，能够推动区域内工业进一步向产业集聚区集聚，向高端化、绿色化、集约化发展，加快生物医药、电子信息等战略新兴产业的培育和发展；能够增强示范区的吸引力和辐射能力，促进商务楼宇经济，培育商务酒店、电子商务、现代物流、金融保险等高端商务业态的发展；能够促进农业发展方式创新，带动区内积极发展生态型、设施型、创意型、循环型都市农业。通过产城融合发展，推进产业集聚区、商务中心区、都市生态农业园区等载体和城镇化的互动融合发展，以产业发展集聚人口，以人口集聚促进城镇化进程加快，形成第一、第二、第三产业协调复合发展的产业格局。

（四）协同推进经济、生态和人居功能兼具完善

产城融合的发展理念，是将产业发展规划、城镇规划、土地利用规划、生态建设规划等各类规划有机融合，将城镇发展、产业布局、功能区等紧密衔接起来，优化产业集聚区、城市功能区、生态功能区等的布局，强调城市绿色、低碳、集约、组团、紧凑发展。推进产城融合示范区建设，有助于深化对城镇化发展方向和发展规律的认识，加快推动现有产业园区从单一的生产型园区经济向综合型城市经济转变，加快推动城市完善生产、居住、交通、游憩等复合功能，将产城融合示范区发展成为经济基础好、城市服务功能完善、生态功能强大、宜居宜业宜乐的科学发展样板区，为其他地区科学推进新型城镇化提供示范。

三 河南省推进产城融合发展试点建设的总体思路

2015年，河南省以各市城乡一体化示范区为主体，申报国家产城融合示范区。河南城乡一体化示范区是在16个省辖市复合型城市新区的基础上发展而来的，在建设之初就坚持了产城融合的发展理念，按照第一、第二、第三产业复合发展和经济、生态、人居功能复合发展的思路，协同推进产业集聚区、商务中心区和都市生态农业示范园区建设，目标是建成实现现代化的样板区，率先形成以产兴城、以城带产、产城融合的发展格局。目前，16个省城乡一体化示范区的规划基本编制完成，产业、交通、生态等专项规划和控制性详细规划正在编制之中；道路、供电、供热、供气、给排水处理等基础设施和教育、医疗等公共服务设施建设稳步推进；产业发展高起点规划，初步形成一批特色产业集群。

（一）河南省推进产城融合发展试点建设的总体要求

按照"生产空间集约高效、生活空间宜居适度、生态空间山清水秀"的总体要求，以人的城镇化为核心，以提高城镇化质量和水平为目标，以产业与城市互动融合发展为主线，以优化产城空间配置、推进产城形态融合、推动产城协调发展为中心任务，促进产业园区向城区聚拢、产业活动向园区集中、城市功能向园区拓展，着力推动产业集聚发展，着力完善城乡规划体系，着力提高基础支撑能力，着力改善生态环境质量，着力保障和改善民生，着力创新体制机制，力争尽早建成"空间结构协调、产业活力强劲、城市品质优良、服务功能完备"的"产业—城市"空间复合体。

（二）河南省推进产城融合发展试点建设的着力点

坚持规划引领，有序发展。充分发挥规划导向作用，建立统一衔接、功能互补、相互协调的规划体系，推动国民经济和社会发展规划与其他单项规划相互融合，促进产城融合示范区科学、合理、有序发展。

坚持统筹协调、包容和谐的原则。全面落实经济、政治、文化、社会、生态文明建设"五位一体"总体布局，协同推进"五化"协调发展，充分调动各方面积极性，努力形成全体人民各尽其能、各得其所而又和谐相处的局面。

坚持集约高效，绿色低碳的原则。将生态文明理念全面融入城市和产业发展，合理控制城市开发边界，扩大城市生态空间，节约集约利用土地、水和能源等资源，构建绿色生产方式和生活方式，加强绿色管理和考核制度建设，积极推动经济社会发展与生态环境保护的融合。

坚持改革创新，先行先试。充分发挥政府和市场"双引擎"作用，加强统筹谋划、综合集成，努力在农业人口转移、产业转型发展、城乡建设管理、生态建设和环境保护、"多规合一"、土地利用等重点领域和关键环节取得实质性突破，探索形成推动产城融合发展可复制、可推广的经验。

四　河南省推进产城融合发展试点建设的路径选择

（一）建立健全规划体系，优化空间发展布局

加强城乡规划体系引领作用，使城乡规划覆盖全域，促进产业集聚发展、人口集中、土地集约利用，为统筹推进新型城市和美丽乡村建设提供示范。完善城乡规划体系。按照"规划领先、产业先进、

低碳生态、城乡一体"的建设理念，着力凸显"内涵、组团、集群、紧凑、节约"的特色，修订完善空间发展战略规划、城市总体规划和核心地段控制性详细规划、重点区域城市设计，加快推进城市基础设施等专项规划。

按照示范区村庄规划布局和"五规合一"的要求，提升镇域总体规划，科学编制村庄规划，优化村庄空间布局。加快编制城乡一体的专项规划，突出抓好道路交通、供水、排水、供电、供暖、燃气、环卫、通信等基础设施建设以及教育、文化、体育、卫生等规划编制，推动城市基础设施和公共服务设施向农村延伸；高度重视生态文明，编制生态网络体系规划，加快构建产业融合示范区绿色生态网络；编制水资源开发利用规划，合理开发利用水资源；适时调整土地利用总体规划，节约集约利用土地，为产业发展、城镇建设提供支持。

（二）加快发展载体建设，促进产业集聚集群发展

以新产业、新业态为导向，加快产业集聚区、商务中心区、都市农业区等发展载体建设，促进产城融合发展。

1. 培育壮大产业集群

抢抓产业转移和新一轮产业变革"两个机遇"，统筹推进传统产业升级和新兴产业培育，重点发展中高端产业。大力发展战略性新兴产业和高技术产业，抢占产业发展先机和制高点，提高产业整体竞争力。积极发展新业态、培育新热点、应用新技术，加快发展现代物流、金融、文化创意、大健康、大旅游、信息服务、社区服务、养老服务等现代服务业，以提升品质为目标促进生活性服务业精细化发展，提高服务业占GDP的比重，促进服务业结构优化、提升整体竞争力。

2. 着力推进载体建设

以产业集聚区、商务中心区、都市农业区为三次产业发展主载

体，推进产城融合发展。加快产业集聚区建设，以提升产业集群竞争力为重点，优化产业布局，促进服务功能升级，提高吸引力、竞争力、带动力。大力发展园区经济，统筹推进集聚区招商引资、产业提升和集群培育，完善提升基础设施和公共服务设施功能，完善产业配套体系，提供高质量的仓储、物流、金融等生产服务和餐饮、住宿等生活服务，全面提高产业集聚区综合实力。坚持完善提升产业配套功能，重点推进技术创新、智慧园区、现代物流、人力资源和企业孵化器等综合服务平台建设，高水平构建公共服务平台体系，为产城融合发展提供支撑。以商务中心区建设为载体，推动业态模式升级和招商模式创新、运营管理方式创新，加快重大项目和基础设施建设，秉承高技术含量、高层次人才集聚、高产出效益的发展理念，完善现代服务业上下游的产业链条，促进产业与城市、工业与服务业融合发展。

3. 推进产业融合发展

顺应产业交叉融合、跨界联系的新趋势，抢抓"互联网＋"行动计划实施的新机遇，大力实施产业融合发展工程，强化产业创新和技术进步，积极推进产业链条延伸，积极推进工业化与信息化融合发展，着力促进三次产业融合发展，积极推动文化创意和设计服务与相关产业融合发展，不断增强三次产业间的关联性，加快形成新产品、新业态、新模式，不断提高产业竞争力。

（三）加强基础设施建设，提升支撑发展能力

按照适度超前、功能完善、配套协调的思路，进一步完善交通、能源、信息、水利等基础设施，促进产城融合发展试点内各类基础设施互联互通，增强对产城融合发展的支撑保障能力。

1. 加强市政基础设施建设

加快海绵城市建设，推行低影响开发建设模式，增加下凹式绿地、植草沟、人工湿地、可渗透路面、砂石地面和自然地面的建设，

以及透水性停车场和广场的修建,建设"自然积存、自然渗透、自然净化"的海绵城市。进一步优化和完善城区路网,合理布局建设城市停车场。完善城市供电、供热、燃气、给排水、垃圾处理等基础设施建设,重点推进地下综合管廊试点建设,加大城市地下管网建设力度,构建燃气管网、供热管网系统,不断提升城市服务功能和承载能力。

2. 强化资源能源保障能力

积极推进智能电网建设,提高电网承载能力,保证电力供需平衡,合理进行高压变电站的布点和主变容量配置,优化高压配电网的网架结构和线路走向,切实提高电力保障水平。大力扶持太阳能、风能等新能源的开发。加大燃气基础设施建设,合理布局、有序发展加气站。

3. 推进高效信息网络建设

加强信息网络基础设施建设,加大对宽带网络基础设施投入力度,加快宽带网络基础设施,扩大4G网络覆盖范围。推进智慧城市建设,实施实惠应用工程,拓展数字城市化管理系统的管理和服务功能,提高城市运行效率。

(四)加快社会事业发展,完善公共服务体系

健全公共服务体系,合理布局教育、医疗、文化、体育等公共服务设施,推进优质教育、医疗、养老等公共服务均等化,持续增强百姓幸福感,促进人才汇聚、人口聚集。

1. 积极推进大众创业万众创新

以产业带动就业,支持中小企业和非公有制经济发展,增加中小企业容纳社会就业的能力,贯彻落实各项优惠政策和资金扶持,鼓励高校毕业生、失业人员、返乡农民工创业创新,以创新引领创业,以创业带动就业。加强就业培训,加强适龄劳动力技能培训,继续推进

公共劳动就业服务平台建设，建成覆盖城乡的公共创业就业服务体系。

2. 提高公共服务水平

优化教育资源配置，积极鼓励行业、企业等社会力量参与办学，继续探索与知名学校联合办学、委托管理等集团化办学模式，增强公办学校办学活力，提高办学水平和效益。提高全民健康水平，完善公共医疗卫生服务体系，深化医药卫生体制改革，持续改善广大群众就医环境，提高公共卫生保障水平。

3. 完善社会保障体系

按照全覆盖、保基本、多层次、可持续方针，加快建成覆盖城乡居民的社会保障体系。整合城乡居民医疗保险，全面实施城镇居民大病保险。扩大社会保障覆盖范围，完善社会保险关系转移接续政策。完善社会救助体系，健全低保标准动态调整机制，合理提高低保标准和补助水平，扩大低保覆盖面。

（五）推进生态建设，促进绿色低碳循环发展

统筹处理好经济发展与生态环境保护的关系，加强生态建设，促进资源节约集约利用，大力推进绿色发展、循环发展、低碳发展。

1. 促进资源节约高效利用

提高建设项目及产业的准入门槛，严格把关，坚决禁止不符合功能定位或不利于环境保护的开发建设。深入推进节约利用资源，加强全过程节约管理，大幅降低能源、水、土地消耗强度。加强对用地开发强度、土地投资强度等用地指标的整体控制，重点探索应用节地新技术、新模式，鼓励建设多层标准化厂房和紧凑型工厂。实行最严格的水资源管理制度，推广水资源循环利用，加大工业节水力度，发展节水农业，积极创建节水型城市。大力发展循环经济，优化配置各类资源，构建循环经济产业链，最大限度地提高资源循环利用率和废弃

物综合利用水平，进一步提升产业生态竞争力。

2. 加强环境保护

以群众最关心的环境问题为重点，综合防治水污染、大气污染、土壤污染和其他污染。实施"蓝天工程"，加快推进工业污染源、汽车尾气、油烟类污染治理，建筑工地和道路交通扬尘污染治理，能源改造、农作物秸秆综合利用和生活垃圾无害化处理。实施"碧水工程"，实施河道综合整治，加强地表水、地下水污染协同控制和系统管理，提高城镇工业和生活污水处理率，强化农业面源污染源治理。实施"乡村清洁工程"，开展农村环境连片综合整治，加强土壤污染防治和畜禽养殖污染防治，提高农村生活污水、生活垃圾、人畜粪便等的安全处置程度，逐步改善农村环境。

3. 加快推动生产生活方式绿色化

积极构建高科技、低消耗、低污染的产业结构和生产方式，以提高经济绿色化程度为目标，加快发展绿色产业，推动绿色制造和清洁生产，推进绿色建筑发展。加快推动资源利用方式根本转变，提高天然气使用比例，开发利用新能源和可再生能源，推进能源结构向低碳方向发展。加快推动生活方式绿色化，形成勤俭节约、绿色低碳的生活方式和消费模式。

（六）创新体制机制，推进城乡发展一体化

按照政府主导、社会参与、市场运作的原则，深化投融资体制改革，统一城乡建设用地市场，提高城乡基本公共服务均等化水平，全面推进城乡一体化发展。

1. 完善城乡建设投融资体制

吸引社会资金参与融资平台，增加城乡建设资金的供应渠道。通过建立完善公共资源交易平台，将政府购买公共服务项目、保障性住房项目等各类产品，纳入公共资源交易平台统一发布，进行招投标等

市场化交易，降低融资成本。编制政府资产负债表和优化金融环境，加强全过程预算绩效管理，将政府性债务纳入全口径预算，有效防范和化解财政风险。完善投融资监管制度，防范信用风险和流动性风险的发生。

2. 加快推进农业转移人口市民化

按照"一基本两牵动三保障"原则，加快推进符合条件的农业转移人口落户城镇。把增强产城融合发展试点就业承载能力作为促进农村人口向城镇转移的重要前提，充分发挥服务业的就业吸纳作用。强化住房和教育牵动，落实就近入学原则。强化农业转移人口的社会保障、农民权益保障、基本公共服务保障。建立健全由政府、企业、个人共同参与的农业转移人口市民化成本分担机制。

参考文献

谢呈阳、胡汉辉、周海波：《城镇化背景下"产城融合"的内在机理与作用路径》，《财政研究》2016年第1期。

罗守贵：《产城融合的现实背景与问题分析》，《上海交通大学学报》（哲学社会科学版）2014年第4期。

左雯：《河南省产业集聚区建设与城镇化推进协调互动发展研究》，《经济研究导刊》2010年第11期。

陈绍友、田洪：《城市社会背景下的"产城融合"发展问题研究》，《重庆师范大学学报》（自然科学版）2014年第9期。

林章悦、王云龙：《新常态下金融支持产城融合问题研究——以天津市为例》，《管理世界》2015年第8期。

孙建欣、林永新：《空间经济学视角下城郊型开发区产城融合路径》，《城市规划》2015年第12期。

王亮、陈育霞、王建宙：《以昌平区为例探讨产城融合发展实践》，《小城镇建设》2015年第12期。

曲岩、王前：《城市扩张、城镇化与经济增长互动关系的动态分析》，《大连理工大学学报》（社会科学版）2015 年第 10 期。

毛小明、李波、方丽：《江西工业园区产城融合度评价研究》，《区域经济评论》2016 年第 1 期。

郭加玉：《城镇化视角下对产城分离与产城融合的探索与思考》，《北方经济》2016 年第 2 期。

B.9
河南打造城市"双创"空间研究

柏程豫*

摘　要： "双创"是破解当前河南经济难题的一剂良方，对河南未来发展意义重大。但创新创业活动的展开有赖于一定的基础条件，从河南的现实情况来看，推进"双创"工作还面临着社会氛围、市场经济环境、创新创业资源等方面的困难。河南应依托基础条件较好的城市，打造城市"双创"空间，其核心内容应是围绕各类市场主体的创新创业活动提供系统完善的服务，并为创新创业营造良好的生存发展环境，具体措施包括切实提高政府服务质量、完善政策支持和要素支撑、强化社会服务、培育创新创业体系、鼓励高校和科研机构重构、重视中低端创新创业、创造宽松良好的生活和工作环境，这将有效地激发河南所蕴藏的创新潜能。

关键词： 创业　创新　城市　河南

"大众创业、万众创新"（简称"双创"）是促进经济新旧动能转换的核心之举，对于当下经济承压、亟待转型升级、寻求发展新动力新动能的河南省而言，意义重大。而城市作为区域经济发展的龙头

---

* 柏程豫，河南省社会科学院城市与环境研究所副研究员。

与核心,创新创业资源相对密集,依托城市打造"双创"空间,形成创新创业活动"高地",对于激活河南省蕴藏的创新潜能是一条更为有效的途径。

一 "双创"的基本内涵与核心要义

在经济步入新常态背景下,中央提出"大众创业、万众创新"的战略性构想,目的是激发市场主体的能量,培育和催生经济社会发展的新动力、新动能,以应对产业结构调整和经济下行的巨大挑战。

所谓"双创",指的是"大众创业、万众创新"。2014年9月的夏季达沃斯论坛上,国务院总理李克强提出"大众创业、万众创新"的战略性构想。2015年3月在两会的政府工作报告中明确指出要打造新引擎,推动"大众创业、万众创新"。2015年6月,国务院出台了《关于大力推进大众创业万众创新若干政策措施的意见》,就如何支持创新创业提出了若干项政策措施,"双创"进一步成为公众关注的热点。十八届五中全会通过的"十三五"规划建议再次明确提出要"激发创新创业活力,推动大众创业、万众创新",将其作为坚持创新发展的一个重要方面。

之所以提出"双创",是基于这样的背景:国际金融危机以来,世界经济复苏的过程曲折而缓慢,从而导致我国面对的外部需求收缩,与此同时我国内部的多种矛盾也在不断聚合,工业、出口、房地产等经济增长的传统动力引擎相继减速,经济下行压力较大,稳增长的任务紧迫而艰巨。因此,政府提出"必须加大结构性改革力度,加快实施创新驱动发展战略,一方面改造传统引擎,即增加公共产品和服务供给;另一方面打造新引擎,即推动大众创业、万众创新。"

可以看到,对于"双创",政府是将其定位于经济发展新引擎的高度,也就是说要通过推动大众创业、万众创新,为经济增长塑造新的动力,其内在逻辑是:依靠持续不断的深化改革,为市场和社会拓展出更大的空间,形成公平竞争的优良环境,促使民众的创造力和积极性充分释放,促进生产要素向有前景的新产品、新技术以及新业态、新模式充分集聚,从而让数量庞大的中小微企业成长壮大,迸发出应有的活力。由此可以扩大就业,调整收入分配结构,同时又有利于促进社会的公平正义与纵向流动,从根本上激活经济增长的内生动力,实现经济有质量有效益可持续的发展。

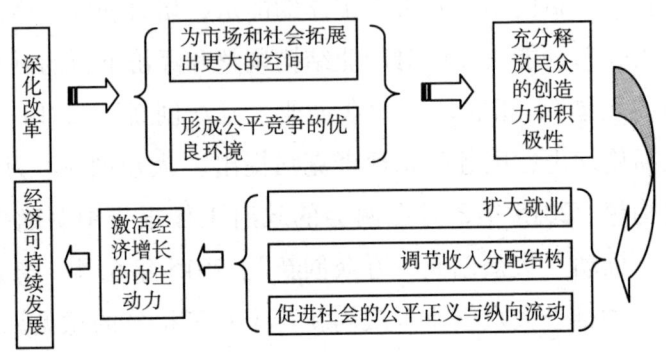

图1　以"双创"促经济发展的内在逻辑示意

综上所述,推进"大众创业、万众创新",是要从根本上全面激发市场经济的活力,而其中的关键就是需要改变以往政府主导发展的传统模式,各级政府要切实从领导型向服务型转变,一方面解决"越位"弊端,就是要规范政府行为,彻底回归到为激发市场活力清障搭台的定位上,充分尊重市场规律,减少行政审批与干预,通过不断放松管制,放宽市场准入,鼓励社会参与,激发民间创业热情与投资活力,确保市场在资源配置中发挥决定性作用。另一方面解决"缺位"弊端,就是要强化政府责任,促使其着力营造与保障公正法治的市场环境、维护市场秩序,为市场微观经济主体公平竞争、经济社会发展走向良性循环保驾护航,从而形成一个有规则、开放的社会和市场。

二 "双创"对于河南经济社会发展的重大意义

"大众创业、万众创新"为河南经济发展提供了一种新的思路，着力推进"双创"工作对于河南省的发展意义重大。

（一）为河南经济发展注入可持续的内生新动力

近年来，河南同全国一样，经济发展受资源环境的约束逐步强化，要素的规模驱动力也在不断减弱，经济发展步入新常态，传统的以高投入、高消耗为特征的粗放型发展模式已经难以为继，迫切需要由要素驱动、投资驱动向创新驱动转型。这需要更多市场的力量，充分调动人的积极性，最大限度地发挥民众智慧。而"双创"的作用正在于此，通过制度红利和改革红利的释放，消除阻碍创新创业发展的各种制度束缚，由此激发出全社会的创造活力，为河南经济发展注入可持续的内生新动力。

（二）为河南新型城镇化提供就业空间

新型城镇化强调以人为本，核心是"人的城镇化"，让农业转移人口真正融入城镇，这首先需要城镇能够为其提供足够的就业空间。然而，当前经济进入新常态，河南面临着产业结构调整和经济下行的巨大压力，如何有效地吸纳就业人口，切实推进新型城镇化，是摆在河南面前的一大难题。通过激励"双创"，实行一系列结构性的改革与体制机制的创新，将为各类市场主体特别是中小微企业提供更大的发展空间，促进新企业的开办、新产品的研发、新市场的开拓乃至新兴产业的成长，这将有效带动就业，提升就业质量，为河南新型城镇化的推进奠定坚实基础。

（三）为河南改革的全面深入推进提供契机

完善社会主义市场经济体制建设，使市场在资源配置中起到决定性作用，一直是我国所致力的改革方向，这也是开展创新创业所必需的基本条件。如今，国家提出"大众创业、万众创新"，欲将其打造成为我国经济增长的新引擎，中央对此高度重视，提供了空前的支持，配套了全方位的政策布局，以期通过简政放权激活市场，通过体制机制创新打造良好的创新创业市场环境。这为各地改革的全面深入推进，特别是像河南这样市场经济发展较为落后的省区提供了一个很好的契机，有方向指导，有政策支持，亦有具体的工作抓手，河南应当抓住这次机遇，大力推行改革，积极完善自身的市场经济体制建设，尽快缩小与沿海发达地区的差距。

三 河南推进"双创"工作面临的困难

"双创"是破解当前经济发展难题的一项良策，但创新创业活动的展开有赖于一定的基础条件，从河南的现实情况来看，推进"双创"工作还面临着相当的困难。

（一）缺少广泛认同的社会氛围

思想是行为的先导，思维决定行动。河南是传统的农业大省，几千年农耕文化对这里的民众思想产生了极深的影响，与沿海发达地区相比，河南人在思想上更倾向于自满和保守，缺少竞争的心态。在"比上不足，比下有余"的心理安慰下，河南人更容易"小进即止""小富即安"，在工作生产上的危机感、压力感和紧迫感较为淡薄，表现在经济上就是缺乏外向性和扩张性发展，在这种心态下即使外界环境已经发生变化，自身也不愿意积极主动地做出改变。同时，由于思想保守，形成厌恶风险的倾向，因循守旧，不易接受新事物，缺乏开拓创新的精神状态，更习惯于按部就班的平稳生活。这种普遍保守封闭的思维方式使河南缺少创新创业的精神土壤，创新创业的社会氛围不够浓厚，缺乏广泛认同感。

（二）缺少良好的市场经济环境

企业的发展需要良好的市场经济环境，而政府在其中起着重大作用。无论是制定与实施政策和法令、维护社会基本秩序，还是界定和保护产权、监督合同执行、实施行业管制等，如果政府不能充分发挥其应有的作用，市场经济就无法正常运行。河南身处内陆，所经受的市场洗礼还远远不够，政府职能转变滞后，体制机制相对僵化，服务意识淡薄，服务效率偏低，市场经济体制尚未完全建立，市场的开放性、公平性和透明度都显著低于沿海发达地区。在这样的环境下，民营经济发展缓慢，作为广大创新创业的中坚力量的民营企业特别是中小微企业的生存和发展受到了更多限制。

（三）缺少丰富的创新创业资源

创新创业需要包括科技、人才、资金等在内的众多资源。与我国其他省区相比，河南省所具备的资源相对来看都是比较匮乏的。例如科技资源，在这方面河南存在着明显的短板，不要说与京津冀、长三角、珠三角等发达地区相比，就是与湖南、湖北、陕西、四川等中西部省区相比，也是差距显著。又如人才方面，河南是人口大省，但是教育相对落后，同时作为欠发达地区又缺少吸引人才、留住人才的优越条件，人才大量外流，而能够吸引到的外来人才非常有限。再有资金方面，河南金融业较为落后，现有23家银行机构，却没有一家总行。为追求更高的资金回报率，各银行总行会将资金调拨到东部沿海经济发达地区，因此作为经济欠发达的省份，河南宝贵的存款被调拨到其他地区，截至 2014 年底，河南贷款余额 2.72 万亿元，与将近 4.14 万亿元的存款余额相比，存贷差高达 1.42 万亿元，存贷比仅 65.8%，明显低于同年全国 71.7% 的平均水平。这一水平不但无法与北上广深这些一线城市相比，与其他中部省份相比，也同样差距显著。省内的中小微企业长期面临着资金紧张、融资困难的问题。同时由于市场经济不发达，河南也缺少资本市场的助力，能够为创新创业提供的融资渠道非常有限。

四 河南打造城市"双创"空间的思路与对策

尽管河南在推进"大众创业、万众创新"方面的现有基础条件较为薄弱，但郑州、洛阳等省内各大城市仍属于创新创业资源相对高度密集的地方，具备一定的优势。以这些城市为依托，打造城市"双创"空间，形成集人才、技术、资本、信息、文化为一体的创新创业生态圈，从而形成一个个创新创业活动"高地"，对于激活河南蕴藏的创新潜能不失为一条更有效率的途径。而打造城市"双创"空间，并非要拘泥于实际的空间形态或平台，比如众创空间、创业产业园建设等，其核心内容应是如何围绕各类市场主体的创新创业活动提供系统完善的服务，为创新创业营造良好的生存发展环境。按照这一思路，具体有以下几方面的对策建议。

（一）切实提高政府服务质量

推进"大众创业、万众创新"，政府的职责并不是直接扶持创新和创业者，而应是推行制度改革、转变政府职能，以破除创新创业者所受之束缚，这一切要从政府提升自身服务社会的能力着手。积极推进一站式和"互联网＋"的政府服务模式，限时办理涉及企业登记、经营、变更和退出等各项事务，通过不断延伸服务触角、丰富服务内涵、畅通服务渠道，有效提升政府服务经济社会发展的效能。运用大数据构建完善的企业诚信系统，建立失信企业责任追究制度以及市场准入和监管规则统一制度，降低企业和居民打官司成本，维护公平竞争的市场秩序。加强对知识产权的保护，针对各种侵权行为强化执法力度，严肃打击，为专利、版权、商标等的创造和运用提供良好的条件，降低全社会特别是创新创业者获取知识产权基础信息的成本以及中小微企业知识产权申请与维持的费用。

（二）完善要素支撑与政策支持

要全面落实和进一步完善促进非公有制经济发展的各项政策措施，包括简化审批流程、放宽市场准入、提供财政支持、优化投融资环境以及加强人才培养等方面，加大对创新创业的支持力度。进一步规范收费，制定更加清晰简便可操作的减免税实施办法，为创新创业减轻负担。制定实施各行业准入负面清单，最大限度减少事前准入限制，以确保各类主体能够依法平等进入。着力降低中小微企业在招工、用工等经营环节的成本，比如可以调整政策给予其在缴纳员工保险和公积金等福利方面一定的优惠。支持服务中小微企业的金融机构发展，鼓励其结合中小微企业的需求特点进行理念、经营模式、信贷技术以及产品等创新，积极开展股权众筹等互联网金融创新试点，以有效满足各类创新创业主体巨大的融资需求。支持中小微企业创业基地建设，推动传统创业孵化机构加快转型，鼓励创新工厂、创客空间等新型创新创业平台发展。深入开展扶助创新创业主体的专项行动，大力组织开展面向创新创业者的管理咨询活动。

（三）强化社会服务

加快为创新创业搭建提供公共服务、具备强大功能的网络平台。注重培育中介组织，拓展技术成果交流中心、产权交易所等交易中介机构的服务领域；规范发展具有法定服务监督职能的公正性中介机构，如会计、审计、律师等各类事务所，还有仲裁机构，以及计量和质量检验认证机构等；充分发挥各种社团组织的中介管理机构作用，如行业协会商会、消费者协会等。积极促进第三方服务发展。通过不断扩大社会服务覆盖面，为创新创业提供更为专业有效的社会服务。

（四）培育创新创业体系

要坚持生态系统理念，培育包括领军企业、高校科研机构、人才、科技资本（特别是天使资本、创业资本）、创新创业服务机构以及创新创业文化在内的完善的创新创业体系。要将建设的着力点放在四个方面：首先，要保证创新创业体系有相当高度的开放性，以积极吸引各地的创新资源和知名企业入驻；其次，要处理好政府与市场之间的关系，政府应与高校、企业等建立更为密切的联系，并逐步过渡到间接管理和组织协调的角色，尊重创新创业活动的自主性；再次，要建立和谐的产学研关系，像硅谷一样能够产生"链式反应"，整合创新资源；最后，要根植于河南发展，以本地文化为根，再结合全球文化的发展趋势，建立创新创业人群社区，而不能单纯模仿或复制。

（五）鼓励高校和科研机构重构

高校和科研机构是人才培养的重地，亦是除企业之外技术创新的又一源头。因此，高校教育体系和科研院所应适应"大众创业、万众创新"的市场需求，加快重构，设计与社会衔接紧密的教育和研究接口，避免高校科研机构的人才培养、科技创新与现实脱节。同时，要鼓励高校教师与科研机构研究人员参与创办企业，促使他们在学术研究的同时更好地与社会接轨，保证科研的实际应用性。

（六）重视中低端创新创业

对于创新的理解，国内的认识往往局限于高精尖，忽视中低端企业。事实上，如日本和德国等制造大国，中低端以及贴近生活的持续性创新亦是两国崛起的重要支撑。从河南省的现实情况来看，中低端企业有着巨大的创新潜力可挖。一方面，中低端创新能够提供更多的就业机会；另一方面，中低端企业占河南省企业的大部分，其创新创业可以互相依托和转化，更容易形成以智力资源、资金、网络、文化协同互动的生态系统，从而大大提升创新创业的效率。因此，河南各界应高度重视对中低端创新创业的鼓励和支持。

（七）创造宽松良好的生活和工作环境

创新创业需要宽松的人才环境，这种环境不单要有鼓励创新、敢冒风险、容忍失败的价值观念，更要有多元化的文化包容，以及多样化人才的自由流动，还需要有一个宽松良好的生活和工作环境。比如上海，作为我国的经济中心，既有大量的科研院所和高校集聚于此，又有活跃丰富的资本市场，可以说具备良好的创新创业基础，但其创新创业环境不但非国内最好，甚至没有进入国内前几名。究其原因，在于其生活成本高昂，普通人在这里的生活乃至生存压力都很大，根本无法再承受创新创业所带来的风险，所以大量的人才选择到附近的江浙地区去创业。这对河南而言是一个重大警示，作为相对落后的经济欠发达地区，创新创业的基础条件已然先天不足，如果再不主动去创造宽松的人才环境，"大众创业、万众创新"将无从谈起。引导价值观念转变不可能一蹴而就，其他所应提供的政策支持等已经明确，而创造宽松良好的生活和工作环境目前还未引起政府重视。上海易居研究院发布的报告显示，2014年郑州的房价收入比在全国35个大中城市中排在第18位，高于武汉、成都、西安、济南、长沙等其他中西部省会城市，而这些城市的经济实力都强于郑州。这从一个侧面反映了郑州的生活和工作环境已经很不宽松，再加上人口密集，入学难、出行难等各种民生问题，这样的环境难以留住人才，居于此的人才也难以有创新创业的冲劲。所以,河南打造城市"双创"空间必须高度重视这一问题,政府应着力采取措施降低城市的生活和工作成本,把创新创业的潜在人才留下来。

参考文献

张占仓:《创新创业 支撑发展》,《河南日报》2015年9月16日。

张公嵬、李赞:《大众创业要具备四个关键要素》,《经济日报》2015年8月22日。

袁凯声、刘晓萍:《让小微企业真正成为双创的重要载体》,《河南日报》2015年12月11日。

孔繁祺:《"双创"之下如何改善中小企业融资状况》,《吉林省经济管理干部学院学报》2015年第6期。

南阳市建设创新型政府研究课题组:《全面推进创新型政府建设研究》,《中州学刊》2015年第5期。

李政、任妍:《"新常态"下民营企业的创新驱动发展战略》,《理论学刊》2015年第10期。

伍浩:《深化政府职能转变 激发创新创业活力》,《理论视野》2015年第7期。

孙德升:《天津推动大众创业万众创新存在的问题与对策》,《经济界》2015年第4期。

张前荣:《加快推进"大众创业、万众创新"》,《宏观经济管理》2015年第6期。

李长安:《第四次创业浪潮补齐发展"短板"》,《人民论坛》2015年第27期。

城市管理篇
City Management Reports

B.10
提高河南城市综合管理水平研究

安晓明[*]

摘 要： 随着城镇化进程的推进，河南的城市综合管理水平在取得重大突破的同时，也存在着重建轻管、公民整体素质有待提升、公共服务设施不足等矛盾和问题，影响着人与人、人与社会、人与自然之间的和谐共生，给我们的城市管理工作带来了新的挑战。在对国内外城市管理先进经验进行梳理的基础上，笔者认为应当从转变管理观念、创新城市综合管理执法体制、推广智慧城管模式等几个方面提升城市综合管理水平。

关键词： 河南省 城市综合管理水平 对策建议

---

[*] 安晓明，河南省社会科学院农村发展研究所助理研究员。

近年来，河南的城镇化进程进入快速发展期，2015年城镇化率达到46.85%，根据《河南省新型城镇化规划（2014~2020年）》和河南省"十三五"规划目标，到2020年全省城镇化率将达到56%左右。① 这也就意味着，今后几年河南省城镇化率仍将保持每年提升1.8个百分点的高速增长，"十三五"期间，河南将实现城乡结构的历史性转变，进入城市型社会为主体的新时期，这将对我们的城市管理工作提出巨大的挑战。

一 河南省城市管理中存在的主要问题

当前，河南正处于经济结构调整和社会转型的关键时期，随着城镇化进程的推进，城市占地面积急剧扩张、城市人口快速膨胀，相应的城市管理水平却没能跟上，暴露出来的矛盾和问题也越来越多。

（一）重建轻管现象普遍存在

当前，河南的城镇化仍处在大建设阶段，各个城市都在大力推进城镇建设，各种城乡一体化示范区、产业集聚区、商务中心区建设如火如荼，基础设施建设全面铺开，工地到处可见。在城市建设飞速推进的同时，相应的城市管理水平却没能跟上城市建设的步伐，城市管理者思想和观念仍然较为落后，"重建设轻管理、先建设后管理、重经济效益、轻社会效益"的观念尚未真正扭转，对城市管理在城市长期发展中的作用也未能充分认识。城市政府的主要职责之一是提供城市公共服务设施的建设，并做好后期维护和管理。但是当前，我们的城市政府对城市公共设施的管理尤其欠缺，规划和建设管理乱象频现，部分基础设施的使用寿命甚至还没有建设周期长，比较典型的是

---

① 河南省人民政府：《河南省新型城镇化规划（2014~2020年）》。

郑州西三环曾经连续16塌、造价数百万的过街天桥说拆就拆，短命路、短命天桥时有曝光，公共绿地、公共设施被侵占、破坏现象随处可见，大排档、夜市摊、小饭店、农贸市场卫生状况不容乐观，公共场所、住宅建筑电梯、供电、供水等设施质量问题时有发生，维护困难。

（二）市民素质与快速的城镇化进程不相适应

新型城镇化的核心在于以人为本，城市管理过程中的各种问题的根源在于人的问题。人的素质决定着一个城市的档次和品位，只有城市居民素质普遍提升，城市的整体形象才会有根本改观。随着河南省城镇化率的快速提升，每年有上百万农村人口涌入城市，但进城人口的综合素质提升却没能跟上快速上升的城镇化步伐，进城人口不仅要有工作有户口有房子，更重要的是进城人口在思维、生活习惯上的市民化，只有这样才能真正融入城市生活，才能实现由农民到市民的全面转变。当前，存在的问题集中体现在以下几个方面：一是大量的农业转移人口进入城市后，并未养成与城市生活匹配的生活习惯，在行为方式上还未能完全适应城市各种规章制度，随意闯红灯、随地吐痰等现象屡禁不止；二是大量的进城工作者在短期内融入城市生活比较困难，精神文化生活匮乏；三是老城区部分居民难以适应现代城市的快速发展，低收入群体生活困难，老城区甚至有演变成为"贫民窟"的危险；四是短期内城市综合执法管理人员素质与城市管理的新要求还不相适应。按照国内外城镇化的一般规律，在城镇化的初期，城市建设速度往往快于公民素质提升速度，二者的适应需要一个长期的过程。

（三）城市公共设施难以满足城市发展需求

完善、便捷的公共服务设施是城市发展的内在要求和基础条件，最能直接体现城市的发展水平和居民的满意程度。当前，河南省多数城市基础设施建设远未跟上城镇化速度，公共设施短缺已经成为制约城市综合管理水平提升的重要影响因素。即使在河南省发展水平最高的郑州市，马路市场、路边摊等现象也到处存在。从表面上看，这些现象是由于城市管理对象复杂多变、流动人口数量大、人们收入水平有限所造成的。但究其根源，是由于城市的规划建设滞后于城市的发展速度，公共服务设施严重不足，不能满足快速增长的城市居民日常生活需求。公共设施不足集中反映在我们的集贸市场建设落后，导致城管和小摊贩冲突事件时有发生，还反映在困扰大家的交通拥堵问题日益严重，这些事情都需要引起城市建设和管理者的深刻反思。

（四）公众参与城市管理明显不足

城市管理作为政府向居民提供的一种公共服务，本应由广大的城市居民参与其中，但河南乃至全国的城市管理，普遍存在公众参与城市管理不足的现象。公众参与不足主要表现在：首先，参与主体单一，受人们文化素质的制约，能够有效参与城市管理的主要是像规划师、设计师这样的专业人士，一般的普通市民则因为不了解城市管理，即使想参与也找不到途径，因而很少参与城市管理。其次，有利于公众参与城市管理的渠道尚未真正建立，顺畅的沟通渠道，能有效激发公众参与城市管理的激情和动力，而在河南多数城市，公众参与城市管理的形式比较缺乏，参与的渠道也不顺畅。[①] 再次，缺乏公众参与城市管理的法律依据，由于法律建设上的滞后，公众参与城市管理的法规还很不完善，在参与城市管理过程中也缺乏相应的法律保障。我们的公众参与，多数时候仅仅停留在媒体宣传上，或者作为城市政府的形象树立走走过场而已，很难有实际效果。

---

① 谭显明：《转型期我国城市管理研究》，湖南大学硕士学位论文，2012。

（五）城市综合管理体制不健全

与城市管理对象的复杂性和系统性相比，我们的城市管理工作条块分割严重，缺乏能全权负责的权威机构。城市管理部门侧重于具体的业务管理，像道路、水、电、暖气等分属不同的机构管理，城市政府对于城市综合管理的总体职责在机构设置上得不到体现。此外，城市的城管部门与其他城市管理部门在行政级别上多属于同级单位，只是各自业务范围不同，缺乏综合协调职能，各城市管理部门缺乏联动机制，在实际管理过程中，推诿扯皮现象时有发生，直接影响了城市综合管理水平。虽然城市建设快速推进，但我们对城市管理的研究却没能跟上，客观上造成了各城市的管理工作缺乏长远规划和打算，游击式和运动式粗放管理模式长期存在，像我们的卫生城市、园林城市、森林城市创建等工作，表面上看起来轰轰烈烈、热火朝天，实际上却浪费了大量人力物力财力，实际效果并不佳，管理效率低下。

二 城市管理的国内外经验梳理

发达国家和地区城市化程度高，经过长时间的实践，积累了丰富而有效的城市管理经验，对这些成功经验进行梳理，可以为河南省今后城市管理提供借鉴和参考，快速提升城市综合管理水平。

（一）美国的城市管理经验

美国的城市化起步较早，经过100多年的发展，绝大多数人口生活在城市地区，城市化率已经超过95%。作为联邦制国家，地方城市在管理上较为独立，目前美国大约有1.9万个城市政府。美国的城市管理经验可以简要概括为以下几个方面：一是在城市管理过程中强调市场机制的作用，注重运用市场力量对城市公共资源进行有效整合，在政府、市场、企业之间形成了良好的互动关系，能够有效调动企业和社会组织参与城市管理的积极性；二是从法律、制度和程序上奠定了公众参与城市管理的基础，进而保证公众能够行使参与城市管理的权利；三是建立了完善的城市综合管理法律体系，能够对城市管理中利益相关者的权利和义务做出明确的法律界定，并且能够做到严格执法监督、违法必究；四是积极采用现代信息技术，建立信息平台，实现城市管理信息共享，既能保证城市管理者能够掌握准确的信息资源，又能满足市民查询公共信息的需要。

（二）巴黎城市管理经验

作为一个拥有悠久历史和众多文物古迹的城市，巴黎时尚和浪漫之都的盛名与其发达的城市管理体系是密不可分的[①]。巴黎的城市管理经验主要表现为三个方面：一是科学规划成就城市之美。为保护巴黎的历史建筑，巴黎市政府制定了完善的城市规划体系，在规划建设中尤为注重人文关怀，以突出巴黎的人文与景观特色，确保总体上没有违章建筑、违章经营和占道情况；为突出城市历史文化特色，只有由市政府批准的咖啡馆才能够露天经营，为达到一定经营规模的咖啡馆建造固定棚屋。为方便市民生活，巴黎规划大量的临时摊点，每周轮流在规定的时间和地点经营；对门店、广告牌进行统一设计，营造整洁的城市环境。二是健全的城市环境卫生管理体系。巴黎建立了由市政府和若干市镇组成的联合管理体制，由公共财政支付联合管理所需费用，在市场化运作的基础上，积极引入企业，形成了从分类、运输到处理的完善的垃圾和污水管理体制。三是完善的道路停车管理制度。巴黎市政部门将符合条件的单行道两侧改造成停车场，部分路段

---

① 冯凌宇、明亮：《提高成都城市管理水平的思考与对策》，《成都行政学院学报》2014年10月。

还设置了停车港湾,既保证了交通的顺畅,又保证了车辆的有序停放;对停车时间严格管理,每次限停2小时,超时自动续费;在城区周边规划建设大量停车库,为车主改乘公共交通工具提供便利。

(三)新加坡城市管理经验

有"花园城市"美誉的新加坡,其城市管理经验吸收了中国传统文化中管理思想的精髓,对于河南当前城市管理具有一定的启示和借鉴意义。其成功之处主要体现在以下几个方面:一是先进的管理理念。新加坡的城市管理尤其强调以人为本、注重服务意识,真正做到将提高市民生活水平、生活质量作为城市规划、建设和管理的主要目标,并且在实践过程中不断完善。二是健全的城市管理法律体系。新加坡在长期城市管理过程中建立了一套严格、具体、切合实际,而且具有很强可操作性的法律法规体系,对城市管理所能涉及的方方面面基本进行了立法,保证了城市管理执法人员在具体执法的时候能够有法可依、高效执法。三是科学的城市管理体制。为解决管理过程中的部门分割问题,政府专门成立了跨部门的"花园城市行动委员会",在制定政策、综合协调等方面发挥了重要作用;同时,新加坡政府还采用多种办法,制定各种制度和措施,保证公众能够真正参与城市管理。

(四)香港城市管理经验

香港人口密度高达每平方公里6544人,是全球人口最稠密的地区,但是香港却拥有干净的街道、顺畅的交通、整洁的市容,令人印象深刻,是我们提升城市管理水平的榜样。香港城市管理经验具体表现在:一是科学超前规划,保证城市建设有序推进。香港历届政府非常重视城市规划,已经制定实施的有《香港2030:规划远景与策略》《香港城市规划条例》《市区重建条例》等一系列规划和条例,确保了香港的城市布局科学合理,建设开发井然有序。二是能够依法严格保证规划落实。香港对城市规划的管理非常严格，规划一经制定，便具有法律效力，所有单位和个人需要严格执行，未经法定程序更改，便是犯罪，需要追究法律责任。三是非常重视细节和可操作性。香港的城市管理制度非常完善，同时非常强调可操作性和执行效果，具有很强的约束力。即使是空调滴水这样的小事也有专门条款规范，最高可罚款1万元，滞交者每日加罚200元，并向法庭申请强制执行。

三 提高河南城市综合管理水平的对策建议

2015年召开的中央城市工作会议提出，"抓城市工作，一定要抓住城市管理和服务这个重点"。河南在"十三五"期间也将进入城市社会的新阶段，城市管理工作的作用和地位也将愈发突出和重要。从国内城市管理的成功经验出发，河南各城市在今后的城市管理工作中，必须尽快转变观念，加强服务意识，提升管理水平，为居民提供良好的工作和生活环境。

（一）加快转变城市管理理念

随着河南城镇化进程的持续推进，城市的管理对象、管理内容和管理范围都将发生深刻变化，与之相对应，城市管理的理念、方式和手段也必须进行相应的改革和创新。首先，要树立以人为本的理念。城市是人的城市，进行城市管理的目标是为居民提供良好的工作和生活环境，在城市管理过程中要充分尊重人的存在和价值，特别要重视对弱势群体进行照顾和关怀。其次，要树立共享的理念。《中共中央关于制定国民经济和社会发展第十三个五年规划的建议》明确提出，"共享是中国特色社会主义的本质要求，必须坚持发展为了人民、发展依靠人民、发展成果由人民共享"。在进行城市规划建设和管理的过程中，要保证所有居民公平共享城市资源和公共服务，尽可能让城市发展的成果惠及最广大市民。再次，要加快树立公民主体理念。各城市政府加快实现从"全能政府"向"有限政府"的转变，消除过去政府包管一切的观念，确立人民城市由人民来管理的理念，倡导城市政府、社会组织、企业、市民和媒体共同参与到城市管理中来，努力调动公众参与城市规划、建设和管理的积极性和主动性，形成公民自觉参与城市管理的社会氛围。

（二）创新城市综合管理执法体制

城市管理综合执法体制经过国内一些城市近些年的实践，已经取得较为成功的经验，在今后的城市管理实践中应对其尽快加以规范和推广。现代城市管理是对城市内各种对象的综合治理，涉及多领域、多部门的协调，各城市政府要牢固树立"大城管"观念，可以仿效国外成功经验设立"城市管理统筹协调平台"，由这个统筹协调平台来统筹城市的规划、建设、环保等多种城市资源，协调各部门之间的合作关系。尽快转变过去那种先有问题，再考虑怎么处理的城市管理模式，以预防为主，将城市管理综合执法部门改造成为城市管理的预警机构，对城市管理问题进行提前预警，及时解决。把城市管理综合执法部门建设成为城市管理问题的协调机构，加强各部门之间的沟通和协调，针对城市管理末端环节发现的问题，在前端管理部门制定政策、实施行政许可、审批环节加以协调解决，降低城市管理成本，提高城市管理效率。将城市管理综合执法部门改造成为城市管理的督导机构，监督法律法规执行情况，落实政府城市管理决策的督导职能。

（三）全面推广智慧城管模式

智慧城市是工业化、城镇化、信息化交汇融合的产物，也是经济社会发展的必然结果。互联网、云计算等新兴技术与城市管理的结合，对城市管理方式产生重大影响，改变着公众参与城市管理的方式，极大地推动城市管理理念和管理模式的创新，进一步提高城市管理的效率。"智慧城管"是"数字城管"的升级版，作为智慧城市建设的重要内容，"智慧城管"顺应了"互联网＋"发展大势，也是创新和完善新型城市管理体系的重要体现。在河南省今后的城市管理中，应加快"数字城管"向"智慧城管"的升级改造步伐，加大对物联网、新一代通信网络等技术的应用范围，在有条件的大中城市加快建设更加智能、更加便民的城市管理公共服务信息平台，方便公众通过信息平台，有效参与城市管理、获取公共服务信息。顺应国家大力推动互联网发展趋势，河南积极探索"互联网＋城管"模式，将互联网更多融入未来城市规划、建设和管理过程中，加快对城市管理和服务中各部门的数据资源的整合，以大数据理念引领河南城市智慧化建设，让智慧城市能够真正服务于全体居民。

（四）完善城市综合管理长效机制

从国内外成功的城市管理经验来看，在城市管理中，政府、市场中介和公众三者缺一不可。我们应当借助全面深化改革的大势，加快建立政府主导、营利组织、非营利组织和社会公众共同参与的城市管理机制，让公众从决策、执法、监督全过程参与城市管理。积极培育非政府社会中介组织，让社会中介组织在城市管理中发挥应有作用，营造多元主体共同参与城市管理的良好社会氛围。以全面深化改革为动力和统领，加快推动"城管革命"，在全省有条件的城市尽快建立和完善城市综合管理的长效机制。加快制定地方性城市综合管理法规，依靠法律手段强化城市综合管理的战略地位，进一步理顺管理体制，完善城市管理的执法依据，明确城市综合管理执行者的职责和权限，消除管理空白，完善城市综合管理组织协调机制。积极健全城市综合管理考评监督机制，完善"全方位、满覆盖"的城市管理督查机制，健全多元主体的共同参与机制，实现政府、市场与社会三者之间的良性互动。

（五）全面提高城市管理队伍综合素质

随着城市发展水平的提升，对城市管理的要求越来越高，加强城市综合管理执法队伍建设，建设高素质的城市管理执法队伍显得格外重要。一是要加强教育培训，提高城市管理执法队伍综合素质。通过开展理论学习，提高政治素质；通过加强职业技能培训，提高业务素质；通过加强道德教育，提高文明素质。二是要加强能力建设，提高城市管理执法队伍业务水平。积极开展技术攻关，提高创新能力；积极开展岗位练兵，提高技术技能；积极开展技能竞赛，提高技术水平。三是加强纪律教育，树立优良作风。大力加强制度建设，增强城市管理执法队伍纪律观念；积极开展责任教育，增强城市管理执法队伍主体意识；积极开展互帮互助活动，增强执法队伍团结友爱意识。四是加强文明建设，重塑城管良好形象。积极开展精神文明建设，提高精神境界；开展职业道德建设，树立服务市民的思想；规范职业语言表达，畅通与市民的沟通渠道。实现城市管理行政执法工作从传统模式到现代模式的转变与飞跃，切实提升全省城市综合管理水平。

参考文献

张占仓：《我国"十三五"规划与发展的国际环境与战略预期》，《中州学刊》2015 年第 11 期。

谭显明：《转型期我国城市管理研究》，湖南大学硕士学位论文，2012。

冯凌宇、明亮：《提高成都城市管理水平的思考与对策》，《成都行政学院学报》2014 年第 10 期。

宋刚：《以科学发展观为指导加强城市运行管理》，《城乡建设》2008

年第 1 期。

邓贤峰、张晓海、张晓伟:《城市运行管理信息化的缺憾与智慧化创新》,《上海城市管理》2012 年第 7 期。

周慧、阎荣舟、张莹:《法治为本推进城市运行安全治理现代化》,《党政干部论坛》2015 年第 2 期。

宋刚、张楠、朱慧:《城市管理复杂性与基于大数据的应对策略研究》,《城市发展研究》2014 年第 8 期。

郭雪飞:《传统到近代:中国城市管理理念的演变》,《西南民族大学学报》2015 年第 5 期。

黄健荣:《探求破解城市管理困局之对策》,《人民论坛》2015 年第 17 期。

吴晓林:《"城市中国"呼唤系统的城市变革》,《领导科学》2016 年第 4 期。

B.11
河南提高城市运行效率研究

易雪琴*

摘 要： 城市发展是推动经济社会发展和国家现代化建设的重要支撑力量，城市运行效率的高低体现了一个城市发展的质量。随着新型城镇化的加速，城市的规模在不断扩大，城市的承载能力受到了空前考验，这对城市运行效率提出了更高要求。对维持城市正常运行的各个相关要素进行研究，以进一步提高城市运行效率，具有很深远的意义。本文对河南省提高城市运行效率方面取得的成效以及城市运行过程中仍待解决的突出问题进行了深入分析，进而对河南提高城市运行效率提出了相关对策建议，为河南省政府科学决策提供服务。

关键词： 城市运行　效率　河南

城市发展是经济社会发展和国家现代化建设的重要推动力量。2015年中央城市工作会议提出要统筹好规划、建设、管理三大环节，提高城市工作的系统性。如果把城市规划看作是一种专业设计或制度构建，把城市建设看作是一种以质量、价格和技术三个维度的竞争为

---

* 易雪琴，河南省社会科学院城市与环境研究所。

主要方式的经济活动,那么城市管理则是政府、市场与社会围绕城市公共资源的配置及城市各要素联合作用的动态过程。城市运行作为城市管理的外在表现,它对衡量一个城市的管理水平和现代化程度起到重要的作用,就像城市管理的晴雨表,城市发展最终是为了更好地服务市民,而这就需要更高效的城市运行来实现。

城市运行是指构成城市各要素之间的互动过程或者达成的状态,它既是一个城市经济、政治、文化等系统相互融合的过程,也包含了维持城市硬件设施、服务设施等各个要素共同作用使之正常运转以及城市管理、公共服务、信息监测等多个城市功能的有效发挥。在加速新型城镇化的过程中,不断扩大的城市规模对城市的承载能力是一种空前的考验。从短期来看,城市建设对拉动GDP增长和塑造城市形象有立竿见影的效果,但城市的硬件设施只是城市的外在表现,人性化的城市管理与高效的城市运行才是城市的灵魂。因此,准确及时地把握城市运行的整体状态,不仅是发现城市发展规律、对城市进行合理规划和建设的重要依据,也是解决好城市运行过程中各类问题、实现城市良性发展的重要保障。对维持城市正常运行的各个相关要素进行研究,以进一步提高城市运行效率,具有很深远的意义。

一 河南城市运行取得的主要成效

河南的新型城镇化速度在加快,城市发展的规模效益不断显现,城市管理水平与城市运行效率都有所提升。一些城市在运行管理过程中不断创新,取得了一定成效。综合来看,河南城市运行主要取得了以下几个方面的效果。

(一)城市经济发展态势明显好转

近年来,河南在三大国家战略的带动下,逐步形成了多中心的产业空间发展模式，中心城市组团发展初显成效，经济社会持续快速发展，城市综合实力不断增强。2014年，全省城市GDP达到11124.58亿元，剔除价格影响，比2010年增长58.3%；城市GDP占全省GDP比重达到31.8%，相比2010年提高了3.4个百分点。从产业结构来看，三次产业绝对量均有大幅增加，其中第三产业增幅最大，第一、第二、第三产业GDP所占比重分别为4.1%、47.9%、48.0%，"十二五"时期内第三产业GDP首次超过第二产业，城市产业结构逐渐由"231"模式转变为"321"模式，第三产业逐渐成为河南城市经济发展的主导产业，在推动城市经济增长、体现城市经济职能、塑造城市空间结构及带动区域经济发展等方面发挥重要作用。

（二）城市基础设施建设进程加快

随着财政投入增加，河南的城市硬件设施基础更加坚实，城市综合承载能力和运行效率不断提升，城市竞争力和影响力也不断提高。2010~2014年，河南城市维护资金支出由167亿元增加到209亿元，增长了25.1%。河南统计年鉴的数据显示，截至2014年底，全省城市道路的长度和面积分别达到了11627公里和28017万平方米，排水管道长度达到19348公里，城市供暖集中面积达到18993万平方米，公交标准运营车辆达到25257标台，建成区绿化覆盖率、燃气普及率、用水普及率和城市污水处理厂集中处理率分别达到了38.3%、83.8%、93.0%和91.0%。2015年，河南又对42个污水处理厂进行了提标改造，污水日处理能力、垃圾日处理能力和日供水能力分别增加了100万吨、2000吨和80万吨。全省每个县都建成了污水处理厂和垃圾处理场，在全国位于前列。

（三）城市运行的体制机制不断完善

近几年，河南进一步完善了城市运行管理的体制机制，相继出台了多个关于城市运行管理的举措。2015年，全省针对新型城镇化的4个国家试点城市和21个省级试点市（县）做出工作安排，提出要提高城市规划建设标准，提高城市的综合服务功能；针对郑州、济源等12个试点智慧城市，从规划体系、市政建设、公共服务等多个方面提出要加快信息化、智能化建设；制定了加快实施提升县级城市管理水平三年行动计划，通过加快基础设施建设、治理脏乱和违章违规、建立长效机制等举措，提升县级城市运行的综合水平。有些城市整合相关部门的资源和职能成立了专门的城市管理部门，不少城市将数字化综合管理平台融入了网格化管理模式中，有效提升了城市运行管理系统的信息化水平。比如，截至2015年底，郑州的数字城管系统城区覆盖面达到567平方公里，城市管理单元网格达到38515个，参与管理的专业部门或职能部门达到33个、区级行政管理机构达到104个，逐渐形成了多层多级的管理格局。体制机制的进一步完善使城市运行更加规范化和系统化。

（四）房地产市场运行趋于平稳

河南继续贯彻落实国家对房地产市场的宏观调控政策，结合近几年河南各大城市的房地产市场运行特点，出台了多项可操作性强的措施，宏观调控的力度和效度进一步加强与提升，房地产市场波动逐渐趋于平缓。2015年，全省的房地产投资达到4818.93亿元，在剔除价格因素影响下，实际增长12.8%，高出全国平均水平9.1个百分点；商品房的销售面积和销售额分别达到8556.34万平方米和3945.55亿元，同比分别增长了8.6%和14.7%。同时，河南全面实施棚户区改造和公租房建设试点工程，有效增加保障性住房的供给，城镇低收入家庭的住房困难明显缓解。2011~2015年，全省开工建设的保障性住房累计达到244.07万套，超过预期的210万套开工目标。另外，河南在住房公积金管理上加大改革力度，相继调整了住房公积金使用的相关政策，在解决职工住房刚性需求、引导合理的住房租房消费和加强房地产市场调控上发挥了积极作用。

（五）农业转移人口市民化速度加快

河南按照"一基本两牵动三保障"（产业为基，就业为本，住房和学校牵动，基本公共服务保障、社会保障和农村权益保障）的总体要求和快速推进"三个一批"（优先解决一批已进城就业定居的农民工落户，成建制解决一批城中村居民转户，推动一批农村富余劳动力有序转移）的基本思路，加快农业转移人口市民化进程。近年来，河南在深化户籍制度改革、推进农村人口向城镇有序转移、推进新型城镇化工作及"三个一批"城镇化等方面出台了很多措施，特别是对户口迁移政策进行了调整，建立了统一的城乡户口登记制度和居住证制度，在享有基本公共服务方面做到了覆盖全部常住人口，实施农民在进城就业创业、居住保障、子女教育、基础设施和基本公共服务、社会保障、财产权利、资产流动、体制机制等方面的平等举措，真正解决了农民转变为市民过程中的体制机制问题。

二 河南城市运行仍待解决的突出问题

随着城市化进程的加快，城市正常运行所必须的资源需求量越来越大，解决人们入学、就业、医疗、养老等方面的负担加重，城市环境污染继续恶化，城市交通日渐拥堵……这已经是不争的事实。在城市功能越来越精细，城市管理越来越复杂，城市负荷越来越重的情况下，城市运行效率越来越受到挑战。要提高城市运行效率，仍有很多亟待解决的突出问题。

（一）人口集聚导致城市运行成本有增无减

不可否认的是，城市为人们提供了更多就业及其他发展的机会，城市也因为各个要素的集聚而产生并发展起来,但当各个要素的集聚规模超过最佳限度时,城市运行效率就不能达到最大化。河南很多大城市的人口过度集聚现象依然存在。2014年,在河南设区的17个中心城市中,有10个城市市区常住人口超过100万(开封市市区常住人口数包含祥符区人口数),其中郑州市超过500万人;从人口密度来看,郑州市和三门峡市市区每平方公里人口数量均超过了1万人(见图1)。郑州市近十年常住人口一直呈现增长趋势,为了降低城市生活成本,大量外来人口聚集在陈寨、刘庄、庙李、柳林等城中村,随着2016年城中村改造工作加速,这些人口将流向城市其他区域,导致城市交通运行压力进一步加大、公共设施边际效益递减、住房租房成本节节攀升,教育、医疗等典型的公共服务供不应求,城市生态环境恶化加剧……种种影响使城市运行成本有增无减,运行效率大大降低。

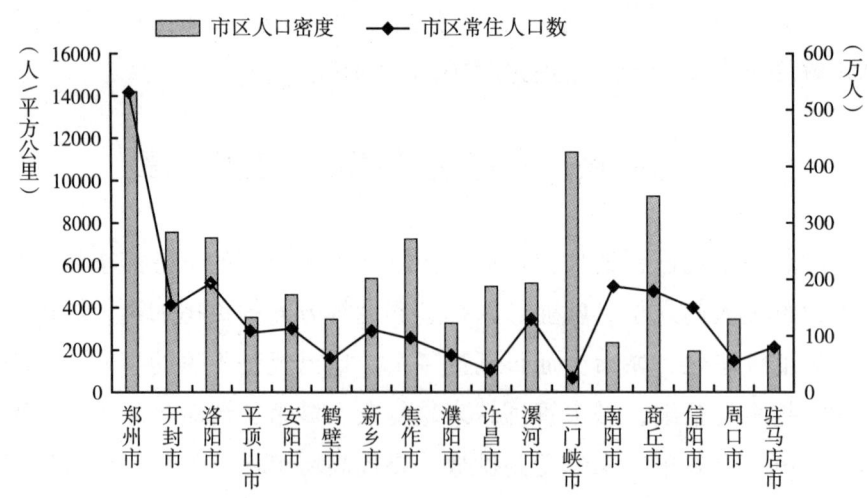

图1 2014年河南省设区中心城市人口情况

资料来源:《河南统计年鉴2015》。

（二）道路交通拥堵造成综合运行效率低下

道路交通拥堵是全球各大城市的共性问题，它已经成为影响城市综合运行效率和城市竞争力的关键性因素之一。综合来看，交通拥堵的成因主要有以下几个：一是大城市人口集聚程度高，人口规模超出了城市交通负荷。二是城市交通的供与求之间的矛盾在加剧。比如，郑州统计信息网的数据显示，2014年，郑州市轿车拥有量年均增长25%，其中个人拥有量109.8万辆，增长26.8%；而2014年郑州市的城市道路长度和道路面积同比上年分别增加了7.2%和8.8%，显然与新增的交通需求不相匹配，这种供需矛盾使城市交通状况恶化；同时，由于城市道路施工过于频繁且施工周期长，在短期内造成附近道路更加拥堵，而且市区内公共停车设施供给有限，大量临时停车位挤占了本来就有限的道路资源。三是城市路网布局不合理。比如郑州市的路网属于复合型的方格结构，这种结构增加了两地之间的距离，加之贯穿城区的主干道路较少且支线路密度小，导致局部交通压力过大且交通疏导困难。四是市民交通规则意识不强，在人与车组成的混合交通状态下，闯红灯、占道、乱停乱放等违规违章行为屡见不鲜，导致交通管理难度加大。五是交通的智能化水平不适应城市交通现状。

（三）生态环境恶化直接影响城市运行质量

城市生态环境是一个包含大气、水体、噪声、土壤、垃圾等多个方面的综合系统，虽然河南加大了防治污染的力度，但还没有从根本上扭转环境恶化的趋势，各种环境问题依然很突出。近年来，河南在工业废水排放、工业SO_2排放、生活垃圾无害化处理等方面的治理取得了一定效果，但以颗粒物污染为显著特征的大气环境问题却日益突出。2014年全省氮氧化物排放量和烟（粉）尘排放量分别为142.20

万吨和88.21万吨,比2010年分别增加了17.3%和14.0%。根据环保部环境空气质量综合指数评价,郑州市2014年、2015年在全国74个城市中空气质量排名分别为第66和第70,空气质量持续恶化。从水资源方面看,2014年全省平均年降水量为725.9毫米,比2005年降低了19.8%;城市人均日生活用水量近年来整体也呈下降趋势,2014年为107.4升,远低于全国173.7升的平均水平,水资源短缺的形势依然严峻(见图2)。与此同时,流经河南省的四大水系污染较为严重,其中淮河和海河水系支流成为省内多个城市的排污性河流,其环境容量有限,河流水质与以往各年份相比普遍呈下降趋势。

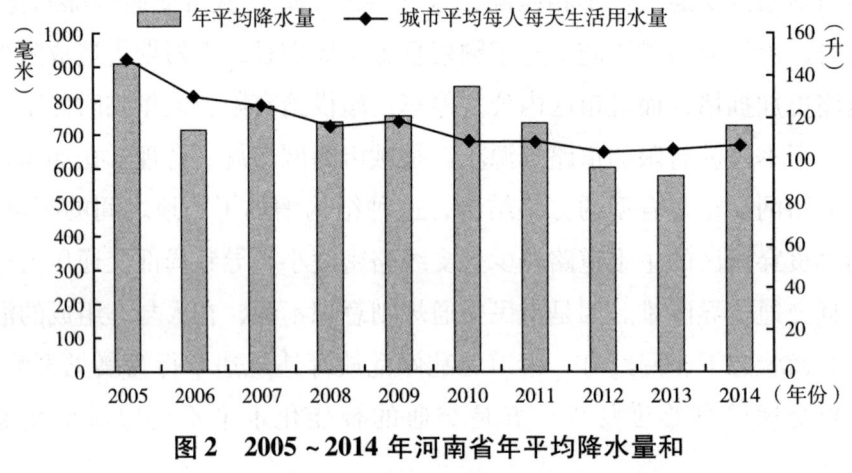

图2　2005~2014年河南省年平均降水量和城市人均日生活用水量变化趋势

资料来源:根据2006~2015年《河南统计年鉴》整理计算得到。

(四)公共服务资源短缺折射城市运行投入不足

河南在推进公共服务均等化体制机制上加大力度,不断提升公共服务水平和扩大基本公共服务的覆盖面,特别是在医疗、教育、就业等领域的财政投入总量在逐步提高,城乡之间公共服务均等化的格局也在逐步形成。但城市人口规模膨胀导致城市公共服务资源稀缺度增加，特别是在人口倒挂的中心城市，教育、医疗、住房成为首要难点问题，上学难、看病难、房价高等问题困扰很多家庭。在教育方面，适龄儿童上学难，公办学校不够，每个班级超员现象很普遍，严重影响了基础教育的质量和成效。以幼儿教育为例，2014年河南省18个省辖市中，只有驻马店、南阳、信阳三市的公办幼儿园在园幼儿人数占在园幼儿总人数的比重达到或超过50%，各市每个专任幼儿教师分配的幼儿人数均超过15人，其中周口市每个专任教师分配的幼儿人数超过100人（见图3），可见各城市的幼儿教育资源普遍存在短缺，财政投入在幼儿教育总投入中占的比重偏低。

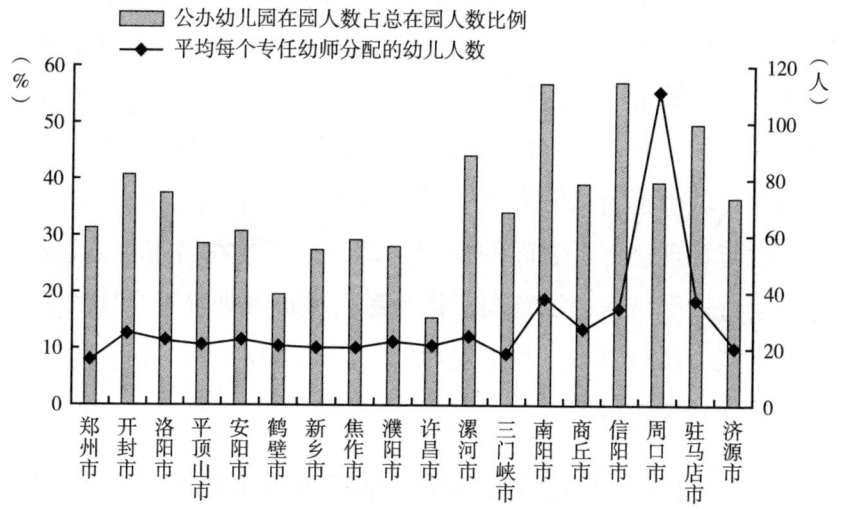

图3　2014年河南省各省辖市幼儿教育资源情况统计

资料来源：根据《河南统计年鉴2015》计算整理得到。

三　河南提高城市运行效率的几点建议

综合来看，河南在城市运行方面取得了一定的成效，但也面临一些突出问题需要解决。在未来的城市运行管理过程中，河南有必要做好眼前利益与长远利益之间的平衡和协调，实现城市健康、有序、高效的运行。河南在提高城市运行效率方面需要从以下几个方面去努力。

（一）将提高城市运行效率纳入城市发展的目标体系

随着城市发展理念的不断完善，科学合理的城市化已经不再仅仅体现在建高楼广场、修大路大桥这些最显眼的城市建设项目上，更重要的是体现在城市的规划、建设及管理这三个方面的综合协调上面。城市发展最终目标应该是通过城市的健康有序运行，为经济社会的发展和市民的生产生活提供更好的平台。因此，城市发展理念要加快实现由"重建轻管"转向"建管并重"，按照"建管并重，重在管理"的思路，实现城市运行的精细化、标准化和信息化。在确定城市定位和规模的时候，有必要将城市的环境容量和综合承载能力作为基本依据，将提高城市运行效率作为城市发展的重要目标，实现城市在规划、建设与管理这三者之间的良性互动，尤其是在城市规划过程中，将城市运行效率纳入论证范围，作为考察城市规划是否合理的重要依据，并将城市运行管理过程中发现的问题加以反馈和分析，再反过来修正城市规划中的偏差。

（二）构建合理的城市体系，继续推进中心城市组团式发展

与大城市人口膨胀相比，河南很多中小型城市对人口的吸引和吸纳能力较小。尽管中小城市在户籍制度方面的政策较为宽松，但由于产业支撑能力较弱，特别是资源型城市转型压力较大，加之公共服务、基础设施、生活配套设施不够完善，河南中小城市在吸纳外来人口方面的能力明显较弱。因此，如何缓解大城市的人口压力，增强中小城市吸引吸纳人口的能力，是今后一个时期考验城市运行效率的一个关键所在。在一定的地域范围内，城市的规模应该是大中小相结合

的。河南有必要加快构建合理的城市体系，继续推进中心城市组团式发展，强化大城市对周边中小城市的辐射带动作用，这样既能够缓解日益严重的大城市病，减轻大城市运行负担，又能够增强周边中小城市在承接产业转移、提供公共服务、加快人口集聚等方面的功能，从而促进中小城市的发展。

（三）引导多方参与，构建多元化的城市运行管理主体

大多数城市在构建运行管理体制上进行了改革并不断完善，城市综合管理系统和应用平台也在逐渐形成，但政府各部门之间各自为政的现象仍然存在，也没有形成政府与社会的联动机制，更缺少市场化的运行管理手段。城市运行应该是多个城市治理主体共同参与的结果，因此，有必要加快构建由政府、市场与社会良性互动的城市运行管理联动机制，由政府为主向政府与社会、居民、企业多元互动转变，努力构建政府、市场与社会公众之间的沟通协调机制和运行投入机制，引导专业机构、社会组织、舆论媒体和社会公众充分参与到城市的运行管理过程中来，提高系统应对城市运行风险的能力，实现城市良性运行的常态化管理，形成管理科学、运行高效、群众满意的城市管理新格局。

（四）继续加快基础设施建设，提升城市的综合承载能力

一是开展城市基础设施建设的专项规划。在全面摸清城市基础设施建设基本情况的基础上，加快编制道路、用水、用电、燃气、暖气、排污、防涝、绿化、地下管网等市政基础设施专项规划，逐步建立全省城市基础设施项目储备库。二是针对道路交通加快基础设施建设。要按照"窄道路、密路网"的布局理念，对城市的路网结构进行优化，公共交通要优先快速发展。大中型城市要加快发展城市轨道交通或快速公交，形成地上和地下相互补充的立体公交模式。大力发

展绿色交通，建设城市绿道系统，鼓励市民低碳出行，努力形成绿色慢行系统。三是积极推进海绵城市建设，有效缓解城市内涝问题，同时开展城市建筑中水和污水再生利用工程，缓解水资源短缺的压力。四是加强地下管网的规划统筹，加快老城区老旧管网改造进程，开展地下综合管廊试点工程建设，为城市高效运行提供保障。

（五）进一步整合资源，提升城市运行的智能化水平

现代城市运行能否健康有序，不仅要看城市各项基础设施的保障能力和公共服务能力，更有赖于城市运行和提供城市公共服务的信息化水平。智能化水平将会考验一个城市未来的发展质量。智慧城市的关键在于城市管理和服务的智能化，市民通过对城市的全面感知，实现管理生产生活的方式更加精细化、动态化，最终达到城市运行的"智慧"状态。因此，有必要加快建设数字化运营平台，加强数字化管理系统的建设和运营管理，通过加快对城市应急、规划、交通、公安、水务、环保、疾控、安监、城管、气象等资源与功能的整合，建设城镇建筑物数字档案、地下管网、水务等公共基础数据库和综合性城市管理数据库，解决好城市运行中的数据不集中、分析不系统、应用不连贯的格局，加强民生服务方面的智慧应用，使城市运行效率得到进一步提升。积极发挥郑州、开封、鹤壁等11个国家智慧城市（区）试点工程的示范带动作用，加快实现数字化城市运行管理平台在县（市）全覆盖。

参考文献

陈通等：《城市运行机制与城市政府研究》，《城市发展研究》2007年第4期。

宋刚：《复杂性科学视野下的城市管理三维结构》，《城市发展研究》2007年第6期。

宋刚：《加强城市运行研究推动城市科学管理》，《建设科技》2007年第23期。

谷建全等：《河南城市发展报告（2013）》，社会科学文献出版社，2013。

辜胜阻等：《当前我国智慧城市建设中的问题与对策》，《中国软科学》2013年第1期。

刘成海：《观其行知其效明其道——从城市运行综合效率谈我国大中城市交通问题的解决之道》，《建筑设计管理》2013年第2期。

谷建全等：《河南城市发展报告（2015）》，社会科学文献出版社，2015。

刘俊礼等：《数字化城管让市民感受智慧城市》，《郑州晚报》2015年4月8日。

孙娟：《全力以赴克难攻坚，提升城市管理水平》，《郑州日报》2015年11月29日。

《2016年河南省政府工作报告》，2016年2月4日，http://www.henan.gov.cn/zwgk/system/2016/02/04/010618682.shtml。

B.12
河南农村转移人口城市主体意识培育研究

靳豆豆 崔学华*

摘 要： 城市主体意识的培育对于提高农村转移人口的整体素质、激发其城市主人翁意识和促进其城市融入具有重要的价值。笔者通过对农村转移人口城市主体意识的现状分析发现河南农村转移人口存在自我认同度较低，对自身的城市主体地位缺少自觉性，权利责任意识不强，参与意识不高的问题，最后提出河南农村转移人口城市主体意识培育的可行路径，即以多元包容的发展策略切实推进城乡文化融合；构建社会支持网络，通过教育和社工服务增权；成立农业转移人口自治组织，运用集体的力量进行表达与协商；持续学习，主动融入。

关键词： 农村转移人口、城市主体意识 城市融入

随着社会经济发展和城镇化建设的推进，越来越多的农村人口转移到城市，城镇化成为现代化进程中一个不可逆转的趋势。党的十八大以来，党中央对于推进城镇化做出一系列重大部署。

---

* 靳豆豆，郑州理工职业学院讲师；崔学华，河南省社会科学院社会学所副研究员。

据新华社2月23日电讯，国家主席习近平对于深入推进新型城镇化建设做出的批示强调要以人的城镇化为核心，更加注重提高户籍人口城镇化率，更加注重提升人民群众获得感和幸福感。人的城镇化不仅仅是城镇人口规模的增加和产业的集聚，更重要的是要做到以人为本，关注人的主体需求的城镇化。近年来，农民工的城市融入问题成为学界的重要议题，此类研究著述颇丰，但是对于融入的主体——农民的城市主体意识的研究却为数不多。人的意识决定其行为选择，农村转移人口只有在思想上产生强烈的城市主体意识，才会主动融入城市的生活，自觉形成对城市的归属感和责任感；相反，则会影响其顺利融入城市以及城镇化的深入推进。河南省是全国农业大省和人口大省，根据《2014年河南人口发展报告》发布的数据：2014年全省城镇常住人口4265万人，城镇化率达到45.2%，位居全国第27位，低于全国平均水平9.57个百分点。按照《河南省新型城镇化规划（2014～2020年）》，到2020年，河南要力争常住人口城镇化率达到56%左右，争取新增1100万左右农村转移人口。面临如此艰巨与复杂的农村人口转移任务，对于河南省农村转移人口城市主体意识的研究具有重要的现实意义。

一 核心概念界定

农村转移人口。农村转移人口是指我国户籍划分中的农业人口向非农产业和城镇转移。农业人口向非农产业转移是职业转移，由从事包括农、林、牧、渔在内的第一产业转向包括工业、建筑业、服务业在内的第二、第三产业；农村人口向城镇转移是农民在居住地上的转换，即从农村转移到城镇。本文中所讨论的农村转移人口主要指在城镇中就业居住的农业人口，既包含已经在城镇就业居住的农业人口，也包含常年在农村和城镇之间来回流动的农业人口。

城市主体意识。主体意识是指作为实践和认识主体的人对于自身的主体地位、主体能力和主体价值的自觉意识，集中体现为主体的独立性、主动性和创造性。主体意识也是主体对自己在不同方面权利与责任的体认。城市主体意识就是指城市生活中的人对自身及其城市社会角色的认知，能够自觉意识到自己是城市的主人，具有独特的自身价值，并对自身所处城市的发展进步产生强烈的能动意识。具体表现为自我意识、参与意识、民主法制意识、权利责任意识等。此外，作为农村转移人口的城市主体意识，还应该包括具有现代城市精神的发展意识、竞争合作意识、生态环境意识等。

二 农村转移人口城市主体意识培育之价值分析

（一）有利于提高农村转移人口的整体素质

农村转移人口整体素质不高一直是河南城镇化过程中的瓶颈问题。农村转移人口的科技文化素质、心理素质与思想道德素质与河南城镇化发展的要求还有较大的差距。城市主体意识的培育，可以提升个体的自我意识，使农村转移人口自觉认识到自身与城市人一样具有平等的主体地位和独特价值，意识到自己在城市中的权利与责任，增强自信心，从而激发个体的内在动机，自觉提高文化素养、道德修养、城市适应能力、社会交往能力等综合素质，主动融入城市生活。城市主体意识的培育内容涉及城市现代意识、公共参与精神、创新意识、环境意识等方面，有利于增强个体的知识和技能，提高其思想政治觉悟，转变旧有的思想观念。城市主体意识的培育对于提高农村转移人口的整体素质具有重要的意义。

（二）有利于激发农村转移人口的城市主人翁意识

城市主人翁意识是一种积极主动的工作与生活态度和心理，包括主体意识与集体意识，对城市的发展起促进作用。具有城市主人翁意识的人会把自己的前途与命运同城市的发展联系起来，自觉关心城市发展，主动参与城市公共事务，并为城市的发展积极贡献自己的力量。城市主体意识培育首先要确认农民的城市主体身份，对于农村转移人口来说，无论是已经在城市稳定就业生活，还是常年在农村和城镇之间来回流动，只要是在城市就业与生活，就是城市主体。这种城市主体身份的确认有利于激发农村转移人口的城市主人翁意识，使其能够以一个城市"圈内人"的姿态持续投入城市的发展中，树立责任意识和奉献精神，自觉遵守城市的各项规范，积极参与城市的政治、经济、文化、社会与生态建设。

（三）有利于消除城乡隔离，促进城乡融合

中国城乡"二元结构"的户籍管理体制造成农民的身份标签，也极大地影响了农民的自我意识与自我认同。高春风提出流动人口在城市中面临着居住隔离、交往隔离、社区支持隔离、社会参与隔离。这些城乡隔离不仅影响城市人对农业转移人口的接纳，使本来处于弱势地位的农民更加边缘化，而且极大地影响了农村转移人口的城市融入。城市主体意识的培育，一方面有利于纠正农民因身份地位差距形成的消极自我评价和行为，增强自尊自信，不断拓展社会交往范围，寻求正式的社会支持网络，参与城市公共生活；另一方面也有利于城市居民打破农村转移人口是城市"入侵者"的刻板印象，尊重农村转移人口的城市主体地位，看到其为城市发展所做的贡献，共享城市发展成果。

三 农村转移人口城市主体意识调查分析

(一)调查背景及样本情况

本调查主要在郑州与平顶山地区开展,考察农村转移人口的城市主体意识,包括对城市主体地位的自觉认识、对主体意识的认识、社会参与意识、权利意识、责任义务意识的认识等五个方面。本次问卷调查研究主要方法是非概率抽样法,在郑州的社区、工地、商业中心等地点,随机选取农村转移人口填写问卷,共收回252份问卷。同时还对十多位春节返乡农民进行了访谈。

(二)样本基本情况

从性别来看,受访对象以男性为主,男性有166人,占65.7%,女性有86人,占34.3%。

从年龄段看,大多集中在24~56岁。其中,36~45岁所占比例最大,有74人,占29.4%;其次是46~55岁有65人,占25.8%;其余依次为26~35岁的54人,占21.4%;56岁及以上的35人,占13.9%;17~25岁的18人,占7.1%;16岁以下的6人,占2.4%。

表1 样本不同性别的年龄分布

单位:%

年龄	男性	女性	合计
16岁以下	2.4	0.0	2.4
17~25岁	2.8	4.3	7.1
26~35岁	8.9	12.5	21.4
36~45岁	20.6	8.8	29.4

续表

年龄	男性	女性	合计
46~55岁	19.5	6.3	25.8
56岁及以上	11.5	2.4	13.9
合　计	65.7	34.3	100.0

从文化程度看，初中所占比重较大，共108人，占42.9%。余下依次为，高中及中专88人，占34.9%；小学及以下25人，占9.9%；大专19人，占7.5%；本科及以上12人，占4.8%。

（三）农村转移人口城市主体意识现状

1. 自我认同度较低，主体意识不强

长期城乡分割的二元体制以及所附着的不同的各种社会保障和福利制度，造成了城乡经济、社会等发展的巨大差距，并使农民与城市居民处于完全不平等的地位，形成了城市居民的优越感和农民的自卑感这两种截然不同的自我意识。农村转移人口进入城市后往往自我认同度较低，服从和依附心理较强。调查中54.7%的受访者认为农民和城市人差距仍然很大，有近一半的人认为自己在城市生活中受到过歧视。主体意识的缺失，极大地扼制了农民的主动性和创造性，反而使得农民容易抛弃他们身上所具有的勤俭节约、勤劳质朴的优良品质，形成对城市文化的表层化认识，简单模仿城里人的生活方式，盲目跟风消费。

2. 对自己的城市主体地位缺少自觉性

调查数据显示，有64.1%的农业转移人口表示愿意在城镇落户，仅有31.9%的人选择了不愿意。尽管有近七成的农村转移人口希望落户城镇，但农村转移到城市的大多数农民并没有认为自己是真正的城市人，调查中，有83.5%的农民工认为自己还没有成为市民，原因排在前三位的主要是认为没有稳定的工作（36.35%），没有自己的住房（24.87%），没有城镇户口（15.11%）。这说明多数农村转移人口还没有意识到自己的城市主体地位，更不会产生城市主人翁意识，对城市的发展难于发挥其主观能动性。

表2 是否愿意在城镇落户

单位：%

类别	合计	类别	合计
愿意	64.1	说不清楚	4.0
不愿意	31.9	合计	100.0

3. 权利责任意识不强

权利责任意识指的是能意识到自己拥有的各种权利，并主动追求、行使以及捍卫自己的权利；也能够意识到自己对城市中的他人、社会负有责任，如遵守公共秩序和履行社会公德义务等。除经济利益外，农村转移人口对自身其他方面的权益问题关注不多。多数外来务工人员工作时间长、缺少职业保护措施，实际参加养老、医疗、工伤、失业、生育保险待遇的人数也较少，被调查人中享受以上五项保险的比例分别是7.05%、12.08%、24.13%、3.11%、1.2%。农村转移人口也不懂得通过合同和相关的法律来保护自己的权利。当面临权益受损时，近1/3的人选择了忍气吞声。多数农民关注个人的直接和眼前利益，缺少公共精神。调查中，当问到对"我觉得做好自己的事情就好，其他的事情不用管"这一说法的态度时，竟有45.6%的人表示认同。农业转移人口在城市公共场合抽烟、乱扔垃圾、随地吐痰、大声喧哗，买票或上车时不排队，破坏公共设施等不文明行为被城市居民所诟病。

表3 当你在工作单位的权益受损时

单位：%

类别	合计	类别	合计
找单位协商解决	52.3	其他	1.9
忍气吞声	32.1	合计	100.0
通过法律途径解决	13.7		

4.城市参与意识不强

城市参与意识指的是个人意识到参与城市公共生活、政治生活既是自己的权利，也是自己的义务，并能够自觉地参与其中，包括两个方面，一个是政治参与意识，另一个是文化、社会等方面的参与意识。作为具有城市居民身份的农村转移人口，有权利参与社区的民主选举、民主决策与民主监督和民主管理，但是实际上，90%以上受访者从来没有参与过社区的政治选举。在问到对于单位的工会、党组织的参与情况时，有近30%的人不清楚单位是否有工会，有近70%的人没有参加过任何党组织生活。对于社区组织的一些文化活动，也较少参与。一方面是因为城市转移人口缺乏参与意识，但另一方面也有城市政治参与门槛高、社区文化活动提供不足的问题。

四 农村转移人口城市主体意识培育的路径选择

（一）以多元包容的发展策略切实推进城乡文化融合

多元包容的发展政策应关心每一个人的自由和全面发展，尊重差异性，注重城乡文化融合。承认农民、农村的价值，认为农民身上所具有的吃苦耐劳的精神和韧性以及他们丰富的乡土知识是值得尊重的。农村熟人社会里温情脉脉的人际关系、田园闲适的生活方式也是对冷漠、紧张的城市生活的一种补充。另外，农村人与人之间的熟人关系本身也是一种社会资本。城镇化的过程也是城乡文化相互融合的一个过程，应该推行"多元包容"的发展策略，采取措施鼓励城乡文化的相互融合，创造更多城乡交流的机会，了解彼此的实际生活境遇，相互学习，共同发展。城乡文化的整合有利于重建农民的文化自觉与文化自信，提高其城市主体意识。同时要切实推进人的城镇化，关注城市转移人口的现实需要，从住房保障、就业创业、子女教育、社会保障、公共服务供给等方面为农民融入城市创造条件。

（二）构建社会支持网络，通过教育和社工服务增权

社区、工作单位、各社会团体、社工机构、大众传播媒介作为城市发展的主体，要整合资源，主动构建农村转移人口城市融入的社会支持体系。对农村转移人口开展公平公正意识、权利责任意识、社会公德意识、参与意识以及人际交往、信息技术等方面的教育培训和能力建设。这些教育培训要建立在农民的主动参与和内心认同基础之上，要改变以往灌输式的单向说教，选择符合农民口味的价值、情感的教育方式方法。教育要与活动相结合，为实现农民自身观念、态度和行为上的改变，社工机构可以运用个案、小组等专业手法，协助城市主体意识不强、适应困难的农民进行心理调适，纠正其偏差行为，构建积极的自我意识；使用小组手法成立支持、成长、发展等不同形式的小组，使其在互动中分享经验，相互扶持，有利于提高其人际交往的能力，增强自信心，增强城市归属感，从而有效应对农村转移人口面临的适应城市的困境。

（三）成立农业转移人口自治组织，运用集体的力量进行表达与协商

成立农村转移人口自己的组织，可以形成影响社会政策的合力，

表达自己的利益诉求,增加谈判筹码;有助于互助合作,依靠集体的力量解决日常问题;有助于提升自尊、自信和城市主体意识;同时也为其参与城市公共事务提供载体,有利于逐步改善他们的城市地位。

这种参与和组织的过程,本身就是一个增权的过程,既有利于开发农民身上的潜力,扩大其人际交往范围,培养其民主协商的意识与能力,又提高了他们的综合素养,增强了城市主体意识。

(四)持续学习,主动融入城市

在城市化与现代化的发展主流中,农村转移人口要自觉认识到自身所具有的保守、固执、狭隘的小农意识,主动学习作为一个现代城市人所应该具有的竞争合作、开拓创新的现代素质。主动求变,不断调整、完善自身原有的不适应现代城市发展的思想观念、行为方式和生活方式,主动构建新的社会关系网络;遵守并学习城市社会规范,规划城市生活,树立城市主人翁意识,增强自身的责任感,勇于承担责任义务,以自身的才能和贡献推动城市发展。

参考文献

张丽清:《主体意识、价值观念与公民素质》,《学术交流》2011年第6期。

高春凤:《标签理论视角下流动人口融入城市问题研究》,《农业考古》2011年第6期。

刘庆:《增权理论视阈下对新生代农民工城市融入的介入》,《山东青年政治学院学报》2011年第5期。

邱鹏旭:《推进农业转移人口市民化的路径思考》,《成都行政学院学报》2014年第5期。

丁德昌：《主体意识与农民发展权》，《佳木斯大学社会科学学报》2014年第12期。

王佃利：《包容性发展中的农民工城市融入：问题界定与路径审视》，《东岳论丛》2012年第3期。

李强：《主动城镇化与被动城镇化》，《西北师大学报》（社会科学版）2013年第11期。

李新：《村民自治中农民主体意识的培养》，哈尔滨师范大学，2011。

毛汉硕：《现代远程教育对提高农业转移人口文化素质的优势分析》，《成人教育》2014年第12期。

孙友然：《我国农业转移人口市民化的认识误区及关键问题研究》，《中国劳动》2014年第7期。

B.13 河南推进城市商务诚信建设研究

王建国[*]

摘　要： 推进城市商务诚信体系建设，对于建立健全社会信用体系意义重大。近年来，河南扎实推进城市商务诚信建设工作，取得一定成效，但是，还不能满足经济社会快速发展的需要，商务失信问题依然突出。为此，有关部门要明确城市商务诚信建设的内容和重点，采取有力措施切实加以推进。

关键词： 河南城市　商务诚信　任务措施

建立社会信用体系，对于完善河南省社会主义市场经济体制，规范市场秩序、优化社会环境，提高经济运行质量，以及构建和谐社会具有重要意义。作为社会主义精神文明建设的有机组成部分，以及社会主义市场经济体系建设的一项基础性工作，建立社会信用体系是一项纷繁复杂的系统工程，建立健全社会信用体系，应从城市开始，从城市商务诚信建设开始，把城市商务诚信建设作为整个社会信用体系建设的重点。本文就河南城市商务诚信建设进行探讨。

---

[*] 王建国，河南省社会科学院城市与环境研究所所长、研究员。

一 当前河南城市商务诚信建设的现状与问题

(一)当前河南城市商务诚信建设的现状

1. 领导高度重视,制度建设不断完善

河南省委、省政府高度重视社会信用体系建设,各地区、部门和单位积极探索,试点推进,城市商务诚信建设取得初步进展。城市商务诚信制度体系建设不断完善,出台了《河南省人民政府关于加快推进社会信用体系建设的指导意见》《河南省工商行政管理企业信用分类监管暂行办法》等一系列文件和规章制度。

2. 积极组织开展诚信兴商宣传活动,增强企业和个人诚信意识

河南省相继开展了"百城万店无假货""共铸诚信""价格诚信""纳税人纳税信用等级评定""守合同,重信用""质量诚信工业企业""诚信经营示范单位"等多种多样的诚信创建活动,对改善贸易投资环境、维护消费者合法权益、促进社会和谐等方面都发挥了积极的作用。2014年10月,河南省商务厅、省委宣传部、省发改委等18个部门联合开展"诚信兴商宣传月"活动,营造了浓厚的"诚信兴商"宣传氛围,进一步提高了全社会和企业诚实守信、依法经营的自觉性,增强了消费者识假防诈的能力,有利于深入推进诚信兴商,共建和谐河南。

3. 不断完善信用信息平台建设,加强商务领域市场监管

近年来,在省商务厅的组织下,不断加强商务领域信用信息归集与报送,建立了商务领域市场监管情况月通报制度,全面加强商务领域市场监管。以争创"达标示范工程"和"标准化建设重点推进单位"为载体,在全省实施商务领域市场监管公共服务体系标准化建设。积极打造覆盖全省、建设标准、管理规范、监管到位、保障有力的流通领域市场监管工作公共服务体系。

4. 全面加强全省商务领域各行业的信用建设工作，促进行业诚信自律

不断加强对全省商务领域各商会、协会、学会等组织开展的行业信用建设工作进行指导。重点加强食品、药品、餐饮、建筑、流通等行业的诚信建设，加强规划和引导，建立行业自我约束规则。规范商会协会对会员企业的信用评价试点工作，加强调研和监督，确保信用评价工作规范运行。指导建立企业联盟，共同制定和遵守行约行规，推进守法经商、诚信经商，维护良好的市场经济秩序。

5. 积极组织学习培训，提高监管人员素质

为提高河南省各级商务部门领导干部和工作人员对信用体系建设的认识，河南积极开展了商务领域市场监管培训，使信用知识不断得到推广和普及，从而为提高监管人员素质、规范监管体系运行、整合监管职责、拓展监管领域、全面履行市场监管职责提供了可靠保障。

（二）当前河南城市商务诚信建设存在的问题

1. 企业内部管理者诚信缺失

企业内部管理诚信缺失主要是企业对员工的诚信缺失。首先是管理者的诚信缺失。目前，我国大多数企业的薪酬分配基本上采取基本工资+绩效工资模式，一般来讲，基本工资部分是相对固定的，但绩效部分是灵活的，随着企业绩效的好坏变动。在我国社会主义市场经济体制还不完善的情况下，一些规章制度较为完善的公司，其绩效工资与企业绩效的相互关系是有明确规定的，员工工作业务量和绩效工资的多少是公开的、透明的，相对比较公正。但还有相当一部分企业内部管理制度是不完善的，管理也不规范，企业员工的绩效工资基本取决于其与管理者的关系好坏，关系好，绩效工资就高；关系不好，

绩效工资就低。还有就是，即使绩效工资公开透明，公平公正，但员工往往不能及时拿到手。"员工工作，企业付薪"这本来就是企业最基本的经营之道，但一些企业，尤其是私人企业经营者无故拖欠员工工资、肆意侵占员工利益的现象比比皆是。其中，建筑开发企业拖欠农民工工资事件便是社会中比较典型的代表。其次是合作者信用缺失。在社会主义市场经济条件下，市场主体之间以及企业内部人与人之间，都是竞争与合作的关系，很多工作需要团队合作来完成，团队合作精神和能力也就越发重要。若竞争大于合作，尤其是恶性竞争占主导地位，相互之间的诚信就会缺失；反之合作者的诚信就会强化。从实际看，总有一些企业从自己的私利出发，不能与大家积极地合作，最终因小失大，导致了公司集体利益的损失。再次，一些企业在雇用员工时要求求职者签订条件苛刻的"霸王合同"。尤其是对于刚踏上社会的大学毕业生、在外务工的农民工，以及急需工作的下岗职工，一些企业经常用不合理甚至不合法的霸王条款使他们受到不公平待遇。

2. 企业与消费者之间的诚信缺失

企业与消费者之间的关系可以用"顾客是上帝"来概括。然而在现实中，一些企业为了自身的短期利益，不惜昧着良心违背社会道德，千方百计坑害消费者，损害"上帝"的合法权益。这主要表现在生产制造假冒伪劣商品、进行虚假宣传欺骗、对商品不合理定价销售等。从市场经济早期的"假药""假酒""假烟""盗版书"等泛滥到今天的"假羊肉""毒大米""假名牌"等事件的报道不绝于耳，企业商务失信事件之多、造假危害之重，深深地刺痛着消费者的心，沉重地打击着消费者的信心，严重地影响着市场经济的有序健康发展和社会的和谐有序运行。九曲黄河浇灌出来的原阳大米，作为河南名牌农产品，素有"中国第一米"的美誉，但不断遭到仿冒和侵权，前几年更是爆发了震惊全国的"毒大米"事件，使得原阳大米遭受重创，原阳大米市场一度陷入瘫痪。

3. 企业与企业之间的诚信缺失

企业是市场的主体，企业之间的诚信合作是推动市场经济健康有序发展的重要保障。实现企业之间的合作，可以实现强强联合，可以达到"1+1>2"的效果，不仅提升企业效率，而且增进整个社会的福利水平，对完善社会主义市场经济体制具有重要的作用。然而，在社会主义市场经济体制还不完善的条件下，企业之间违背诚信的经济行为屡屡发生，相互拖欠、恶意违约的事件一再出现，使得全社会的信用链条出现了断裂。企业与企业之间的诚信缺失行为五花八门，形形色色，集中表现为企业间商标的侵权、经济合同的违约、经济交往中出现的各种欺诈行为等等。

4. 企业与银行之间的诚信缺失

当前，企业与银行之间的诚信缺失问题是制约河南城市商务诚信建设的一大顽疾。企业与银行之间的诚信缺失主要表现在企业对银行等金融机构的恶意贷款。随着社会主义市场经济的发展，我国企业的资金来源由计划经济的财政无偿拨付转变为银行有偿贷款，企业与银行之间的关系是一种合作与服务并存的关系，但是一些企业管理者观念落后，缺乏责任担当，社会诚信意识淡薄，总想发不义之财。在谋求自身发展时，他们通过不合理的评估，从银行获取巨额贷款，到偿还债务时又千方百计地逃避。企业不守诚信，借贷不还或者不按时归还，导致资本流通不畅，使银行出现了大量的呆账、坏账、死账，结果是银企关系恶化，银企双方陷入了信任危机，大大影响了金融业的健康发展，从而影响金融对经济发展的支持。另外，安阳、洛阳、新乡、焦作等地不断暴露出来的"非法集资"事件，在大量吞噬群众财富的同时，还严重破坏当地的金融环境，给实体经济造成毁灭性的冲击。

5. 企业与政府之间的诚信缺失

从目前的情况看，企业与政府之间的诚信缺失主要表现在以下几个方面：第一，企业为了获得政府的优惠政策等，在注册诞生时隐瞒了相关的真实信息，填报虚假信息；第二，企业一方面享受着政府赋予的优惠和权利，但对自己依法应承担的相应义务和社会责任却缺乏担当，甚至故意逃避。比如，一些企业为了少缴甚至不缴税，他们做了两套账目，给税务部门专门定做的账目，主要用来记录企业亏损；相反，为了获取更多的优惠政策，他们也会为政府或相关金融机构专门定做账目，虚夸企业的经营业绩，夸大企业的价值。这些财务失真，破坏了整个商务领域的诚信环境，极大地影响了税务机关的正常统计工作和征税工作等，严重的会导致国家的财政收入流失，损害金融资本的利用效率。

6. 企业与社会之间的诚信缺失

企业对社会的诚信缺失主要表现为，企业对自身所处的公共环境缺乏保护意识，为了自身的利益，一些企业在发展过程中，不惜损害社会利益、国家利益和他人利益。例如，一些企业不注意社会资源的节约和保护，随意排放"三废"，任意破坏社会环境，尤其是对水资源的污染和浪费严重，甚至类似2004年濮阳黄河取水口连续几个月的水污染事件、2011年洛阳涧河"红河谷"以及2015年1月南阳普康药业环境污染等恶性环境事件层出不穷。此外，企业与社会之间的诚信缺失，还表现在一些上市公司财务造假欺骗社会和股民。

二 推进河南城市商务诚信建设的重点任务

（一）逐步改善信用环境

1. 建立健全商务领域信用法规

加快制定和出台信用信息归集、企业信用征信、促进信用服务业发展等方面的地方性规章或法规，使信用信息征集、应用以及对信用主体的失信惩戒有章可循，有法可依。加快出台城市商务诚信领域的相关制度，主要包括信用信息记录制度、失信行为分类制度等，根据信用信息的属性，在严格保护企业合法商业秘密的前提下，依法推进信用信息在采集、共享、使用、公开等环节的分类管理，加大对违法违规贩卖企业商业秘密信息行为的打击力度。建立商务信用、服务市场信用管理制度，出台信用服务机构和行业协会信用管理办法等方面的地方性规章和文件，推动信用服务机构研发适应市场需求的信用创新服务和产品，规范信用服务活动，提升信用服务行业公信力。

2. 建设商务领域信用信息系统平台

依据国家和省信息化建设的规划和要求，实现商务领域内信息系统建设的规范和统一。在食品药品安全、产品质量、工程建设、融资担保等事关河南省转型发展和与人民群众日常生活密切相关的行业和领域，率先整合归集市场主体信用信息，建立河南省商务信用信息系统平台，并与全省统一信用信息系统平台实现联网，实现不同地区、不同行业信用信息系统的信息共享、互联互通。做好信用信息收集和使用的基础工作，准确记录市场主体获得行政许可、经营资质、违法违规处理以及合同履约情况等信用信息，建立经营异常企业名录和严重违法名单制度，为公众提供信用信息查询服务。

3. 构建商务领域守信激励和失信惩戒机制

加大对守信主体的支持力度，在财政、金融、建设、环保、商务、工商、税务、质检、海关、知识产权等部门和领域，对诚实守信者实行简化程序，优先办理，开辟"绿色通道"和重点支持等激励政策。强化行政监管性惩戒，切实贯彻落实河南省政府有关失信惩戒办法的规定精神，以信贷、纳税、合同履行、环境保护、产品和服务质量、人力资源和社会保障、公共和生产安全等信用记录，以及司法领域失信被执行人信息为重点，加大对社会法人失信行为的惩戒力度。

4. 推动企业信用信息互换共享

鼓励和支持商品交易市场、物流园区、商业街区等商圈，以及供应链上下游企业群逐步积累企业信用信息，推动条件成熟的商圈和供应链上下游企业群建立信用信息交换和共享系统。

（二）充分发挥行业组织的作用

1. 加强行业自律

推进河南商业协会、银行业协会、保险行业协会、建筑行业协会等行业协会在职能、机构、人员、财务等方面与行政机关脱钩，逐步实现行业协会自我运作、自聘人员、自理会务；健全股东大会、理事会、监事会制度，完善内部组织架构，建立健全换届选举、议事决策、机构管理、人事管理、财务管理等内部管理制度。推动行业协会制定行规行约并组织实施，制定相应质量规范和服务标准，规范行业产品和服务质量。制定行业职业道德准则，规范从业人员的职业行为。

2. 建立企业和从业人员信用档案

鼓励和支持行业协会依法收集、记录和整理会员企业在生产、经营中产生的有关信用信息，建立会员企业和从业人员的相关信用档案，制作和发布守信企业红名单和失信企业黑名单。应加强和有资质的第三方信用服务机构的合作，利用社会力量依法开展企业信用评价工作。充分发挥信息技术的作用，建立各行业信用信息发布查询平台，同时，加强与国家统一信用信息平台、行业主管部门、征信机构以及上下游产业行业组织进行对接，建立健全信用信息交换共享机制，实现更广范围的信用信息共享。行业商协会从重点行业入手，对职业经理人和重点岗位从业人员实行执业行为的采集、记录、管理和共享制度，建立从业人员信用档案，开展诚信评估，并将结果向会员企业、上下游行业组织和有关部门通报。

3. 健全信用管理机制

加强对会员企业信用知识和信用管理专业知识的培训，推动行业内骨干企业设立信用管理机构，指导和帮助会员企业建立科学的信用管理流程和信用风险管理制度，对客户资信、销售合同、应收账款、员工信用档案等进行管理，帮助会员企业形成有效的信用风险防范机制，提升企业经营管理水平和经济效益。

（三）积极促进信用服务业发展

1. 着力扩大信用服务需求

政府及其职能部门应发挥示范和表率作用，带头在社会管理和公共服务领域使用信用产品和服务；并采取有效措施，鼓励和引导金融、税务、劳动和食品安全等行业率先使用信用产品，提倡和支持企业和个人在经济活动和社会生活中逐步使用信用产品，有效激发信用服务市场需求。逐步建立政府采购、市场监管、行政许可、财政贴息、招投标等事项的信用记录预审制度，鼓励行业协会和交易当事人使用信用服务机构提供的企业信用报告，创造信用服务需求。推动金融机构在证券发行、信用担保、信贷审批、信用工具投放等方面，主动使用社会第三方评级机构的信用产品和服务。鼓励企事业单位和个人在采购、销售、合同签订、承包业务、对外合作等商业活动中，积极使用社会第三方机构的信用产品和服务。

2. 发展各类信用服务机构

坚持以市场为导向，鼓励有实力、有资质的市场主体和社会机构积极投资和参与信用服务行业，吸引邓白氏集团、华夏国际信用咨询有限公司、大公国际资信评估有限公司等国内知名信用服务机构落户河南，鼓励和支持信用服务机构在河南设立总部，逐步建立公共信用服务机构和社会信用服务机构互为补充，信用信息基础服务和增值服务相辅相成的多层次、全方位的信用服务组织体系。扶持和培育本土征信、评级机构发展，规范发展信用评级业。

3.壮大信用服务产业

合理规划信用服务产业布局，建立健全信用服务产业链，支持和鼓励各类社会中介机构强化业务协同和资源整合，推动信用服务业实现集聚发展，壮大信用服务产业规模，促进全省信用经济加快发展。有序推进信用服务产品创新，着力推动信用保险、信用担保、履约担保、信用管理咨询及培训等信用服务业务的发展。

（四）大力开展信用产品和服务应用

鼓励企业发展信用消费。推动企业与金融机构合作，发展企业间信用销售；支持和鼓励有条件的零售企业面向社会消费者开展信用消费；探索开发新的信用消费模式，着力培育新的消费增长点。

推动内外贸信用发展。顺应世界经济一体化发展趋势，积极推动建立信用保险业务的制度化风险补偿机制，降低内外贸企业信用销售风险。

规范单用途商业预付卡发行和服务行为。按照"规范为主、兼顾发展、属地管理、分类监管"的原则，督促发卡企业完善内部管理制度，强化行业自律和市场监督，切实防范商业欺诈和市场风险，保障消费者权益。

（五）深入开展诚信宣传教育

1.加大诚信主题宣传力度

全面贯彻实施《公民道德建设实施纲要》，营造守信光荣、失信可耻的社会氛围。注重正面引导，挖掘诚信典型事例，加强典型宣传。加强失信典型披露工作，促进形成守信受益、失信受损的社会环境。

2.开展信用主题实践活动

积极开展"诚信兴商宣传月""重合同守信用""依法诚信纳

税"等诚信主题实践活动，分阶段、有重点地开展集中宣传教育和道德实践活动。深入开展"诚信经营"示范创建，加大对"诚信经营"示范单位的宣传推广力度。积极开展"河南十大诚信企业"评选等活动，营造企业诚信经营的良好氛围。

3. 全面加强诚信教育

大中小学校要结合道德教育和素质教育，加强学生的诚信教育；各级党校和行政学院要把诚信教育纳入培训计划，提高广大公务员和企事业单位领导的信用认知水平。搞好企业信用管理岗位培训，探索建立企业信用管理岗位认证机制。

三 推进河南城市商务诚信建设的保障措施

（一）建立企业诚信文化

开展以信守承诺为核心的企业诚信文化建设，推动企业树立"诚信第一"的理念，把"诚信立企"作为经营守则，增强企业维护自身信用的自觉性。擦亮豫货品牌，在国内外树立豫商、豫企、豫货的良好信用形象。鼓励企业通过建立诚信联盟、签署诚信共同宣言等形式建立守信公开承诺制度，从守法经营、合同履约、产品服务质量、安全生产到劳动保障、环境保护、节能减排等方面，逐步扩大守信公开承诺范围。推动企业建立生产经营信用档案，建立健全激励诚信行为的制度规范。倡导企业设立专门信用管理机构和岗位，配备专职信用管理人员，建立健全以客户资信管理、债权保障、应收账款管理和追收为主要内容的企业信用管理制度，增强防范与控制信用风险的能力。

（二）制定企业诚信管理制度

企业是城市的主体，应尽快建立完善企业商务诚信管理制度体系，加强企业诚信规范管理。逐步建立市场主体信用信息公示系统，将市场主体登记备案、资质资格、行政许可等信息予以公示。加强企业信用约束机制，加大对失信企业的曝光力度，强化对企业在经济活动中的诚信履约。鼓励企业建立客户档案，开展客户诚信评价，建立科学的企业信用管理流程。鼓励企业建立内部职工诚信考核与评价制度，支持有条件的企业设立信用管理师。

（三）加快诚信人才队伍建设

采取引进和培养相结合的方法，加快信用人才队伍建设。一方面通过优惠条件和待遇，引进一批高素质的诚信建设人才；另一方面，将信用专业人才列入河南省"急需人才"目录，制订培养计划和工作方案，采取多种形式，加大诚信人才的培训力度。支持和鼓励高校开设信用管理课程，依托高校、研究机构和社会组织，完善信用教育合作机制，加强信用实习基地建设。同时，鼓励和支持社会机构举办信用知识培训班和开展信用管理职业教育，按照国家职业资格认证制度的要求，大力开展信用管理职业教育。开展信用管理学术研究和交流。鼓励学术机构、信用服务机构、企事业单位等加强合作，开展信用基础性、前瞻性、实用性研究，加强信用专家队伍建设，加强社会信用体系建设重点课题研究，切实指导全省城市商务诚信建设的实践。

（四）完善综合配套政策

积极争取国家有关部门将河南城市商务诚信体系建设纳入国家试点范围，在推进实现更广泛的信用信息交换共享、区域信用合作等方面先行先试。编制城市商务诚信体系建设规划，在总体规划引导下，相关行业、部门、单位编制相应的商务诚信建设实施方案，同时制定完善一系列相关的商务诚信建设规章制度。为此，河南还要为城市商务诚信建设创造良好条件,将社会信用体系建设工作经费纳入各级财政预算,加大对城市商务诚信建设的财政支持力度,保障社会信用体系建设经费,将社会信用信息化基础设施建设等纳入各级政府投资计划,加快城市商务诚信基础设施建设,探索建立多元化投融资机制,鼓励民间资本投资信用服务业。

(五)建立监督考察机制

成立考评机构,完善考评机制,建立健全主要目标任务实时跟踪反馈机制,对商务诚信建设任务实施监测,加强对任务实施效果的分析和评价,揭示其中存在的问题,据此提出推进任务实施的对策建议。同时,及时公开城市商务诚信建设的相关信息,增加透明度,增进政府与公众的沟通交流和互动联动,鼓励公众积极参与。建立科学规范的考核评价体系,根据省政府考核办法,定期对各省辖市、各部门进行城市商务诚信建设工作考核,对成效突出的城市,予以表彰,严重滞后的予以通报批评。

参考文献

陈春霖:《我国电子商务发展与诚信建设探讨》,《现代商贸工业》2010年第1期。

江海:《全面推进商务诚信建设》,《商业文化》2013年第3期。

赵付娟:《当代中国商务诚信建设研究》,山东师范大学硕士学位论文,2013。

秦琴:《电子商务中的诚信问题》,《电子商务》2014年第2期。

张从海:《区域商务诚信建设的路径选择》,《哈尔滨师范大学社会科学学报》2014年第4期。

何旭:《浅析商务诚信建设的必要性和现状对策》,《企业改革与管理》

2014年第18期。

余玉花：《中国商务诚信的现状、问题与进路》，《上海师范大学学报》（哲学社会科学版）2015年第5期。

吴晶妹、薛凡：《社会转型期我国商务诚信的缺失及其规范》，《求索》2015年第4期。

何旭：《浅析商务诚信建设的必要性和现状对策》，《企业改革与管理》2014年第9期。

林弓长：《电子商务诚信问题的表现、原因、对策》，《长春教育学院学报》2015年第3期。

新型城市篇

New Cities Reports

B.14
河南畅通城市建设研究

文 瑞*

摘 要: 随着城市化进程的加快和城市规模的日益扩大,城市交通拥堵、雾霾频发、城市土地资源紧张等所谓"城市病"逐渐成为我国大中型城市的普遍问题。"城市病"的常态化和普遍性,使得畅通城市建设日益成为城市居民的迫切需求。国际经验表明,畅通城市的重要特征之一是发达的公共交通。河南畅通城市建设水平还处于初级阶段,首位城市及其他几个规模较大城市深受交通拥堵困扰,但多数城市不畅通的表现仍在于城市可达性较差。这两种问题的解决都有赖于城市基础交通设施的完善和智能化管理水平的提升。

---

* 文瑞,河南省社会科学院区域经济研究中心助理研究员。

关键词: 畅通城市　公共交通　城市职能分工

经过30多年的发展,我国城市已经发展到了一个新的"拐点"。目前,我国常住人口城镇化率已接近55%,这意味着我国已经从"农村社会"迈入"城市社会",处于城市快速发展阶段。在这样的转型过程中,由于人口大量向城市集中进而超过了城市的资源承载能力,城市规划建设摊大饼式地盲目扩张,使得城市人口膨胀,交通拥堵,严重加剧城市负担、制约城市化发展并影响城市居民的生活质量和身心健康。特别是城市居民的出行时间日益增加,交通拥堵无形中浪费了大量宝贵的能源和资源,同时还加剧城市污染,不利于城市的畅通发展。在此背景下,构建畅通城市成为确保城市健康可持续发展的客观要求和城市居民的迫切需求。河南作为拥有1亿多人口、18个地市的发展中大省,正处于科学推进新型城镇化的关键时期和全面建成小康社会的决胜阶段,且深受"城市病""堵城"问题困扰,因此深刻剖析河南省城市不畅通的深层次原因,提出研究和探索构建畅通城市的新路径和新思路,对于改善河南省城市环境、提升城市形象、推进城镇化健康发展具有重要意义。

一 畅通城市建设的内涵及意义

畅通城市建设是一项事关民生、投资巨大、影响深远的长期系统工程,对优化城市空间布局、改善城市人居环境意义重大。中国城市尤其是大城市的发展阶段和特征使得畅通城市建设难以照搬国外发达城市的交通发展经验,如何准确把握未来城市和交通的发展趋势,明确畅通城市的实质内涵和发展方向,为构建可持续畅通的城市定下正确的基调,这是社会各界尤其是交通部门相关决策者和规划建设者十分关心的问题，也是在社会资源大量投放到畅通城市建设之前亟须明确的重大问题。

畅通城市的概念最早源于2000年由公安部、建设部所提出的"畅通工程"，该工程是由国务院领导为提高全国地级以上城市及部分县级市（年GDP300亿元以上）城市道路交通管理水平而开展的一项重要工作。"畅通工程"侧重于道路交通的管理，本体为车。随着科技水平的提升和城市化进程中问题的复杂化，"畅通城市"内涵日益丰富，城市更加朝向智能化、智慧化和信息化发展。"畅通城市"不仅包含交通路网的畅通和完善，实现人流、物流的无缝对接，更包含信息流和沟通渠道的畅通，旨在通过无线网络、网上办公等无线政务、无线商务、无线生活等各个领域的移动信息化服务，进而提高城市管理水平和运行效率，提升人民群众的信息生活体验，增强城市的综合竞争力，促进工业化与信息化的全面融合，实现城市居民生活的便利化。畅通城市更加关注人的需求。综合来看，畅通城市具有以下几方面含义。

第一，体现以人为本的价值取向。畅通城市的发展战略要坚持从大多数市民的交通需求出发，解决好大众交通问题，为大多数市民服务，按照市民交通需求，科学合理地发挥各种交通方式的优势，努力创造畅通、绿色、人性化的交通环境。

第二，体现可持续发展理念。在畅通城市建设上，要充分体现可持续发展理念，传承城市文化，适度开发，为城市的现代化未来留下充足的发展空间。在战略规划设计上要能够充分预见长时期内各种可能的交通发展需求，使得交通基础设施建设保留可扩建扩容、可改进提升的空间，从而支撑城市现代化发展。

第三，畅通城市是全面协调的整体畅通。畅通城市是一项系统工程，涉及城市的规划、建设、管理等方面，应是全面协调的整体畅通。应统筹兼顾交通发展的机制、体制，使其形成"畅通"的外部保障；应统筹兼顾土地利用与交通发展，从交通源头实现交通供需的协调发展；应统筹兼顾交通中的"人"与"车"，在"以人为本"的同时，兼顾"车"行交通的便捷性和其他需求，实现人畅其行，车畅其道；应统筹兼顾不同区域的交通基础设施建设，实现区域间的协调发展；应统筹兼顾交通规划、建设、管理各个环节，实现规划统筹、建管并举的合理发展模式。

为了增强解决问题的针对性，本文将仅探讨畅通城市建设的交通领域，因此，本文将"畅通城市"解释为：在以人为本的同时，兼顾"车"行交通的便捷性，使得城市中的人流、车流各自有序而无阻地流通，达到人畅其行、车畅其道。

二 国内外畅通城市建设经验借鉴

国外大城市均经历了私家车膨胀、交通严重拥挤的时期，但经过多年的规划治理，交通状况有了明显改善，其发展经验很值得我们借鉴和参考。

（一）以步行和自行车交通方式为主的城市

受步行和自行车速度及可达性范围的限制，此类城市发展模式一般为围绕城市中心区的密集型、紧凑式饼状发展。以丹麦为例，丹麦拥有广泛的自行车租用和停车设施，自行车成为人们日常出行的首选方式，丹麦因此被称为"自行车王国"。据统计，在丹麦自行车出行占据居民出行比例接近27%。此外，丹麦还通过提高新车购置税、赋予自行车更多路权、推崇和打造自行车低碳环保行为等方式积极鼓励大家环保出行。

（二）以汽车为主要交通方式的城市

伴随着以高速公路为先导的大规模交通设施的建设，城市辖区范围沿高速公路向郊区或远郊不断扩大，在许多人口数量本身较少的城市，这样的结果就是人口密度越来越低，人们居住和地区活动中心日益分散，交通流向转为以郊区至郊区的出行为主导，从而难以形成大客流量的交通走廊。在此背景下公共交通很难形成规模，反过来又使人们更加依赖私家车出行。该模式主要适用用已经高度城市化且地广人稀的国家，以美国洛杉矶市为代表。但是随着交通公害、能源危机的增加，美国历届政府都在努力复苏公共交通，引导大城市交通向大容量快速轨道交通转化。

（三）以公共交通为主的城市

在全球环境资源约束趋紧的大背景下，该模式是目前最普遍的城市交通发展模式。这类城市的土地开发利用通常是沿着公共交通走廊均衡展开。其中，环状结构城市一般呈现饼状发展形态，并向外延伸；放射状结构多为分散组团式形态。代表性城市为：日本东京，中国香港等。东京在解决城市交通拥挤问题时主要采用大力发展快速轨道交通系统的方法。目前，东京市的地铁网络在世界轨道交通发达国家中名列前茅，每天承载东京市运送量的86%。此外，东京还通过修建环形路、搭建立交桥、设置迂回路、加设车道拓宽道路、发展综合公共交通枢纽站等畅通城市公共交通。严格执法、加大对违章车辆的处罚力度也是东京能够保持交通畅通的重要因素。香港通过建设交通运输设施、加强交通管理、强化交通控制，省下更多的道路面积支持公共交通需求。香港地铁每天运行时间为凌晨六点到次日的子夜一点总计19个小时，运送乘客远超过230万人次/日，充分表明了地铁在香港这个大都市中的重要地位。此外香港的地铁站还充分考虑到乘客的日常需求：站内设置ATM、快餐店、连锁店及超市等，最大限度地为乘客提供便利。

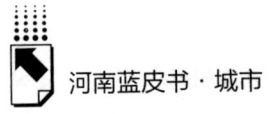

三 河南畅通城市建设成就与发展制约因素

（一）河南畅通城市建设成就

1.交通路网完善程度位居中部六省前列

河南地处"天下之中"，腹地广阔，地势平坦，承接南北，连贯东西。独特的地理位置，使得河南省成为全国重要的铁路、公路、航空、通信枢纽，天然具备畅通城市建设的优良条件。在交通运输部新一轮的国家公路运输枢纽布局规划中，河南省的郑州、开封、洛阳、新乡、商丘、周口、漯河、南阳、信阳九市被列为国家公路运输枢纽城市。

铁路方面，河南地处全国铁路网中心，国家铁路大动脉京广、陇海、京九、宁西、焦枝、焦新、新荷以及新密等支线在境内交汇，还有漯河阜阳、汤阴台前等地方铁路，铁路通车里程居全国第一，基本覆盖全省所有地市。公路方面，全国众多的高速公路和国道在河南交汇，连霍、京港澳、济广等9条国家级高速公路及9条国道途经河南。2014年，河南省高速公路通车里程达5859公里，居全国第3位，所有县（市）实现20分钟上高速的目标，郑州、洛阳、南阳、商丘、周口等5市形成环城高速，以郑州为中心、辐射所有省辖市的3小时高速公路交通圈已经建成。随着河南省12个高速公路项目2015年底前建成通车，高速公路通车里程将达到6315公里，或将跃升至全国第二。由表1也可看出，河南省在中部六省交通路网各项指标方面，均位居前列。航空方面，郑州机场T2航站楼已进入试飞阶段；郑州机场国际货运航线占中部地区的95%，已覆盖除非洲以外的全球主要经济体。2015年货邮吞吐量、旅客吞吐量增速在全国前20大机场中均排名第一。南阳、洛阳机场扩建工程，商丘、明港等支线机场建设前期工作也正在同步推进，这为河南省推进现代综合交通运输体系、构建多式联运畅通城市打下了良好基础。

表1 2014年中部六省交通基础设施相关指标对比

中部六省	铁路营业里程（公里）	公路里程（公里）	高速公路	省会城市机场客运吞吐量(万人)	省会城市机场货运吞吐量(万吨)
河南	5108	249857	5859	1581	37.0
山西	3786	139434	5743	793	4.5
湖北	4926	236932	5096	1728	14.3
安徽	3549	174373	3752	597	4.6
湖南	4028	235396	5084	1802	12.5
江西	2984	152067	4303	724	4.6

资料来源：通过对各省2015年统计年鉴数据整理得到。
说明：表中部分的数据为2013年的数据。

2. 米字形高铁路网快速推进

随着郑州航空港经济综合实验区和米字形快速铁路网建设的获批，国家战略支撑对畅通城市建设的推动作用日益凸显。米字形高铁枢纽上边的两"点"，分别是郑州至太原和郑州至济南高铁项目，其中郑太线郑州至焦作段已建成通车，太原到焦作段也进入了实质性推进阶段；而最后一个"点"的郑州到济南的高铁路线也正式确定为经新乡、濮阳，过山东聊城至济南。该项目建成后，郑州到济南仅需1个多小时，同时濮阳将结束不通高铁的历史。米字形高铁中的"一竖"是京广高铁，目前已贯通；"一横"是徐兰高铁，目前部分路段已通车运营；"一撇一捺"的郑合、郑万高铁计划年内开工。米字形高铁网络，不但将郑州和中原城市群中的濮阳、周口、南阳等地连接起来，而且实现了直达北京、西安、武汉等城市的3小时出行圈，进一步提升了河南区位交通优势，从而也使得河南省畅通城市建设的客观条件更加完备（见图1）。同时，依托郑州航空港建设的一条条空中航线，更是缩短了河南和世界的距离。"空中丝绸之路"和地面高铁形成的"双枢纽"，是河南当前交通基础设施建设的王牌优势，对于促投资、稳增长发挥着重要的作用，并将成为全省经济发展的"新引擎"。按照大枢纽带动大物流，大物流带动产业群，产业群带动城市群，城市群带动中原崛起、河南振兴、富民强省的总体思路，畅通城市建设，除为市民出行提供便利、为全省经济社会发展提供支撑外，更为全国交通网络的完善提供坚实基础。

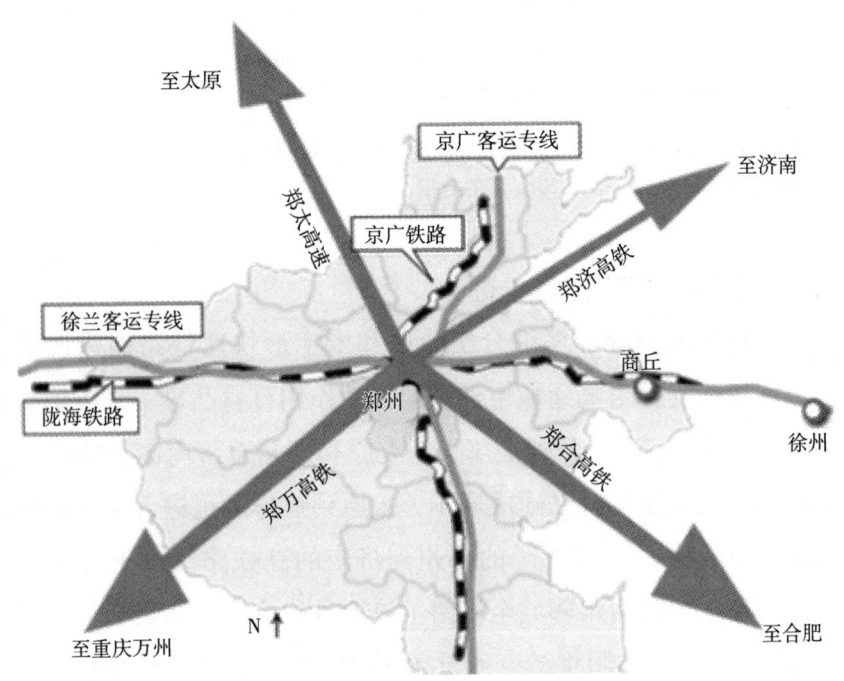

图1 郑州"米字形"高铁规划

3.畅通城市理念深入人心

随着"城市病"问题的蔓延，城市居民对畅通城市交通的渴求越来越迫切，这也引起了政府部门的高度重视。2014年12月29日，河南省政府面向全省推出《郑州现代综合交通枢纽发展规划（2014~2020年)》，总体目标为力争到2020年，郑州基本建成布局合理、功能完善、衔接顺畅、绿色低碳、安全高效的全国性现代综合交通枢纽。

以郑州市为例，郑州是国家确定的全国性综合交通枢纽城市，为切实解决好城市拥堵问题，郑州市委、市政府研究编制了《畅通郑州白皮书（2012~2014年)》，按照"域外枢纽、域内畅通"的目标，从强化公交优先、建设畅通郑州十大工程、落实综合交通管理十项措施、推进中心城区功能外疏、倡导文明出行五方面着手，实施综合性治理，力争用三年时间，使郑州的交通拥堵状况得到较大改观。目前，郑州畅通城市十大工程已进入全力冲刺阶段。

郑州市作为河南的交通枢纽城市，地位不可撼动，但其他省辖市也不甘示弱，在构建畅通城市、争夺次枢纽地位上展开激烈竞争。2015年，洛阳市推出《洛阳智慧城市发展规划（2014~2020年)》，规划指出将利用信息化手段，建立综合交通协同指挥中心、交警综合应用管理系统、交通信号联网控制系统、智能公交管理系统、绿色出行服务系统，全面提升城市交通智能化管理水平，让市民出行更畅通。许昌市在现有和规划中的道路运输资源的基础上，"跑步"进入高铁时代，由航空、高铁、高速公路、城市轻轨、城际快速通道、城乡公路、市内公交、客货运枢纽、物流园共同构建的综合交通运输体系，将开启许昌大交通时代。信阳市全市上下紧紧抓住中原经济区建设、郑州航空港建设和东南沿海发达地区产业转移的机遇，着力打造鄂豫皖三省交界区域性中心城市、国家级农村改革发展综合试验区、全国综合交通和现代物流枢纽，交通基础设施建设进程日益加快。

（二）河南畅通城市建设的制约因素

1.区域发展不平衡

河南省18个省辖市的城镇化水平和经济基础、工业化程度在空间分布上较为一致，以陇海铁路和京广铁路为地域分界线，呈现出"东低西高""南低北高"的失衡格局，黄淮地区由于城镇化缺乏工业化支撑，人口城镇化、经济城镇化发展水平相对较低，制约了城镇化总体发展水平的提升。河南省总体城市布局呈现单核心牵引和腹地分割的空间布局，省会城市郑州作为首位城市，集聚作用持续加强，但是辐射带动能力差，一方面导致大量周边流动人口持续涌入郑州，使得城市资源环境承载压力加大，城市交通拥堵，公共服务供给能力和人口规模严重不匹配；另一方面，其他城市缺乏发展后劲和完善城市交通设施的资金投入能力，首位城市的虹吸效应使得其他区域发展缓慢，进而加剧了区域发展不平衡。城市间功能定位、职能分工不明确，跨区域合作体制机制不顺畅，协同发展水平低，进一步导致了要素流动不畅甚至是单向流动，从而增加了畅通城市建设的难度。由表2就可明显看出，城市交通路网的完善程度与该城市经济发展水平密切相关。GDP高的城市，相应的等级公路及高速公路通车里程较长，GDP水平较低的城市，交通路网则十分不完善，依然处于区域经济发展的"洼地"。因此，畅通城市建设与区域经济的发展之间具有较高依存度。

表2　河南省18个省辖市2014年交通设施指标及GDP对比

单位：公里，亿元

市（县）	等级公路通车里程	高速公路通车里程	GDP
郑州市	11444	486	6777
开封市	6997	302	1492
洛阳市	13524	500	3285
平顶山市	12723	392	1637
安阳市	10116	266	1791
鹤壁市	4262	75	682
新乡市	10602	269	1918
焦作市	6362	205	1844

续表

市(县)	等级公路通车里程	高速公路通车里程	GDP
濮阳市	6022	140	1254
许昌市	7078	260	2087
漯河市	4191	126	941
三门峡市	7592	260	1240
南阳市	28975	642	2676
商丘市	16303	416	1698
信阳市	18690	550	1757
周口市	17169	436	1990
驻马店市	13558	437	1691
济源市	2015	96	480

2. 城市交通政策体系不完善

对于域内交通体系建设，城市交通政策体系不完善成为制约畅通城市建设的另一个突出问题。突出表现为重规划、轻协调，重问题导向、轻目标导向，城市的交通政策缺乏系统性和科学性。这一方面表现在城市的交通政策体系缺乏长期性的执行力，政策短期行为明显，从而出现了"头痛医头、脚痛医脚""哪里堵哪里扩路"的一系列怪现象，这明显违背了我们所熟知的"唐斯定律"，即在政府对城市交通不进行有效管制和控制的情况下，新建的道路设施会诱发新的交通量，而交通需求总是倾向于超过交通供给[①]，因此，交通不畅等问题并不能得到根治。另一方面，制定交通政策的各部门之间缺乏统一的协调机制。纵向上，各城市的交通规划很少与国家的战略规划相统一。中央政府缺乏统一的交通政策规范机制，缺乏有效的信息交流与分享机制，同时，分税制使得地方政府部门只考虑个体短期利益，而不制定长期战略规划，中央和地方出现了政策上的断层。横向上，多

---

① 朱云欢:《"唐斯定律"对城市道路管理方式的启示——以上海为例》，《上海管理科学》2009年第2期。

数城市的交通项目由不同的部门负责立项和审批,各部门之间交通规划整合难度大。

3. 智能化交通管理水平滞后

随着城市车辆的快速增多,仅靠增建或拓宽道路,已难以解决"堵"的问题。提高城市交通的智能化管理水平,智慧交通不可或缺,而智能化交通管理水平严重滞后也是河南省畅通城市建设面临的一个重要问题。主要表现在以下几个方面:第一,城市交通管理系统过于依赖人工,智能化水平低。以郑州为例,由于机动车保有量连年增加,而城市智能化交通管理水平严重滞后,多数区域还在依赖交警和协警的指挥保证交通畅通。由此也就出现了城市一下雨就变堵城,没有交警的路口经常堵的普遍现象。第二,城市交通管理系统整合率低。现有的交通信号控制系统、道路交通电视监视系统、交通诱导系统、交通管理信息系统、公路车辆智能监测记录、交通流采集系统、违法监测系统、停车位监测管理系统等处于分散状态,缺乏统一的综合性的交通综合应用管理系统,交通实时信息管理能力差(据了解,国内的实时交通信息渗透率仅为5%,而国外众多发达城市实时交通信息渗透率已高达70%~80%),导致管理水平及效率低下,城市居民交通出行体验感差。第三,综合交通管理系统设计使用性能低。以郑州市智能公交系统为例,虽然设置了电子站牌并配备了显示屏播报车辆位置信息,但显示屏位于电子站牌最高处,超过城市居民普遍身高,且播报声音小,在嘈杂的大街上根本无法听清,导致显示屏播报系统成为鸡肋,根本无法发挥作用。

四 河南畅通城市建设的五个重点

(一)加大基础设施投入力度,完善城际交通路网建设

要紧紧围绕畅通城市建设对交通运输发展的目标要求,进一步加

大交通基础设施建设力度。要坚持需求导向，特别是以集中连片特困地区、沿边地区为交通扶贫攻坚主战场，把薄弱环节和短板领域作为交通发展的主攻方向，把保障和服务民生作为出发点和落脚点，统筹推进交通运输持续健康发展。要积极推进综合交通运输服务提档升级。以联通东西、纵贯南北的运输通道和综合交通枢纽为重点，构建"干支结合"的空运体系、铁路网络体系、公路交通网络体系、内河航运通道和智能交通服务网络，推进多种交通方式的资源优化配置和协调发展，形成网络完善、布局合理、运行高效的一体化立体交通网络体系。其中，要突出做好机场功能整合，尽快通过通航权资源开放和机场经营权开放，实现临空经济的大发展。依托综合交通运输体系，增强城市之间的空间联系，打造"两圈"，即"半小时交通圈"和"一小时交通圈"，就是以城际快速轨道交通和高速铁路为纽带，实现以郑州为中心，半小时通达洛阳、开封、新乡、许昌、漯河、平顶山、焦作、济源等8个省辖市的"半小时交通圈"，以高速铁路为依托，形成以郑州为中心，一小时通达南阳、安阳、濮阳、三门峡、鹤壁、商丘、信阳、周口、驻马店等9市的"一小时交通圈"的格局。就域内交通而言，要从只重内部、中心到着眼全局，实现城市内与外、客与货的协调；畅通出行方面，加快完善城市道路网络和道路网结构，规划建设一批地上、地下配套设施完善的城市主干道路、快速路和重要立体交通设施，提高道路网密度，加快支路网建设和改造。逐步完善慢行道交通系统，主次干路均应设置自行车道和步行道，支路和居住区道路应设置步行道，优先保障非机动车和行人路权。

（二）引进畅通城市建设先进理念，提升城市交通规划前瞻性

畅通城市建设的顺利推进离不开城市交通规划的设计和设施，更离不开对先进城市交通发展经验的引进和吸收。例如，河南省在畅通城市建设过程中,可选择若干城市试点未来城市发展模式——节地畅通城市模式,即 JD 模式。JD 模式有四个关键点:第一,人车交通全面分离。约占市区面积20%的地面道路专供汽车使用,没有行人和自行车。第二,市区面积40%的地面建地面停车库。第三,地面停车库屋顶形成大面积的架空平台,各个架空平台之间用连廊或盖板连接起来,其上面布置建筑物、平台花园和步行自行车道路,形成四通八达的人行道路网。第四,约占市区面积40%的地面用来建绿地,连同平台花园,市区绿化面积达到60%①(见图2)。该模式可同时解决行车难、停车难、步行难问题,有助于走出一条新型城市化道路。

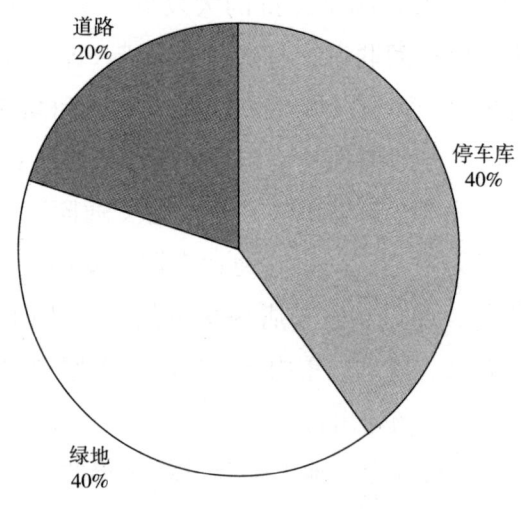

图 2　JD 模式中城市地面层面积分配比例

交通规划隶属于城市发展规划,是其中的一个重要部分,因此,在城市规划设计过程中,应注重城市各种相关规划之间的协调性,提升交通规划的前瞻性,从而避免产生规划冲突、重复建设、损害资源环境、严重扰乱城市居民生活正常秩序的问题。例如,郑州耗资近千

---

① 杨剑、叶立新:《JD 模式告别城市病的解决方案》,《新经济导刊》2010 年第12 期。

万的天桥建成五年为了让位于地铁建设不得不拆掉，郑州陇海路中州大道交叉口新路通车5天，因相关领导觉得花坛碍事需要去掉，路面重新开挖毁掉。这些严重浪费城市建设资源的问题原因都在于城市规划的短视和问题导向，因此，未来河南省在畅通建设过程中，要以目标导向和问题导向为双指引，应从长远发展的目标考虑，科学、合理地调整城市交通规划的内容，要把创新、协调、绿色、开放、共享的五大发展理念贯彻到畅通城市建设的各项工作中。坚持创新发展，着重解决发展动力问题，全力当好经济社会发展先行官；坚持协调发展，着重解决发展不平衡问题，推动形成交通运输协调发展新格局；坚持绿色发展，着重解决人与自然和谐问题，推动建设绿色交通；坚持开放发展，着重解决发展内外联动问题，构建全方位开放的交通运输体系；坚持共享发展，着重解决社会公平正义问题，使交通运输改革发展成果惠及更多人民群众。

（三）推动中心城市功能疏解，完善城市职能分工体系

对常年处于人口净流入状态的郑州市要适当疏散经济功能和其他功能，推进劳动密集型加工业向外转移，加强与周边城镇基础设施连接和公共服务共享，推进中心城区功能向1小时通圈地区扩散，培育形成通勤高效、一体发展的都市圈。按照控制数量、提高质量，节约用地、体现特色的要求，推动小城镇发展与疏解大城市中心城区功能相结合、与特色产业发展相结合、与服务"三农"相结合。郑州周边的重点城市，加大开发开放力度，健全以先进制造业、战略性新兴产业、现代服务业为主的产业体系，提升要素集聚、科技创新、高端服务能力，发挥规模效应和带动效应。对具有特色资源、区位优势的城市，要通过规划引导、市场运作，将其培育成为文化旅游、商贸物流、资源加工、交通枢纽等专业特色城市，完善城市职能分工体系。根据河南城市群功能分工的不同，最终引导和改善现有人流、物流、

信息流流向，从而为畅通城市建设扫除机制上的障碍。同时，对于城市域内交通，可通过完善城市布局，优化城市功能区分布，例如打造多中心功能区，改变单中心格局，有条件的单位实行远程办公模式，降低职住分离比，客观上减少市区交通需求，从源头上实现城市畅通。

（四）大力落实公交优先战略，提升公交出行体验品质

国际知名城市治堵经验表明，畅通城市建设的普遍做法在于实施公共交通优先战略。因此，应加快构建以公共交通为主体的城市机动化出行系统，积极发展快速公共汽车、现代有轨电车等大容量地面公共交通系统，科学有序推进城市轨道交通建设。优化公共交通站点和线路设置，推动形成公共交通优先通行网络，提高覆盖率、准点率和运行速度，基本实现100万以上人口城市中心城区公共交通站点500米全覆盖。强化交通综合管理，有效调控、合理引导个体机动化交通需求。推动各种交通方式、城市道路交通管理系统的信息共享和资源整合。建议实施推广河南公交一卡通，统一全省所有公交刷卡系统，给市民省内出行提供便利，同时应提高公交服务水平和准点率，在全省推进公交定位系统，实时发布公交位置信息，减少乘客等车时间。另外，增加公交无线覆盖，提高城市公交便捷度和舒适度，为居民和游客提供安全、舒适的出行环境，从而激励市民更多选择公共交通出行，减少机动车出行数量，推动城市畅通。

（五）加强市民行为习惯教育，倡导文明出行和谐交通

全民文明交通是实现畅通城市的重要保障。第一，要提高城市居民素质。在全社会开展文明交通基础知识普及宣传教育活动，提高全民文明交通意识，并将其列入省级、市级文明单位考核评比范围。第二，要提高交通违法成本。实践证明，加大交通违法处罚力度将强化

违规者遵守交通法规的自觉意识。建议将交通违法行为列入个人征信系统,一旦违规个人贷款、就业及子女入学等将终身受影响,并在购车时适用更高等级的保险费率。第三,积极倡导绿色健康出行。引导市民开展"少开车,更健康;少添堵,更快乐"的出行观念。大力倡导30分钟健康生活圈和15分钟绿色公务圈。倡导在3公里或20分钟路程内,首选乘坐公交车或骑自行车出行;在2公里路程的健康生活圈和1公里内的绿色公务圈内,首选步行方式出行。

参考文献

董国良:《构建畅通城市新模式——谈城市土地问题解决之道》,《中国土地》2005年第8期。

董国良:《节地畅通尝试模式》,中国2010年上海世博会论坛会议论文,2010。

卢彦:《关于畅通城市及其模型的几点思考》,《科技经济市场化》2010年第6期。

侯宗霖:《对缓解常州市交通拥堵问题的探讨》,《城市建设理论研究》2012年第16期。

郏国中:《治理城市交通拥堵的社会学思考》,《中州学刊》2014年第7期。

宋朝丽:《从城市结构布局探讨城市交通拥堵治理问题——以郑州市为表述对象》,《前沿》2012年第6期。

王文元:《国外大城市交通发展模式及其评价》,《城市问题》2001年第1期。

宋姗姗:《畅通城市公交"优先"之路》,《人民政坛》2013年第6期。

刘波:《缓解城市交通拥堵探讨》,《企业经济》2011年第6期。

何玉宏、谢逢春:《制度、政策与观念:城市交通拥堵治理的路径选择》,《江西社会科学》2011年第9期。

B.15
河南法治城市建设研究

王运慧 杜焕来*

摘　要： 法治城市是法治国家的组成单元，全面推进依法治国，落实在城市层面就是要努力创建法治城市。近年来，河南高度重视法治建设，在全面推进依法治省进程中，法治城市建设也在如火如荼地展开，取得了令人称道的显著成绩，但也面临一些问题和困难，需要从多个方面寻找解决的办法和途径。

关键词： 法治城市　建设　路径

　　法治城市是法治与城市的高度统一与有机结合，简而言之，就是法治化的城市。法治城市建设是法治国家建设的基础，是法治政府建设的依托，是法治社会建设的保障。法治城市与依法治市，前者是目标与结果，后者是行动和过程。一个和谐宜居、智慧幸福的城市，必然是一个法治化水平较高的城市。这种法治化水平具体表现在具备科学完善的法律和制度体系，法治政府能为人民群众提供优质高效的公共服务，人们在每一个司法案件中能感受到公平正义，市民恪守法律至上的坚定信仰，履行诚实守信的法律行为等。

＊ 王运慧，河南省社会科学院法学研究所副研究员；杜焕来，河南省委政研室处长、博士。

一 法治城市的内涵与特征

（一）法治城市的内涵

追溯法治的历史可以发现，法治是与城市相伴而生的，城市可谓现代法治文明的故乡。法治城市是城市法治化水平走向高级阶段的理想状态，其内涵极其丰富。从系统理论的视角而言，法治国家是一个整体系统，而法治城市是它的子系统。法治城市作为法治国家的构成部分，是这个整体系统的缩影和先进部位；根据区域理论的观点，法治城市是法治区域的一种类型，即在一个城市所管辖的协调统一的地域内，以法治方式规范地方权力运作和公民的守法意识，实现该区域的政治民主、经济有序、文化繁荣、社会安定以及生态良好的目标和状态。无论人们对法治城市内涵的解释何等不同，但人们总是能在其间找出很多共同特点和外形轮廓：法治城市是全面实施依法治理、彰显法治精神的城市，它用科学完备的法律和制度支撑市民心理舒展和精神愉悦的理性空间。

（二）法治城市的特征

法治城市的特征其实就是一系列区分标志，也就是说法治城市如何与非法治城市加以区别。从 2008 年我国开始创建法治城市以来，江苏南京、浙江余杭、河南漯河、辽宁抚顺等地相继开展了法治城市创建活动，积累了日益丰富的先进实践经验，也有越来越多的城市为提升核心竞争力和适应依法治国的时代脉搏，开始加入建设法治城市的行列。比如，河南鹤壁、漯河、许昌等城市纷纷提出要把"法治化"作为全面深化改革的"突破口"，努力建设法治城市。可见，建设法治城市已经成为我国城市发展的重要目标。关于法治城市的特征或者说区分标志，可谓见仁见智，众说纷纭，但无论如何一个真正的法治城市，作为法治国家的缩影，必须实行良法善治，即要有科学完备的法律和制度体系，而且这些制度和法律被民众普遍良好地遵守，这两个特征是必不可少的。此外，要有名副其实的法治政府和司法正义，同时，要具备支撑这些法律制度和法治机构的无形资源，即深厚的法治文化。

二 河南深入推进法治城市建设的举措

法治城市的发展是一个以建设为动力的渐进过程，也是一个与改革相伴随的系统工程。河南持续推进法治城市建设，从法治意识到组织保障、从人才队伍优化到法治文化建设，都进行了积极探索和改革创新，从整体上提升了河南依法治省的水平。

（一）树立法治意识

有效的实践需要理性观念的引导，法治城市建设也必须在理性观念指引下进行。这种理性观念不仅包括法律至上的法治意识，还包括科学发展、求实创新的改革意识和敢于担当、积极而为的责任意识。具体而言，法治意识既要求领导干部运用法治思维、依法办事，也要求普通民众提高法治观念，知法守法；改革意识要求人们将全面深化改革作为法治城市建设的时代背景和内在动力，使法治建设与整个城市的全面改革相协调，为改革提供法律依据，同时法治建设也通过改革得以完善和进步；责任意识要求全体民众以主人翁的姿态积极参与到法治城市建设当中，这体现在政府有决心、有恒心、持久地推动法治城市建设，民众有信心支持和配合法治城市建设的每一个步骤和环节。在观念更新方面，河南漯河建设法治城市过程中始终重视提升领导干部的法治观念，通过思维和观念的引领，提高领导干部依靠法治深化改革、推动发展、化解矛盾、维护稳定的能力。2015年以来,漯河市人大常委会要求拟任命的两位市人民政府副市长,在常委会上分别作了任前发言,任命通过后进行了宪法宣誓;同时,漯河市还在市委党校设立漯河市法治宣传教育基地、开办"法治漯河大讲堂",针对市直机关领导干部、公务员、企事业单位经营管理人员进行教育培训,目前年度授课已基本完成。

(二)提供有力的组织和人才保障

法治城市建设犹如制作一台精致高效运转的电脑,而组织保障就好比这台电脑的硬件设施,它是法治城市建设的骨架和有形依托。河南为法治城市建设提供了有力的组织保障,从法治城市建设组织机构的设立、主管部门职能作用的发挥到工作计划的落实、有关装备的配置、工作经费的预算和支出等,都精心组织、落实到位。

同时,河南全面推进依法治省,着力打造一支德才兼备的高素质法治工作队伍,深入开展法治城市建设,积极实施"河南法学名家培养计划",积极从法治专门队伍、法律服务队伍和法学教育研究队伍三个方面,培养造就一支善于运用法治思维和法治方式解决问题的法治人才队伍。

(三)积极开展法治文化建设

任何法治都是以民众具有较高的法治意识作为文化基础的,法治城市建设的终极目标应该是法治文化渗透在每一个人的语言和行为当中,法律至上成为民众的普遍信仰。法治文化建设包括普法教育、培养公民法律意识和法治思维、提高公民法律素质、传播法治精神和树立法治信仰等。例如,南阳市发挥本地特有的法学家群体资源优势,建设南阳籍法学家书院,提升南阳政法大讲堂的知名度,传播法治思想，弘扬法治精神。南阳这一做法即是典型的法治文化建设，为法治城市的完善奠定了深厚的文化底蕴。

三 河南建设先进法治城市的做法及取得的成效

法治是城市建设中至关重要的软实力，全面落实依法治国方略、深入推进依法治省，必须着力创建法治城市，实现城市经济良好发展、社会和谐稳定、人民安居乐业。近年来，河南高度重视法治建设，依法治省建设取得明显成效。为进一步优化法治环境，鹤壁、漯河、许昌等市自觉发力，持续推进法治城市建设，根据各自实际情况，创新法治思维，采取了一系列改革措施，有效改善了城市法治环境，提升了城市的软实力和核心竞争力。

（一）鹤壁市

近年来，鹤壁市委、市政府始终把法治城市建设作为推动科学发展的战略任务和促进社会管理创新的重要依托，积极开展形式多样的法治建设活动。2015年5月，市委常委会专题研究普法依法治理工作。7月，市委八届八次全会通过了《中共鹤壁市委关于全面推进依法治市的实施意见》《鹤壁市有关部门贯彻落实党的十八届四中全会〈决定〉重要举措责任分工方案》《鹤壁市全面推进依法治市2015年重点事项》，对全面推进依法治市提出明确要求。按照详细的部署，相关职能部门立足市情，围绕大局，在依法治市工作的形式和内容上不断探索和创新，极大提高了法治建设的质量和水平，形成了一批体现"鹤壁特色"的亮点，在全省乃至全国都享有盛名。

一是普法教育"3133工程"，即从2010年起，用3年的时间，每年重点在300个村庄和30个社区普及法律基础知识、推进依法治理，实现全市农村、社区法治宣传教育和法治创建活动全覆盖。市

"四大班子"分管领导组成"3133工程"领导小组,采用现场观摩、通报督办等形式,全面加强督导检查,全市先后召开了"3133工程"启动会、观摩会、推进会,安排部署环环相扣,工作措施扎实有效,为"六五"普法的扎实推进奠定了坚实基础。二是普法教育"三驾马车"。立足全民普法,高规格启动了"法律大讲堂""千名干警千堂法治课""法律巡回宣讲团"系列活动,"三驾马车"齐驱力,普法的规模效应得以初步显现。为确保活动扎实开展,鹤壁又制定了《关于深入开展鹤壁法律大讲堂活动的实施意见》《鹤壁市千名干警千堂法治课活动方案》等文件,实行目标责任制,各县区、各部门结合实际,细化工作措施,制定工作计划,建立工作台账,强化检查督导,使法治宣传教育"三驾马车"动力强劲,步步为营。三是普法教育"5+X"模式。"5"即重点宣传《城乡规划法》《国有土地上房屋征收与补偿条例》等5部通用法律法规;"X"即结合各产业集聚区、大项目建设周边区、新型农民社区、城中村改造区等区域的不同特点和群众需求,有选择地开展相关法律法规的宣传教育。按照该模式,各级法治宣传教育机构主动服务大局、服务中心、服务发展,主动跟进全市中心工作和重点项目建设,多次在产业集聚区、城中村改造区等重点建设项目周边村(居),集中开展声势大、氛围浓的专项法治宣传教育活动,优化了全市经济发展环境。

方向明则信心足,方法对则成效显。鹤壁市法治建设的扎实推进,使鹤壁市依法治市水平不断提高,"六五"期间,鹤壁市被表彰为全国法治城市创建工作先进市,浚县、淇县被表彰为"全国法治县(市、区)创建活动先进单位"。全市共有4个村居被表彰为全国民主法治村(社区),85个村被表彰为省级民主法治村,8个社区被表彰为省级民主法治社区,1个村、2个社区入选全省十佳民主法治村(社区)。

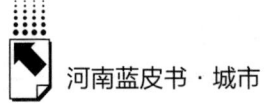

（二）漯河市

漯河市在全面推进法治城市建设过程中，稳扎稳打，始终抓好制度保障、队伍保障和平台保障。在制度建设方面，制定了依法治市规范性文件十余件，形成了一套完整的依法治市制度体系；市人大做出关于开展全民法制宣传教育、深化依法治市工作的决议，从"立法"的角度进行确认，每年审议"一府两院"依法治理工作报告并做出审议决议。各级组织部门积极探索建立领导干部年度"述职、述廉、述学、述法"四位一体的考核体系，把述法纳入各级领导干部和领导班子年度实绩考核内容，是落实十八届四中全会明确规定的"党政主要负责人要履行推进法治建设第一责任人职责"的具体举措。漯河市委宣传部、市依法治市办公室联合出台了《"谁执法、谁普法，谁主管、谁普法"实施办法》，建立普法工作责任制，将100多部常用法律、法规逐一分解到相关部门，实行跟踪问效，推动普法责任落实。在队伍建设方面，主要是健全网络、充实队伍，一方面，建立了覆盖市、县、乡、村四级，纵向到底、横向到边的依法治市组织网络，组织了2100多人的专兼职工作队伍，定期开展业务培训，提高了工作人员的组织力、执行力、协调力。另一方面，组建了不同专业的普法宣讲团，实行预约式服务，面向社会开展法律服务；成立法治宣传教育志愿者总队，组织志愿者1200多人，积极参与各项社会普法活动；在农村选定法律明白人1500多人，实行一人一档，实现了行政村全覆盖，为农民提供基本的法律服务；为各个学校选派法治辅导员、法治副校长等670多人，基本实现一校一人，定期开展法治教育课，有效提升了学校法治教育水平和师生法律意识。在平台建设方面，针对党组（党委）中心组和公务员、农民等不同学法对象，以无纸化学法用法考试系统和学法教材为依托，做好学法用法工作；创办依法治市工作刊物，开通了法治漯河网，法治手机报，每月两期，法治微信、法治微博，每天一条，并在报纸上开辟"法治时空"、电视上开辟"法治漯河"、电台上开辟"今日听法"等法治专栏专刊。市直各单位以电子屏为普法阵地，在"12·4"等重要节点进行集中宣传宪法法律和党的重要政策。依托漯河沙澧公园广播为普法宣传阵地，定期进行专题法律法规的宣传。在漯河法治沙澧公园重要位置设置二维码，进行法治宣传。现在全市形成了立体化、全方位、多载体的法治宣传新格局。

（三）许昌市

法治政府是法治城市的重要标志。近年来，许昌市以建设法治政府为目标，着力推进政府工作制度化、程序化建设，不断提高依法决策、依法治理、依法办事的能力和水平。一是规范程序机制，保障决策民主科学。通过多种形式创新公众参与机制，把公众参与、专家论证、风险评估、合法性审查和集体讨论作为重大决策必经程序，最大限度减少行政决策失误；落实决策听证制度，制定和实施《许昌市听证办法》；实施过错责任追究制度，制定和实施《许昌市行政首长问责暂行办法》，完善重大决策实施后评价和责任追究制度。二是强化执法监督，保证执法文明公正。规范执法行为，明确各行政机关的执法职权、机构、岗位、人员和责任，制定行政执法程序规则，细化执法流程；强化目标考核，把行政执法责任制纳入全市目标管理考核体系，把对县（市、区）政府和市政府各部门的规范性文件审查及备案情况、复议应诉案件办理情况、部门依法行政情况的考核结果列入市政府目标管理考核总成绩；加强监督检查，约束和规范行政处罚行为，对各种具体行政行为和抽象行政行为进行严格审查和监督。三是推进政务公开，努力打造"阳光政府"。许昌在全省率先设置了市、县两级党务政务公开办公室，建立和完善网上公开平台，建立了覆盖全市办事大厅、服务窗口的电子监察视频监控网络，开设了书记市长信箱，开通手机短信评议系统，聘请社会监督员，邀请群众代表列席或旁听有关会议，全面推动政府信息公开、办事公开和决策公开。

四 河南法治城市建设存在的问题与面临的困难

法治城市建设是一项涉及全社会方方面面的伟大工程，不仅仅限于法治，也不单单囿于城市，没有现成的模式可以借鉴，河南各地的经济社会发展水平又参差不齐，因此，难免会遇到一些问题和困难。一方面，法治城市建设过程中存在一些问题，需要尽快加以重视，加以解决。一是对法治城市建设的重要性认识不够。重经济轻法治的观念还普遍存在，法治城市制定的很多制度得不到良好的遵守，人们的规则意识还远远不够；二是法治城市之间发展水平差距较大，河南鹤壁、焦作、漯河、许昌、南阳等市发展态势较好，其他城市由于种种原因还处于初级建设阶段，影响了河南整体法治水平的提高。三是法治城市评价机制不健全，有些评价标准和细则可操作性不强，不能科学直观地体现出真正的法治建设水平，一定程度上也影响了民众参与法治建设的积极性。

另一方面，就全面推进依法治国的四个要求而言，河南法治城市建设还有很多不适应的地方。一是科学立法的经验还不够丰富。有立法权的城市制定出来的一些规范性文件多是对上位法的重复，缺乏有针对性的可操作性强的条款。2015年3月，十二届全国人大三次会议通过立法修正案赋予设区的市、自治州以地方立法权，河南省设区的市如何把握立法边界、如何提高立法质量，都是巨大的挑战和困难。二是执法不规范现象依然存在。很多行政行为因受到人治思想的影响不能严格地按照法律程序进行，"人情""关系"一定程度上依然是依法行政的无形障碍。三是司法改革的步伐缓慢。很多改革措施都是"雷声大、雨点小",持观望态度者不在少数。四是守法意识有所提高但依然有待加强。一部分领导干部的法治思维已经建立起来,凡事都要求于法有据,但是还有一部分固守"官本位"思想不放。人民群众的守法观念和维权意识大大提高,但是还没有达到形成一种生活习惯的程度,这就决定了法治城市建设的根基还不够牢固,法治文明的兴盛任重而道远。

五 河南全面推进法治城市建设的路径

法治城市是法治国家的城市标杆,城市间的竞争又如一场激烈持久的马拉松比赛,法治的领跑对提升城市竞争力至关重要。因此,河南省今后将全面贯彻党的十八大和十八届三中、四中、五中全会和习近平总书记系列重要讲话精神,全面推进依法治省,高质量高标准建设法治城市,为实现中原崛起河南振兴提供坚实有力的法治保障。

(一)切实把法治城市建设作为一项硬任务

"郡县治,天下安",法治城市,是法治国家的基础单元。因此,各市要切实把法治城市建设作为一项硬任务列入市委市政府的重要议事日程。比如漯河市委、市政府将依法治市工作任务列入各县区、各单位年度综合考核、班子实绩考核的重要内容,并占一定的分值。同时,各个法治城市应在学习和借鉴发达地区一些县市经验的基础上,结合本市经济社会发展的各项目标任务,积极探索推进本市法治建设的新途径,明确提出建设法治城市的指导思想、基本原则、创建目标和主要任务等,提供专项资金保障,加强专业化法治机构建设。

(二)完善法治城市建设的评价机制和法治人才培养机制

评估考核法治建设工作,要以科学发展观为指导,以维护公民权益为出发点，充分考虑经济社会发展的综合性，建立具体可行的考核评估体系，引导群众积极参与到法治建设中去。同时，要树立法治政绩观，领导干部搞好经济是政绩，建设法治也是政绩，应根据城市经济社会发展的实际情况，尽快建立和完善包括法治指标在内的完整的政绩考核体系，将法治城市建设细化为一项项可评估的考核指标，定期开展考核，对在检查评比中考核不合格的单位，坚决实行评先评优一票否决，真正让"法治"成为推动城市各项事业发展的强大动力。

推进法治城市建设关键在人才，必须通过健全法治人才激励和培养机制，多措并举打造高素质的法治人才队伍。一是要利用良好的法治环境，营造法律职业使命担当的责任氛围，如法治城市应适应"赋予设区的市立法权"的迫切需要，进一步完善立法专家库，着重立法人才队伍建设。二是要广泛构建法治建设的事业平台，坚持事业留人。三是要增加法学教育投资，培养高素质法律人才，促进法律人才资源与法治创建的良性循环，如改进各个法学院校的课程体系设置，让学生从教室走向法律实务部门，加强法学系学生的法律实践能力。

（三）严格把握科学立法、严格执法、公正司法、全民守法四个重点

一是要在新的起点上提高科学立法水平。设区的市行使立法权，是我国法治建设史上具有里程碑意义的法治实践。河南建设法治城市，必须探索和把握立法工作规律，建立健全立法工作体制机制和程序，提升立法队伍能力和素质，提高立法质量，努力把立法资源转化为发展优势，保证城市改革于法有据，为城市善治提供良法前提。

二是要利用现代化条件推动严格规范执法。信息化时代，政务公开有多种途径可以选择，为文明执法创造了条件。许昌市从2013年开始着力打造"网上警局"，最大限度方便群众办证办事，开创了执

法公开和执法监督的新形势，显著提高了社会治理能力和严格执法的规范化水平。

三是要以改革创新精神提高司法公正水平。当前，河南省强力推动司法改革，严格司法监督，严惩司法腐败，提高司法公信力。比如2014年，安阳中院、郑州市中原区法院、兰考县法院等5个法院被确定为全国人民陪审员制度改革试点单位，2015年最高法院又确定许昌、焦作中院和新郑市法院作为全国的示范法院，这些城市在法治城市建设过程中，应抓住良好契机，继续以改革创新精神提高司法公正水平。

四是要围绕树立法治信仰促进全民守法。法治的力量在于实施，在于人民群众对法律的普遍信任，甚至是心悦诚服的认同和膜拜。当社会成员普遍具备法治信仰时，也就是法治精神深入人心之时，法治城市这座宏伟的身躯和骨架才算有了魂魄和血液。因此，法治城市建设，要一切为群众的利益着想，围绕群众的诉求开展，让人民群众从内心感受到是法治让他们更加幸福安宁，这样自然而然就培养起人民群众对法律的信任、信心和尊重。只有人民群众真正树立起法治信仰，并把法治作为一种生活习惯，自觉用法守法护法，并积极主动地参与法治建设，法治城市才能早日建设成功。

参考文献

卓泽渊：《法治国家论》，法律出版社，2008。

丁同民：《法治城市研究》，黑龙江人民出版社，2010。

丁同民、闫德民主编《河南法治发展报告（2015）》，社会科学文献出版社，2015。

阮荣祥：《地方立法的理论与实践》，社会科学文献出版社，2008。

杜明远：《城市法治量化评估研究》，辽宁师范大学硕士学位论文，

2013。

马松建:《法治文化与法治河南建设》,载《公民与法》2014年第1期。

公丕祥:《区域法治发展与文化传统》,载《法律科学》2014年第5期。

江必新、王红霞:《法治社会建设论纲》,载《中国社会科学》2014年第1期。

芮国强:《全面推进法治城市建设的若干思考》,载《常州大学学报》2015年第1期。

彭东昱:《赋予设区的市地方立法权》,载《中国人》2014年第19期。

B.16
河南海绵城市建设研究

李建华*

摘　要： 海绵城市是一种新的城市发展理念，是新型城镇化可持续发展的重要建设模式，受到了全社会的高度关注。国家相继出台了一系列鼓励推广政策，促进海绵城市建设在全国各地蓬勃开展。河南省也积极开展海绵城市建设工作，本文介绍了海绵城市建设的路径，分析了河南省海绵城市建设的现状及问题，提出了河南海绵城市建设的重要任务和对策建议。

关键词： 海绵城市　低影响开发

随着当前我国城镇化的快速发展，城市地面大量硬化，城市不透水面积日益扩大，自然的水循环被人为切断，雨水得不到有效的收集利用，城市内涝问题突出。为从源头缓解这些问题，国家提出了建设"海绵城市"的新理念，海绵城市有关理论和实践研究由此迅速兴起。2013年12月习近平总书记在《中央城镇化工作会议》的讲话中强调要把"建设自然积存、自然渗透、自然净化的海绵城市"列入城镇化建设目标，随后，国家出台《海绵城市建设技术指南》《关于组织申报2015年海绵城市建设试点城市的通知》等一系列鼓励推广

---

* 李建华，河南省社会科学院城市与环境研究所助理研究员。

政策，地方各省也相继开展海绵城市推广建设工作。目前，全国有16座城市成为首批海绵城市建设试点城市，河南省的鹤壁市入选，海绵城市建设在全国各地蓬勃开展。

一 海绵城市的内涵及建设海绵城市的重要意义

海绵城市是用一个形象化的比喻来说明城市的功能，用以形容城市像海绵一样，在雨水的吸收、蓄积和释放、利用等方面具有良好的"弹性"。海绵城市建设就是要尽最大可能减少城市开发对原有城市自然生态环境带来的破坏，保护城市的河流、湖泊、湿地等自然海绵体，依赖城市道路、水系、绿地等生态系统具有的吸纳、蓄渗雨水的功能，实现对雨水资源的合理收集与利用。

海绵城市是一种新的城市发展理念和发展方式，积极推进海绵城市建设是贯彻落实中央城镇化工作会议精神的重要举措，是统筹解决当前城市中出现的地下水位下降、逢大雨必涝、城市养护成本增加等诸多矛盾问题的有效方式，对提高城市防洪排涝减灾能力，促进城市水系统良性循环，保护和改善城市生态环境具有重要的理论和实践意义。一是海绵城市建设有利于保护水资源。海绵城市建设改变了传统的"以排为主"的城市雨洪管理模式，通过增加透水面积、绿化植草面积、渗透管沟、洼地、渗水井等低影响开发雨水综合利用措施，可以吸纳尽可能多的水资源，增加雨水入渗量，有效回补城市地下水。二是海绵城市建设有利于防治水污染。通过生物滞留、湿塘等多种生态化技术对雨水的截流净化作用，可以减少雨洪初期雨水对水体的污染。三是海绵城市建设有利于减轻城市洪涝灾害损失。海绵城市建设通过减少径流系数的方式，使较大降雨量得到就地吸纳，缓解城市径流污染和内涝风险，降低水体污染治理费用和减少内涝对居民财产造成的损失。四是海绵城市建设有利于提高城市居住舒适度。海绵城市建设与园林景观相结合，与城市绿地和景观水体相结合，建造绿色屋顶、增加绿地面积、减少硬化铺装面积，可以缓解城市热岛效应，降低社会防暑成本，提高居民生活舒适度。

二 建设海绵城市的途径

海绵城市建设主要通过保护城市原有的自然生态系统、恢复和修复城市的生态环境、采用城市低影响开发技术等途径来实现建设目标。一是保护城市原有的自然生态系统。在城镇化过程中，要尽最大可能地保护城市原有的江河湖泊、坑塘湿地等生态功能区的自然水文特征，保护这些城市天然海绵体的生态功能。二是恢复和修复城市生态环境。通过制定生态的、可持续的设计方案，对城市已经受到破坏的水体和其他自然环境进行恢复和修复，修复受损生态系统，增加城市生态空间比例。三是采用城市低影响开发技术进行城市建设。城市无论是新城区建设还是老城区改造，都应采用低影响开发理念和技术，科学制定开发强度，合理控制城市不透水面积比例，确保有足够的生态用地，能够最大限度地减轻径流污染、径流总量等对原有自然环境的不利影响。在城市开发建设中，也可以根据规划发展需要适当开挖人工沟渠和河流湖泊，有效增加水体面积，提高雨水的蓄渗净化能力。

海绵城市建设的核心是合理地控制降在城市下垫面上的雨水径流，使雨水可以就地收集和吸收利用，主要通过渗、蓄、滞、净、用、排六个方面的技术路线来实现。

一是"渗"。就是要加强自然的渗透，把渗透放在第一位。目前遍布的水泥地面改变了城市下垫面的自然生态本底和水文特征，阻碍了雨水的渗透。因此，要改变城市路面的铺装材料，改造公园绿地，使雨水能够留下来、渗下去，减少地表径流从水泥地面流到地下管网里。雨水渗下去不仅可以补充涵养地下水，还能通过土壤、绿地净化水质，改善城市水环境。

二是"蓄"。就是把雨水留下来，目前城市容易形成内涝就是因为城市建设人为改变了原来的地质、地形、地貌，遇到暴雨时雨水短时间内急剧汇集到一个地方排泄不及，给城市生产生活带来不利影响。因此要尊重城市自然的地形地貌，通过建设塑料模块蓄水、地下蓄水池、屋顶雨水收集系统等方式，使降雨得到自然散落，并能够蓄起来，达到调蓄和错峰的目的。

三是"滞"。就是延缓短时间内形成的雨水径流量。城市内的降雨，是按分钟计、按小时计的，城市内短时间经历强降雨，对下垫面产生强烈冲击，形成快速径流，积水容易攒起来导致内涝。因此，可以通过建设渗透池、雨水花园、生态滞留池、人工湿地等方式，调节雨水径流的速度和方向，延缓雨水径流达到高峰的时间。

四是"净"。就是通过土壤、植被、绿地系统等的渗透，对雨水水质产生净化作用。空气中有许多污染物，在降雨时，一些污染物就从空气转移到地表雨水里，然后汇集排到江河等自然水体里，造成水体污染。因此，要建设市政公共雨水收集净化系统、工业区雨水收集净化系统、居住区雨水收集净化系统，通过人工湿地净化、土壤渗滤净化、生物处理等方式，使雨水净化处理后进入城市水循环系统。

五是"用"。就是加强雨水资源的利用，不论是丰水地区还是缺水地区，都要珍惜天上降下来的雨水资源。通过蓄水把雨水留在原地，在经过土壤渗滤净化、人工湿地净化、生物处理多层净化之后，把净水再用到原地。收集净化后的雨水可以用在建筑施工、绿化灌溉、洗车等多个方面。

六是"排"。就是采取人工措施，把雨水排掉。当城市降雨太多,"渗""蓄""滞"三种方式都不能解决雨水排泄的时候,就需要采用地面排水与地下雨水管网相结合的方式,及时、有效排放地面径流,避免城市内涝灾害。

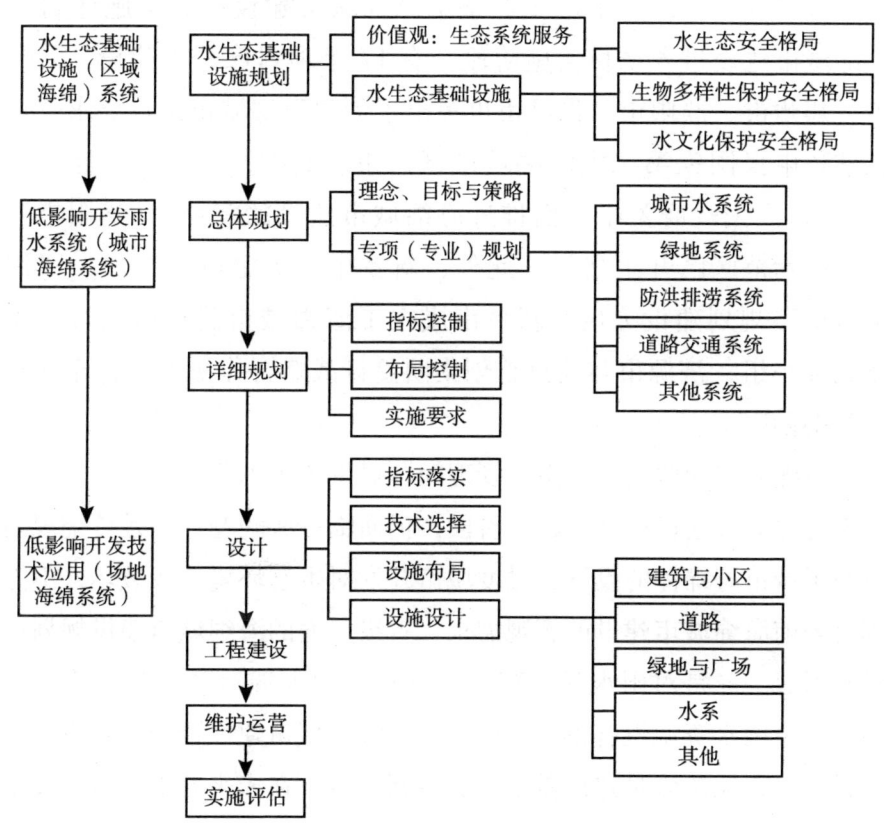

图1 海绵城市建设技术路线

三 河南海绵城市建设现状

海绵城市建设目前在全国范围内已经展开。自国家2015年出台海绵城市建设指导意见后,安徽、江苏等省份也先后出台了全省的海绵城市建设指导意见，全国各地有130多个城市制定了海绵城市建设方案。河南省也响应国家要求，积极开展海绵城市建设相关工作。在首批国家海绵城市试点申报中，鹤壁市入选。鹤壁市试点工作进展顺利，已经制定《鹤壁市海绵城市建设试点实施计划》，海绵城市建设进入项目实施阶段，有17个项目已开工建设。洛阳市、郑州市、濮阳市、许昌市也提出了创建海绵城市试点要求，正在准备申报国家第二批海绵城市试点市。其中，许昌市已经出台《许昌市人民政府关于全面推进海绵城市建设的意见》，洛阳市海绵城市示范区已开工建设。此外，新乡市、济源市也在加大"海绵城市"规划建设力度，新乡市成立了海绵城市建设试点城市工作领导小组，济源市与北京首创集团签订战略合作协议，合作共建"海绵城市"。

海绵城市为解决城市雨洪管理问题提供了新思路和新途径，但是河南海绵城市建设还处于起步阶段，仍面临一些问题：一是传统规划忽视了城市海绵体的设计，过度城市开发对生态环境造成破坏，不能满足当前海绵城市建设的客观需求，省级层面的海绵城市建设规划还没有形成。二是对雨水只重疏排不重利用的末端治理行为还普遍存在，大量雨水资源没有得到利用。三是海绵城市建设资金由政府单一渠道筹措，无法满足建设需求，这些问题亟须在未来海绵城市建设中着力加以解决。

四 河南海绵城市建设的重点

海绵城市建设的重点主要是在建筑小区、道路交通、公园绿地等建设中全面推广和应用低影响开发技术，培育城市具有蓄水、吸水、释水功能的海绵体，提高城市排涝减灾能力，合理利用雨水资源，缓解城市水资源短缺矛盾，改善城市自然生态环境。

（一）城市水系统建设

城市水系是城市水循环中非常关键的环节，是超标雨水径流排放系统的重要组成部分，在城市防洪排涝和改善城市生态环境方面发挥着重要作用。加强城市水系统建设，要充分考虑城市的功能定位和水体现状等因素，将城市供水、排水、污水处理和再生水、雨水利用等统筹规划建设。一是加强水源地保护。加强城市水源地保护、应急备用水源地和供水调蓄设施建设，保护原有的江河湖泊、坑塘水渠和湿地等城市自然海绵体，维持城市原来的自然水文特征，增强自然涵养水源能力。加强南水北调配套水厂的建设、管理和维护，加快老旧供水管网改造，提高供水保障能力。二是兴建水源涵养工程。充分利用城市自然水体规划建设湿塘、雨水湿地等具有雨水调蓄与净化功能的低影响开发设施，利用城市水系建设生态驳岸，选择适宜的水生及湿生植物，利用滨水城市公共绿地规划建设沉淀池、植被缓冲带、湿塘、雨水湿地等设施以削减、调蓄、净化径流雨水，根据需要适当开挖人工河湖沟渠，增加水域面积，促进雨水的蓄积、渗透和净化，提高雨水调蓄能力。三是建立和完善城市排水防涝和城市防洪体系。规划建设雨水调蓄湖、湿地公园、雨洪行泄设施等，实施河湖水系清淤与治理工程，构建完善的城市防洪体系。科学布局排水管网，加快推进排水管网雨污分流、管道和泵站等排水设施的改造与建设，建设雨水滞渗调蓄设施。严格控制城市开发建设中不透水面积比例，构建完善的排水防涝体系。

（二）园林绿地系统建设

城市园林绿地系统能够有效地控制雨水径流量，大力建设集雨型园林绿地系统，尽量收集和利用雨水，扩容城市"地下水库"，实现对雨水的回收再利用。一是全面实施城镇河道生态建设和综合整治，建设湿地公园、滨河公园、游园和生态景观廊道，积极推进城市绿道建设。二是在城市公园绿地景观水体中设计雨水湿地、湿塘等调蓄设施，消纳自身及周边区域径流雨水。三是新建绿地要采用下沉式设计，现有绿地要实行下沉式、集雨式绿地改造。四是减少公园、游园、广场的硬质铺装，广泛利用透水铺装、生物滞留设施、植草沟等低影响开发设施。五是城市绿地积极推广使用微喷、滴灌、渗灌、再生水利用和雨水收集利用等节水技术，节约利用雨水资源。六是选用耐水湿、吸附净化能力强的乡土植物，使城市园林绿地能够更好地发挥吸水、渗水、净水、补水等生态功能。

（三）城市道路广场系统建设

建设海绵型道路和广场，转变过去道路、广场建设理念，变快速汇水、排水的设计为分散就地吸水，提高城市道路、广场对雨水的消纳能力。一是强化道路广场的雨水蓄水工程设计。城市道路和广场建设要改变过去雨水快排、直排的简单做法，工程建设从规划、设计、施工、监理到竣工验收要全面落实低影响开发理念及控制目标，强化雨水的蓄积设计，在道路横断面设计上，要有便于径流雨水汇入的工程设计。二是强化道路广场的雨水预处理工程设计。道路广场要有下沉式绿地、生物滞留带、雨水湿地等低影响开发设计，使径流雨水通过有组织的汇流与转输后，能进入这些预处理设施进行沉淀、净化，降低径流污染负荷。三是推广应用透水铺装。在非机动车道、人行道、停车场、广场等扩大使用透水铺装设计，在满足路基、路面强度和稳定性等要求的基础上，增强对雨水的渗透和收集，减轻对市政排水系统的压力。四是路面采用生态式排水设计。路面排水要充分考虑雨水利用、排水防涝等要求，科学布局雨水调蓄设施，改造和消除城市道路易涝点。

（四）建筑小区系统建设

建筑小区包括居住区、工厂区、公共设施用地等，在城市总面积中占有很大比例，在海绵城市建设中起重要作用。推广海绵型建筑与小区，提高雨水蓄积和利用能力。一是落实海绵城市建设要求，新建或改扩建小区要融入海绵设计。将海绵城市建设要求纳入城市建筑小区的规划建设管控环节，新建建筑小区要配套建设下沉式绿地、可渗透路面、绿色屋顶及透水性停车场等，并设置雨水收集调蓄设施，既有建筑小区也要因地制宜进行海绵化改造。二是加强建筑小区道路设计。小区道路要采取透水铺装和生态排水方式，将地面径流有组织地进行汇集与输送，采取预处理措施后引入原有或新建绿地渗透、调蓄设施，将蓄积雨水用于小区内绿化浇灌等。三是加强小区景观水体与绿化设计。在景观水体与绿化设计中强化渗井、雨水湿地等工程设计，优先利用植草沟、雨水花园、下沉式绿地等方式排水，通过溢流排放系统与雨水管网系统有效衔接。

五 河南海绵城市建设对策与建议

（一）推动思想观念和建设理念转变

理论是实践的先导，而思想观念是行动的先导，只有思想观念转变了，才能推动建设理念和建设方式转变。海绵城市建设是国家重要的决策部署，是城市发展方式和城市建设理念的重大转变。海绵城市建设需要社会各个层面都能转变观念，在建设理念上形成共识。一是各级党委、政府和相关工作部门是海绵城市建设的直接责任主体，需要更深刻地认识到海绵城市对建设生态文明、促进城市转型的重要性和紧迫性，尽快制定政策措施，推动海绵城市建设全面展开。二是住建、交通、水务、国土、园林绿化等相关部门是海绵城市建设的直接规划、设计、建设和管理部门，工作中也要全面融入海绵城市建设理念，认真执行国家关于海绵城市建设的技术规范和标准，协同推进海绵城市建设。三是在不同层面展开大规模的宣传培训，联合省内主要媒体以及规划设计单位，开展多方位的宣传培训，包括海绵城市建设模式、规划设计、技术标准、施工规范等专业技术培训和投融资模式培训等，推动全社会形成海绵城市建设的合力。

（二）加强规划引导管控

规划是一切城市建设的龙头，规划质量的优劣直接决定了城市建设水平的高低，海绵城市建设也要坚持规划先行。一是要统筹制定规划。强化规划意识，从城市发展系统全局出发，做好顶层设计和总体规划。要抓住目前国家正在推行"多规合一"的有利契机，统筹协调海绵城市规划建设所涉及的各方面、各层次和各要素，城市总体规划、控制性详细规划、交通、旅游、园林、排水防涝等专项规划都要全面落实海绵城市低影响开发的技术要求，强化海绵城市建设的整体性和系统性。二是因地制宜确定海绵城市的规划建设目标。要结合不同地区的自然水文特征及基础发展条件，按照国家出台的《海绵城市建设技术指南》中规定的技术标准，因地制宜确定海绵城市规划建设的各项指标、技术路线和实施策略，确保海绵城市建设各项规划控制目标能够有机衔接。三是要严格规划实施。海绵城市建设坚持先规划、后建设，规划一旦通过法定程序，就必须严格实施各专项规划，做到"规划一张图、建设一盘棋、管理一张网"，确保规划的强制性和权威性。

（三）加快推进海绵城市试点建设

组织开展海绵城市试点示范工作，抓好试点城市和示范项目建设，充分发挥示范引领作用，带动全省海绵城市建设。一是海绵城市试点建设要吸收借鉴国内外先进经验。要吸收借鉴德国、美国、日本，深圳、福建等国家和地区海绵城市建设的先进理念、低影响开发模式和技术，采用部分已经验证过的技术路线推进试点建设。二是加快推进鹤壁市国家海绵城市试点建设工作。通过鹤壁市的试点建设工作，明确河南省内海绵城市建设的基本方案，包括融资模式、技术路线和运营维护模式，从而积累一些行之有效的工程建设经验。三是扩大海绵城市试点范围。除了国家确定的试点城市外，再确立一批省级海绵城市建设试点。用三到五年的时间，在省内不同的地理地貌和城市发展区域建立试点，根据不同条件制定合理可行的建设模式。四是推广利用河南省海绵城市试点经验。当海绵城市建设技术和模式都成熟以后，要加快在全省范围内大规模推广利用，建立因地制宜的技术体系，打造海绵城市建设的制度规范。

（四）强化海绵城市项目支撑

海绵城市建设要靠项目实施来实现。建设海绵城市是城市建设发展的新理念，要大力推行低影响开发模式，实施城市道路、绿地、广场、建筑等生态提升项目建设，推动海绵城市规划实施和落实。一是实施道路海绵提升工程。对市政道路实施渗透性地面改造和下凹式绿带改造，在人行道、广场和停车场等铺装透水性地砖，在道路两侧和低洼地方，结合绿地、水景，修建雨水收集设施，减少雨水径流量，增大下渗水量，增加雨水调蓄容量。二是实施建筑小区海绵提升工程。实施地面竖向调整，渗透性地面改造、绿色屋顶改造和下凹式绿带改造，结合小区绿地和景观水体，设计生物滞留设施、渗井、湿塘和雨水湿地等。三是实施绿地广场海绵提升工程。城市绿地与广场更换透水铺装，降低广场附近绿地地面高程，改造现有公园绿地，建设生物滞留设施、植草沟等小型、分散式低影响开发设施，消纳自身径流雨水。四是实施城市水系海绵提升工程。改变硬质化河道护岸，对河道水系进行全方位绿化。实施河道清淤和河流治理工程，使超标雨水径流能更容易汇入河道，降低城市内涝风险。对河流污染实施生态修复工程，建成"河中水清、两岸皆绿"的内河新景观。

（五）完善配套政策支持

政府要将海绵城市建设作为重点支持的民生工程，完善相关配套政策，保障海绵城市建设。一是完善融资支持政策。加大金融支持力度，鼓励相关金融机构对海绵城市建设提供中长期信贷支持，支持符合条件的企业通过发行企业债券、公司债券等方式来募集资金，用于海绵城市建设项目。积极推进PPP模式，广泛引进社会资本参与海绵城市项目建设。二是制定技术标准体系。根据国家《海绵城市建设指南》要求，完善河南省海绵城市建设的技术导则、指标体系等相关技术标准，修订完善城市水系、公园绿地、市政设施管理等地方性法规，保障海绵城市建设标准能够有效执行。三是完善政策激励机制。鼓励有实力的科研设计单位、施工企业、制造企业，创新规划设计理念，研发出更多新产品、新材料、新工艺，为海绵城市建设提供更多"海绵体"。

参考文献

徐振强：《中国特色海绵城市的政策沿革与地方实践》，《上海城市管理》2015年第1期。

王文亮等：《海绵城市建设要点简析》，《建设科技》2015年第1期。

仇保兴：《海绵城市（LID）的内涵、途径与展望》，《城乡建设》2015年第2期。

鞠茂森：《关于海绵城市建设理念、技术和政策问题的思考》，《水利发展研究》2015 年第 3 期。

张波：《海绵城市——改善生态环境》，《城乡建设》2015 年第 5 期。

陈政高：《推进海绵城市建设　开创城市美好未来》，《住宅产业》2015 年第 6 期。

俞孔坚等：《"海绵城市"理论与实践》，《城市规划》2015 年第 6 期。

车生泉等：《海绵城市理论与技术发展沿革及构建途径》，《中国园林》2015 年第 6 期。

胡灿伟：《"海绵城市"重构城市水生态》，《生态经济》2015 年第 7 期。

鹿健：《海绵城市建设的内涵意义与途径》，《山西建筑》2015 年第 26 期。

B.17
河南卫生城市建设研究

王春璟　夏令荣*

摘　要： 环境卫生是城市文明形象的最直接表现，搞好城市环境卫生工作对于维护城市市容、创造良好的工作生活环境，促进城市建设的发展具有十分重要的意义。本文讲述了卫生城市建设的总体要求和重点内容，分析了河南省卫生城市建设的现状及问题，提出了今后建设卫生城市的相关对策建议。

关键词： 卫生城市　创建国家卫生城市

一　卫生城市建设的总体要求和意义

卫生城市是物质文明、精神文明和生态文明协调发展的具体体现，是衡量城市经济社会发展水平以及城乡现代文明水平的重要标志。国家卫生城市是由全国爱国卫生运动委员会办公室（中华人民共和国国家卫生和计划生育委员会疾病预防控制局）评选命名的国家级卫生优秀城市，是全国重要的城市品牌之一。2015年河南省出台《河南省人民政府关于进一步加强新时期爱国卫生工作的实施意

---

* 王春璟，安阳市国土资源局土地储备中心经济师；夏令荣，安阳市国土资源局土地储备中心经济师。

见》，对河南卫生城市建设提出总体要求、工作目标和工作任务，要求在全省范围内深入开展爱国卫生运动，提高城乡人居环境质量，普及健康的生活方式，提升人民群众健康水平和文明卫生素质。到"十三五"末的时候，国家卫生城市数量提高到全省城市总数的50%，国家卫生乡镇（县城）的数量提高到全省乡镇（县城）总数的7%，省级卫生城市实现全覆盖，省级及以上卫生县城数量达到全省县城总数的75%，省级及以上卫生乡镇数量达到全省乡镇总数的15%；省直管县（市）到2017年底全部创建成国家卫生城市、县城。

创建国家卫生城市，对于优化市民生活环境，提升城市品位，促进经济社会蓬勃发展，具有十分重要的意义和作用。一是有利于提高市民的健康水平。创建卫生城市，进行文明宣传，规范行为，能够转变人们落后的思想观念，摒除不良行为习惯，促进市民养成崇尚文明、讲究卫生的良好习惯。创建卫生城市，有利于优化市民生活环境，预防和消除疾病，提高市民的健康水平。二是有利于优化投资环境。信息化的社会日新月异，城市间的竞争非常激烈。好的投资环境尤为重要，城市的硬件设施、软件环境是投资者决策的重要因素。通过创建卫生城市活动，提高城市管理水平，提高政府的工作效率，增强服务功能，彰显城市独特的人文文化，营造良好的工作氛围，有利于吸引资金、人才、技术和产业进入，促使本地经济又好又快地发展。三是有利于促进城市综合素质的提高。创建卫生城市有利于城市空气质量提高，改善市容市貌，给市民创造一个宜居的和谐家园，有利于广大市民安居乐业，保持健康向上的精神风貌，不断提升城市社会的亲和力和城市的文明程度。

二 河南创建卫生城市的现状和存在的问题

河南省高度重视卫生城市建设工作，并取得长足发展。近年来，有一批城市获得了国家卫生城市称号。2015年，又有开封市、平顶山市、信阳市、永城市被命名为国家卫生城市。截至目前，全省共有国家卫生城市16个（包括省辖市和县级市），占全省城市总数的比例为42%；共有国家卫生县城17个，占全省县城总数的比例为19%；共有国家卫生乡镇27个，占全省乡镇总数的比例为1%；共有省级卫生城市24个，占全省城市总数的比例为63%；共有省级卫生县城42个，占全省县城总数的比例为48%；共有省级卫生乡镇268个，占全省乡镇总数的比例为14%。河南拥有的国家卫生城镇总数在全国排名第五，在中西部20个省、自治区、市中位居第一。但也可以看出，河南国家卫生县城和乡镇数量偏少，创建国家卫生城市的任务还很艰巨。

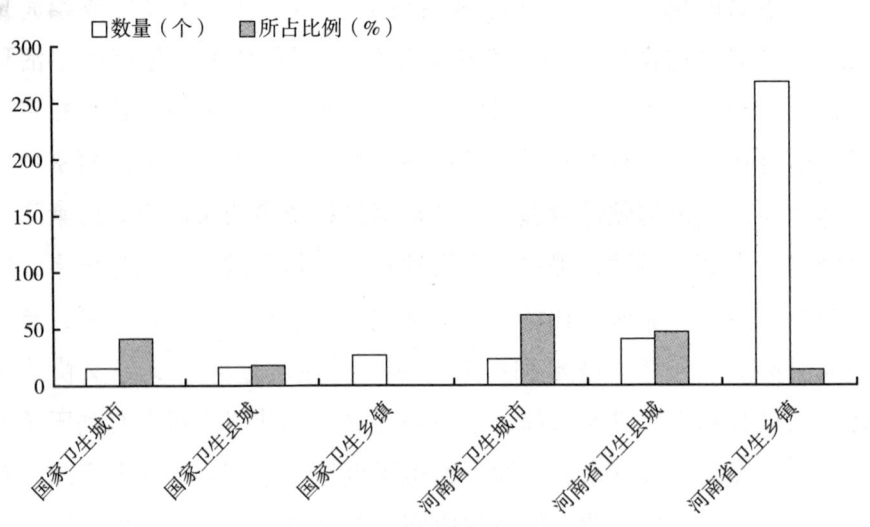

图1　河南卫生城市创建情况

资料来源：河南统计网。

河南卫生城市建设工作取得很大成效，但是目前也存在一些问题，主要表现在以下几个方面。

一是有些城市规划滞后，布局不合理。老城区街道破旧，私搭乱建，占道经营现象多，改造规范难度大；新城区追求经济效益，高楼林立，街道宽敞，但垃圾中转站、垃圾桶、公厕等环卫基础设施不完善，出现排污、排水等基础设施不足，直接导致了城市环境的进一步恶化。

二是城乡接合部改造难度大。城乡接合部由于面积大，管理难度大，无论环境卫生、绿化美化、治安环境、饮食卫生等情况都不容乐观，由于综合配套设施欠账多，基础设施配套不到位，垃圾处理点、公厕等环卫设施缺乏。

三是公民良好的环境卫生习惯还有待培养。公民的良好卫生环境素质是创建卫生城市成败的重要因素，由于文化差异、传统生活方式、不健康生活习惯及一些不文明的行为造成市民之间素质差别较大，环境卫生意识、公德意识差。

四是政府的监管行为缺乏可持续性，管理出现空白点。一些城市为创建卫生城市而创建卫生城市，本身这项工作需要长时间坚持不懈的努力，结果出现工作目的的偏颇，仅仅是为了验收通过，验收前全民皆兵，高度戒备，验收通过后，恢复原样，并不是按照国家卫生城市的标准建设去完善城市建设。

五是政府的管理水平和执政水平有待提高。有些城市基层单位将卫生城市创建工作简单理解成处理占道经营，打扫街道卫生，治理街头小广告等，运用运动式、摊派式的工作方法，只是简单地安排人员到岗，干与不干一个样，出现迎检和平时不一样，白天和夜间不一样的现象。造成群众不理解甚至反感，继而上升到对卫生城市建设工作不支持，而且也没有达到卫生城市建设的初衷。

三 卫生城市建设的重点

卫生城市建设主要包括健康教育和健康促进、市容环境卫生、环境保护、重点场所卫生、食品和生活饮用水安全、公共卫生与医疗服务、病媒生物预防控制等内容。

卫生城市建设重点区域一是旧城区，困难社区、关停倒闭企业厂房、居民楼院、农贸市场、背街小巷、城中村、城乡接合部等区域，这些薄弱地段经常成为卫生创建的死角和盲区。二是街边小店，包括小饭店、小熟食店、小食品加工店、小食品经营店、小旅馆、小浴池、小网吧、小美容美发店等，这些场所卫生状况复杂，监管较困难。三是河渠、铁路沿线，这些地方是建筑垃圾和生活垃圾乱排乱倒的重要场所，卫生保洁标准较低。

卫生城市建设重点内容主要有五个方面，一是流动摊贩的卫生管理。对蔬菜、水果、杂货等小摊点采取疏堵结合，分类规范管理。划定专门区域，限定经营时段，加大清扫保洁力度，做到人走地净。引导直接加工入口食品的流动商贩进店持证经营，严管违章经营，杜绝马路市场。二是城市早、夜市的卫生管理。早、夜市要在规定时间、规定区域内开放，早、夜市摊点及果品直销点以进社区为主，免租进入，集中经营，保持环境卫生清洁。三是公共场所小门店的卫生管理。对小饭店、小旅馆等"五小行业"要加强监督，强化培训，规范管理，严格惩处，确保各项指标符合法律法规要求。四是农贸市场的卫生管理。农贸市场要科学规划，推进标准化农副产品市场建设及老旧市场升级改造，配备必要的环卫设施，达到"布局合理、群众方便、档次提高、利于管理"的目的，确保与城市发展相适应，满足群众生活需求。五是老城区（困难社区、居民楼院）、城中村、城乡接合部及河渠、铁路沿线的卫生建设。对这些区域要加强督导检查，拆除旱厕，进行绿化、亮化，清理卫生死角，达到无暴露垃圾，无污水，环境卫生整洁，废品回收站管理有序。

四　河南卫生城市建设的对策建议

（一）加强环卫基础设施规划

环卫基础设施规划是城市基础设施专项规划中重要的一部分，随着城市快速发展，城市路网、轨道交通不断向周边延伸，大量城中村改造，这些新的城市规划和建设对环卫基础设施建设提出了新的要求。一是将环卫设施规划纳入城市总体规划。抓住当前正在推行的"多规合一"的有利时机，将环卫设施规划纳入城市总体规划中，统筹进行规划建设。根据环卫部门自身行业的发展，特别是在旧城区改造和新城区开发建设中，要同步配套建设环卫基础设施。城乡规划、房管、市政等相关部门要加强与环卫主管部门的沟通协调，各相关部门齐抓共管，密切配合，确保环卫基础设施规划和城市总体规划同步完善和实施。二是高标准编制环卫专业规划。要充分考虑城市中长期发展和环卫产业的长远发展，坚持高起点、高标准规划新建城区的环卫设施，组织专家评审，进行可行性论证，确保环卫设施与其他设施配套建设，同时设计、同时施工、同时投入使用，逐步形成较为完善的环卫基础设施体系。另外，要根据城市扩容实际需要，适当调整城市环卫基础设施的规划布局，分期分批补建一部分必要的环卫设施，以完善环卫基础建设。三是严格按规划执法保证规划实施，维护规划的权威性。

（二）完善城市环卫设施配套

环卫基础设施是城市基础设施的重要组成部分，是保持城市环境卫生整洁最重要的基础。随着城市规模的不断扩大，城市各项功能不断强化，市民对生活质量和环境质量要求不断提高，需要更完善的环卫基础设施来满足市民需求。完善城市环卫设施配套，一是完善垃圾处理基础设施。合理布局垃圾中转站、垃圾填埋场等设施，配备扫路机、垃圾车、吸粪车、洒水车、洗路车等环卫清扫、收集、运输专用设备，强化对城市垃圾的收集、清运和处理，实现生活垃圾随产、随清、随运，垃圾处理不滞留、不过夜、不扰民，不污染。二是加强公厕建设。完善车站、码头、风景名胜古迹浏览区、公园、市场等公共场所附近公厕的配建，要根据实地状况设计公厕外形，使公厕外形设计既实用美观，又突出生态、环保、清洁的特性，并免费向社会开放。三是强化环卫人才队伍建设。提高环卫作业机械化水平，减少环卫工人作业劳动强度。改善一线保洁员的工作、居住条件，提高环卫工人福利工资待遇，提升环卫保洁员的荣誉感，吸引年轻人进入环卫队伍，逐步提高环卫队伍整体素质。

（三）深入推进病媒生物和传染病防治

病媒防制是卫生城市建设的重要内容，消除蚊子、苍蝇、老鼠、蟑螂等病媒生物的危害，防止疾病传播，保护人民群众的身体健康。一是消除病媒滋生场所。按照《国家卫生城市标准》中病媒生物预防控制标准，结合病媒生物季节性生长规律，组织各区、各部门、各单位扎实开展大规模病媒生物预防控制活动，搞好环境卫生综合整治，清除各类垃圾和卫生死角，消除"四害"滋生场所。二是不断提高病媒防制技能。充分利用各类有效宣传载体和工具，普及科学防治"四害"和预防病媒传染疾病知识，加强业务技术培训，不断提高"四害"防治技能。三是加强传染病防治。完善传染病现场调查处置人员的卫生防护，加强传染病患者在转运救治过程中的感染控制，做好传染病医疗废弃物的处置。

（四）营造全民共建的舆论氛围

群众积极参与是卫生城市建设的基础，要利用多种形式的宣传，营造浓厚的创建氛围，广泛发动群众共同参与卫生城市建设活动。一是利用电视、广播、报纸、杂志、网站、微信等多媒体平台，大力宣传卫生城市创建工作内容要求，提高群众知晓率。二是大力开展卫生城市创建活动，组织开展"创建卫生城市从家庭做起""文明卫生知识进万家实践活动"、广场文艺演出等专项宣传教育活动，让文明卫生行为、文明观念深入人心。三是树立一批卫生城市建设的先进典型，曝光一批不讲文明、不讲卫生的单位和个人。四是引导群众培养良好卫生行为。随着城镇化进程的进一步加快，有更多的农业转移人口进入城市，这就需要我们以更合适的方式尽快引导这些转移人口培养良好的卫生习惯。要加强引导教育，重点革除部分市民不讲究公共卫生、不遵守交通规则、不爱护市容市貌、不维护公共秩序的陋习，着力改变乱吐痰、乱堆放、乱张贴、乱扔垃圾、乱摆摊设点、乱穿马路、车辆乱停乱放等不文明行为，让卫生城市建设的要求落实到每个市民的行动中。

（五）健全长效管理体制机制

建立健全长效管理机制，将好的经验和好的做法固化到规章制度中去，为环境卫生质量持续提升夯实基础。一是建立标准化环境卫生管理体系。随着经济发展和科技进步，市容环卫行业出现了很多新的管理、作业服务项目，对环境卫生标准也有了更高的要求。因此，要改革完善城市环境卫生标准体系，规范环卫标准化作业流程，确保环卫长效机制有序运行。环卫管理体制方面，要明确各部门、各单位的环卫职责，做到各项工作都有章可循、照章办事，防止推诿扯皮、相互掣肘。环卫保洁方面，对城区道路保洁、公厕保洁、垃圾清运等方面，都有一整套详细的作业流程，实现环卫作业全程控制。二是建立健全环卫管理监督考评机制。制定环卫工作考核管理办法，实行每日监督、每月考核的工作机制，考核和督察的结果与经济目标挂钩，充分调动各个层面的工作积极性。

参考文献

周明浩等：《卫生城市和健康城市》，《环境与健康杂志》2000年第6期。

谢立梅等：《国家卫生城市创建与可持续发展的思考及建议》，《中国卫生事业管理》2011年第1期。

魏恩强：《创建国家卫生城市的对策思考》，《中国城市经济》2011年第21期。

阮师漫等：《我国卫生城市创建对城市居民健康的影响》，《环境与健康杂志》2015年第2期。

姜在福：《城市环境卫生管理存在的问题与解决方法》，《城乡建设》2015年第4期。

赵子昊：《生态治理观视域下我国城市环境卫生整治的若干建议》，《农业开发与装备》2015年第12期。

《全国爱卫会关于印发国家卫生城市标准（2014版）的通知》（全爱卫〔2014〕3号）。

《河南省创建国家卫生城市工作考评细则（2014版）的通知》（豫爱卫〔2014〕17号）。

《国家卫生城市评审与管理办法》（全爱卫〔2015〕4号）。

《河南省人民政府关于进一步加强新时期爱国卫生工作的实施意见》（豫政〔2015〕36号）。

城市安全篇
City Safety Reports

B.18
河南城市防灾减灾体系建设研究

彭俊杰*

摘　要： 城市防灾减灾体系建设对提高城镇化发展质量，保障人民群众生命健康安全，实现经济社会的可持续发展意义重大。河南省在城市防灾减灾体系建设方面已有一些成功的实践与探索，但在把握城市发展规律、城市应急管理、防灾减灾信息共享、城市基础设施建设等方面仍然存在许多问题。为此本文提出河南应从拓展城市防灾减灾公共服务、提升城市防灾减灾基础能力、创新城市防灾减灾服务保障等三个方面构建城市防灾减灾体系，实现城市的可持续发展。

---

* 彭俊杰，河南省社会科学院城市与环境研究所助理研究员。

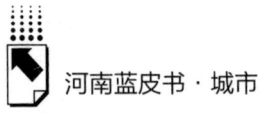

关键词: 河南省 城市防灾减灾 建设

城市是我国经济、政治、文化、社会等方面活动的中心,是现代化建设和未来经济发展的重要引擎,同时也是突发事件和自然灾害的巨大承载体。2015年中央城市工作会议提出,到2020年要建设和谐宜居、富有活力、各具特色的现代化城市,提高新型城镇化水平,走出一条中国特色城市发展道路。城市环境是城市居民赖以生存和发展的基础,随着新型城镇化的快速推进和人民生活水平的不断提高,人们对城市环境和生态质量的要求也越来越高。全球气候变暖以及干旱、洪涝等极端气候事件的不断增多,对城市环境和人们正常生活的影响也越来越突出。在科学推进新型城镇化进程中,如何提高城市防灾减灾能力,如何减少城市环境污染,如何建设生态宜居城市,都是事关全局的重大问题。尤其近年来先后出现了汶川地震、天津港爆炸、深圳山体滑坡等天灾人祸,对城市经济社会发展产生巨大破坏,进一步凸显构建城市防灾减灾体系的重要意义。因此,科学把握城市灾害类型,系统分析城市灾害形成的内在机理,进一步加强城市灾害的监测、防御及救助工作,建立健全高效、有序的城市防灾减灾管理机制,对于推动城市可持续发展,提高城市安全应急保障能力具有十分重要的理论意义和参考价值。

一 城市灾害的基本类型

一般来说,我国城市灾害按照影响因素可以分为自然灾害、人为灾害和突发灾害三大类。其中,自然灾害主要是指由于自然因素发生变化,例如,沙尘暴、干旱、洪涝、泥石流、地震和海啸等,对社会造成人员伤亡和财产损失等,它是不以人的意志为转移的灾害。人为灾害主要指由于技术及人为原因对城市发展造成重要影响的灾害，人为灾害在城市发展过程中影响比较广泛，涉及民航、铁路、公路、水运等重大交通基础设施、建筑工程、公共场所以及城市生态环境等。突发灾害主要包括突发公共卫生事件和突发公共安全事件，比如，核辐射、SARS、H7N9、三聚氰胺事件以及公共场所恐怖和暴力袭击、暴乱等。

二 河南城市防灾减灾体系建设的现状

"十二五"以来，河南省委、省政府围绕新型城镇化建设，以推进人的城镇化为核心，高度重视保护全省人民的生命健康和财产安全，积极把城市防灾减灾作为城市建设的重要内容纳入发展战略规划，并作为保障河南省经济社会健康发展的重要内容。城市防灾减灾的法制建设进一步加强，防灾减灾的技术标准体系逐步完善，城市灾害应急管理工作有效推进，防灾减灾的社会参与能力不断提高，应对特大自然灾害的能力取得显著成效。

（一）法制建设进一步加强

近年来，我国不断完善防灾减灾法律法规体系建设，研究出台或组织修订了《防震减灾法》、《城乡规划法》和《中华人民共和国突发事件应对法》，从法律上规定城乡规划防灾减灾的遵循原则，同时也提出了防灾减灾场所建设、重要举措，以及应急管理等方面的要求。在国家法律法规的指导下，河南省也相继出台了《河南省地震应急预案》《河南省"十二五"防震减灾规划》《河南省防灾减灾条例》等省级层面的防灾减灾法律法规，并提出了防灾减灾工作的指导思想、发展目标、总体战略，对防灾减灾的社会管理、基础支撑、灾后重建等方面作了系统的阐述。各个地市也相继出台了《市政公用设施抗震设防专项论证技术要点》、《房屋建筑工程抗震设防管理规定》、《市政公用设施抗灾设防管理规定》、《关于加强建设系统防灾减灾工作的意见》《地震重点监视防御区建设系统抗震防灾工作要点》和《关于加强城市绿地系统建设提高城市防灾避险能力的意见》等一系列部门规章制度和文件，对城市防灾减灾工作的有效开展和积极应对自然灾害起到了有效的指导作用。

（二）技术标准体系逐步完善

先后贯彻落实了《城市抗震防灾规划标准》《村庄整治技术规范》《镇（乡）村建筑抗震技术规程》等标准规范，积极组织编制了《农村民居抗震设计图集》，进一步修订完善了《建筑抗震设计规范》《建筑工程抗震设防分类标准》《建筑抗震鉴定标准》《建筑抗震加固技术规程》《河南省实施〈地震安全性评价管理条例〉办法》等防灾减灾技术标准体系。例如河南省气象局积极开展气象灾害防御标准化乡镇建设，按照"有领导机构、有信息员队伍、有乡镇服务站、有监测预警网络、有风险地图、有应急预案、有科普计划、有效益评估"的标准开展标准化气象灾害防御示范乡镇创建工作，力争到2020年前完成全省所有乡镇气象灾害防御标准化建设任务。

（三）应急管理工作有效推进

应急管理组织指挥体系初步建立。各地陆续成立突发公共事件应急委员会和应急管理办公室，主要负责处理地方突发公共事件。应急管理的基础性工作得到进一步加强。一方面着手开展相关应急管理预案的编制工作。结合《河南省突发公共事件总体应急预案》，地方政府、中小学校和国有大中型企业积极编制相应的应急专项预案，初步形成了包括总体、专项、部门、地方和重大活动的多层级应急预案体系。积极开展包括化学品爆燃、交通事故、危化品泄漏、水上突发事件搜救、反生化恐怖袭击、抗洪抢险救援等应急演练。另一方面积极加强应急队伍和专家库建设。省卫生、建设、环保、交通、水利、地震、气象等部门组建了行业应急救援队伍,建立医疗救治、气象应急、防汛、食品安全、环境污染等专家库,初步形成以公安、武警、消防、卫生防疫、安全生产、人民防空等专业队伍为主体,专家队伍为参谋,基层和志愿者队伍为辅助的应急梯队力量。例如,郑州市地震局结合实际,组织相关力量开展地震应急管理与建设,已经实现与全省地震综合应急指挥系统同步联网。并结合广场、公园、绿地、体育场、人防疏散基地和学校等公共设施,大力推进全市应急避难场所的建设。南阳市从实际出发,相关部门逐步充实通信、技术装备,购置快速检测车、移动图像通信系统等设施,及时更新地震灾害数据库,储备必要的抗震救灾应急救援装备和物资,依法规划设置地震应急疏散通道和应急避难场所,不断提高应急技术和装备水平。

(四)社会参与能力不断提高

全民防灾减灾意识进一步提升,全社会参与城市防灾减灾事业的能力不断提高。截至目前,河南省累计申请创建4个国家级防震减灾科普教育基地、2个省级防震减灾科普教育基地,64所省级防震减灾科普示范学校、200余所市级防震减灾科普示范学校,并依托党校或培训机构对广大党员干部开展防灾减灾科普知识宣传、教育和培训。例如,郑州市积极开展防震减灾防灾减灾知识大讲堂,防震减灾知识进学校、社区、农村、企业、机关、家庭等活动,大幅度提高人民群众的风险防范意识和灾害自救能力,继续以"5·12"防震减灾日宣传教育活动为重点,开展"防震减灾宣传月"活动,总结防震减灾科普教育示范学校、示范企业、示范社区创建工作经验，把示范工作引向深入。

（五）应对特大自然灾害取得显著成效

一方面抗灾救灾工作部署和技术指导及时。特别是2008年的雨雪冰冻灾害发生后，各地汲取教训积极做好自然灾害的防范与管理工作，先后建立健全了自然灾害灾情报告制度。特别是汶川、玉树地震发生之后，河南省做出快速反应机制，先后参与组建1个河南省地震灾害紧急救援服务队，1个郑州市地震灾害紧急救援服务队，1个豫北地震快速应急联队，并且在汶川地震的大救援中取得突出成绩。另一方面城市基础设施和灾后群众安置保障工作进一步完善。先后深入开展了郑州市的活断层探测和地震危险性评价工作，以及安阳、新乡的城市灾害危险性评价与评估等工作，为编制城市规划、城市发展战略奠定了基础。积极推进全省城乡房屋的防灾减灾安全工程建设和康居工程示范建设，积极开展中小学校校舍安全评估、维修、加固和拆除重建工作。

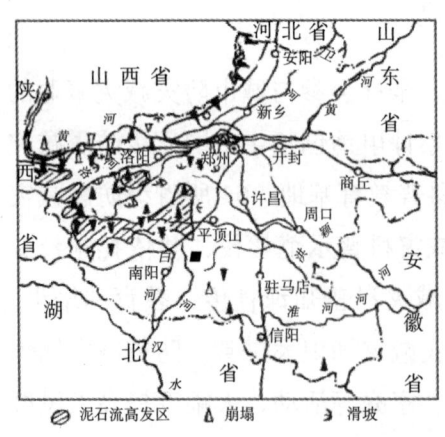 

图1 河南省自然灾害分布示意

三 河南城市防灾减灾体系建设存在的主要问题及成因分析

现代灾害学理论认为,城市灾害的形成是由于城市系统不同要素之间复杂的动力学反应过程,主要由致灾因子、承灾体和孕灾环境三部分组成。从宏观层面上来说,城市灾害是伴随着人类社会进步和经济不断发展的,是人对自然界作用和自然界反馈的产物。虽然近年来河南省在城市防灾减灾体系建设方面取得了一定的成绩,但是与发达国家、与先进地区相比,我们的城市防灾减灾能力还是很薄弱的,需要进一步地加强与改进。

(一)对城市发展规律把握不够

城市发展是一个自然历史过程,有其自身的发展规律。一般来说,城市的发展历程可以看成是一条平滑的 S 形曲线,先后经历了三个主要阶段。当城市化率在 30% 以下时为城市化的初期阶段,在这一阶段里农业经济占主导地位;当城市化率在 30%~70% 时为城市中期加速阶段,在这一阶段里大量的农业人口向城市迅速聚集,各种各样的城市问题将会不断涌现;当城市化率大于 70% 时为城市化后期阶段,在这一阶段里城市化发展趋于成熟,并有可能出现逆城市化现象。当前,我国城镇化率已达 56.1%,河南省城镇化率也达到了 46.6%,正在处于城镇化迅猛发展阶段,也是人类活动最强烈,对资源环境攫取最严重的阶段。在这一阶段里,城市生态系统十分脆弱,容易导致城市能源支撑、水资源保障、交通基础设施建设以及信息化发展等"城市生命线系统"的断裂或瘫痪,从而使城市更容易成为突发性事故的高发区。

（二）对加强城市应急管理缺乏充分认识

当前，城市化进程不断加快，城市人口高度集中，支撑产业不断壮大，城市基础设施不断集中，一旦发生城市灾害或者重大事件，对公众财产损失和人民群众生命危害将难以估量。众所周知，河南省属于自然灾害相对严重的省份，省域范围内分布着板块断裂带等一系列地质活动构造带，极有可能诱发6级以上地震，而且部分城市建在低丘缓坡区域，更容易引发泥石流和山体滑坡，因此加强城市应急管理显得尤为重要和迫切。但在实际工作中，有的部门对此的认识存在局限性，常常满足于自己部门的职责以及上级部门的一般要求，缺乏对应急管理的资源整合，从而不能有效发挥现有资源的最大效益，也没有将应急管理进行全盘考虑，不同部门之间还没有建立起正常的沟通与协调机制。尽管近年来我们利用"国际减灾日"、"世界气象日"、每年"安全生产月"咨询日等各种防灾减灾纪念日开展了宣传与教育活动，积极向人民群众普及预防城市灾害的相关知识，但是人民群众的防灾减灾的风险防范意识还很淡薄，总以为灾害不会发生在自己身边，社会警觉性差。一旦发生城市灾害，人们往往会惊慌失措，缺乏应对灾害的常识和技能。

（三）资源基础较为薄弱分散

一是应对处置突发公共事件缺乏强有力的技术支撑。因投入不足和缺乏相应的经费保障，相关部门的风险监测手段相对落后，监督管理能力和综合预警水平受限，如卫生部门的检验检测等装备与应急能力需求和国家要求差距较大，又如规划、国土等部门航拍编制的电子地图跟不上城市建设步伐，不能及时维护更新。二是目前还没有在全省范围内建立起城市防灾减灾物资统一调配与收储机制。城市灾害应急所需物资的生产-采购-更换-调拨等体制机制还不健全，并且城市救援物资品种单一，参差不齐，质量低劣，没有针对性。当前大多数城市的灾害应急管理与救援物资储备方案，没有付诸实际行动，更没有资金和项目支持。三是城市防灾减灾的基础设施建设还很滞后，在城市规划上也没有充分考虑紧急避难、疏散场地等的建设，一些城中村、旧城区以及城乡接合部还存在大量的老旧民房，抗震标准较低，一些学校、医院等公共服务设施和市政公用设施的灾后应急保障能力也不高。

（四）管理机制不够完善

一是组织架构不健全，基层政府和有关部门应急管理工作机构建设滞后，日常工作还未能有序进行，缺乏有效的衔接。二是城市灾害的预警预报工作还未完全展开。气象、汛情、食品安全、疫情等灾害风险的预测工作虽然已经开展，但是纵向到底、横向到边的城市灾害风险评估和控制的预警机制尚未建立；一些城市灾害的信息共享平台建设跟不上，信息发布不够及时和缺乏权威性，在很大程度上影响灾害应急处置工作顺利进行。三是对城市灾害发生时的应急预案和演练工作很多都是在部门内部进行，缺乏多个部门的沟通与配合，也缺乏综合性跨部门跨区域的合作机制。当城市灾害真正到来时，需要什么样的应急救援预案，怎样来协调不同救援部门的工作，如何去衔接不同的预案，这些措施仍然不甚明确。四是城市灾害应对的法律制度不健全。尽管河南出台的很多城市管理文件都包含应对自然灾害的法律法规，但是这些法律法规相对松散，缺乏综合性和针对性，而且也没有足够的专门性法律法规，执行力严重不足。

四 完善河南城市防灾减灾体系的政策建议

构建科学合理的城市防灾减灾体系是一项复杂的系统工程，包含城市建设和城市管理的各个方面，需要法律、规划、城建、市政等不同部门的通力配合和公众的积极参与。完善河南城市防灾减灾体系，要始终坚持走以人为本的新型城镇化道路，着力保护人民群众的生命安全，最大限度地减轻灾害所造成的损失，不断拓展城市防灾减灾公共服务领域，不断提升城市防灾减灾基础能力，不断创新城市防灾减灾服务保障维度，为促进河南省经济又好又快发展、社会和谐稳定创造良好条件。

（一）宽领域拓展城市防灾减灾公共服务

一是建立健全城市防灾减灾舆论引导机制。进一步加强与广播、报纸等媒体的沟通与协作，建立健全城市灾害的快速响应、密切协调和分级处置的新闻工作机制。进一步加强政府电子政务平台建设，不断提升政府政务信息公开能力，通过整合微博、微信、公众号等现有网络信息资源，建立城市灾害信息发布机制，为人民群众和政府管理部门提供及时有效的城市防灾减灾信息，为政府科学决策、及时救助提供支持和参考。二是进一步加强城市防灾减灾的科普宣传与教育，不断增强全社会的防灾减灾意识和防灾减灾能力。以防灾减灾科普教育基地和科普示范学校建设为依托，不断创新科普读物创作，全方位满足社会对防灾减灾科普知识的需求。充分利用特殊纪念日等重要时间节点，例如，我国"防灾减灾日"、"国际减灾日"、12322服务热线、地震部门开放日、气象开放日等，积极开展城市防灾减灾科普知识进机关、进社区、进企业、进学校、进家庭等宣传活动，让防灾减灾观念深入人心。广泛培育城市灾害社会救援救助力量，积极引导大学生参加城市灾害救援培训，不断壮大社会救援服务队伍。三是建立和完善城市防灾减灾科技公共服务体系，大力推动防灾减灾专题的科研与成果转化服务。推动不同地区探索建立城市防灾减灾研究中心和科研基地，以中原城市群建设为依托，积极构建中原城市群灾害综合防控体系。进一步加强中小学校、图书馆、医院、体育馆等公共建筑的防灾减灾标准建设和市政基础设施的监测、保养和维修等共性技术研究。不断加强城市防灾减灾科技产品的研究开发和成果转化工作，重点支持抗震、抗风、防火、防洪等关键技术开发、应用与推广工作。四是建立健全城市灾害损失科学界定、系统评估与及时上报机制，进一步完善覆盖全省、快捷有效的城市灾情信息传输系统、决策服务系统和动态评估系统。

（二）全方位提升城市防灾减灾基础能力建设

一是大力推进防灾避难场所建设。结合城市防灾减灾规划和绿地系统规划，建设紧急避难疏散场所、固定避难疏散场所、中心避难疏散场所、防灾据点、防灾公园等防灾避难场所，并完善配套服务设施，构建设施完备的灾后救助体系和灾后安置体系。二是大力推进市政公用设施的抗灾能力建设。对于新建的市政公共设施，加强其在方案设计、选址、施工等工作流程的监管，依法依规增加地震、台风、雨雪冰冻、暴雨等灾害防范措施。建立健全市政公用设施定期保养、更换、维修等制度，积极开展重点地区主要道路、城市管网、城市能源等公共设施的抗灾能力安全排查工作，进一步提高其灾后保障能力和灾后恢复能力。三是全面提高城乡房屋建筑抗灾能力。进一步提高学校、医院、图书馆和体育馆等大型公共建筑的抗灾能力，抓紧完成危房改造和灾害风险鉴定加固工作。结合棚户区、城中村和移民搬迁改造等工作，进一步提高对村镇工程和具有历史保护价值的民居古建的加固改造抗灾能力。

（三）多维度创新城市防灾减灾服务保障

一是进一步加强城市防灾减灾管理和城市防灾减灾咨询专家团队建设。实施城市防灾减灾工作的领导责任制，由主要领导负责协调推进，建立健全住建、交通、社会管理、社会保障等部门联席会议制度，定期会商，协调推进。进一步加大对城市防灾减灾工作的投入力度，充分保障人员、经费、设备等工作条件；建立健全城市防灾减灾专家咨询制度，充分发挥相关领域研究专家的聪明才智，科学指导防灾减灾，并积极辅助政府决策和公众预防。二是积极做好城市灾害的抢险救援和应急管理鉴定队伍建设，建立健全全省统一的物资储备与调拨管理机制。通过整合不同部门的技术力量，建立一支平灾结合、训练有素的城市灾害应急鉴定队伍，建立一支机动灵活、装备精良的城市灾害抢险救援专业队伍，不断提高面对城市灾害的应急能力和救援水平。三是建立健全灾害应急评估和抢险工程的激励政策和投入补偿机制，创新城市防灾减灾科技评价体系，加大城市防灾减灾研究成果的转化与应用，积极推广使用隔震减震等抗灾新技术；进一步完善灾害保险制度，积极配合相关部门推行灾害保险机制，提高社会对灾害的承受能力。

参考文献

王如松：《城市生态学》，科学出版社，1990。
谢映霞：《城市规划与城市防灾减灾》，《城市规划通讯》，2005。
吴克宁：《城市化对郑州市土壤功能演变的影响》，《土壤学报》2007年第1期。
陈思源：《城市灾害风险与中国城市减灾战略》，《城市发展研究》2011年第18期。
河南省人民政府：《河南省"十二五"防震减灾规划》，2011。
陈超、曹磊：《中部五省低丘缓坡区耕地后备资源开发利用对策分析》，《中国农业资源与区划》，2013。
中共中央、国务院：《国家新型城镇化规划（2014~2020年）》，2014。

中国共产党河南省第九届委员会第八次全体会议：《河南省全面建成小康社会加快现代化建设战略纲要》，2014。

国家发改委：《中国应对气候变化的政策与行动 2015 年度报告》，2015。

国务院：《关于深入推进新型城镇化建设的若干意见》，2016。

中共河南省委：《关于制定河南省国民经济和社会发展第十三个五年规划的建议》，2016。

国务院：《中华人民共和国国民经济和社会发展第十三个五年规划纲要》，2016。

B.19
河南城市社会安全研究

任晓莉*

摘　要： 城市社会安全问题是在经济新常态下，全面建成小康社会的重大战略问题。当前，河南正在经历快速城镇化进程，城市社会安全问题成为社会各界密切关注的焦点，推进河南城市社会安全建设需要引导公众，树立和强化城市社会安全意识；依靠群体，构建城市社会安全监管体系；以人为本，切实提高城市管理工作水平；关心民生，重点保障城市居民的就业和生活；多措并举，建立快速反应的立体管理和救援体系；高度重视，健全安全生产预警应急机制。

关键词： 河南　生产安全　生活安全　城市社会安全

城市安全是我国小康社会安全的关键和重要组成部分，无论从世界范围的大背景，还是从我国发展形势看，未来5年将是河南城市发展快速提升的重要时期。城市的快速发展必然对城市社会安全提出更高的要求，所以，如何在"十三五"期间打造一个和谐稳定的社会和城市安全环境，是河南保持经济社会稳定发展的核心问题。保障全省城市社会的安全，是在我国经济新常态下，实现社会文明进步、提

---

* 任晓莉，河南省社会科学院区域经济研究中心主任、研究员。

升全省居民生活质量的基本要求，也是实现国家安全和社会稳定的基本前提，更是河南如期全面建成小康社会必须面对的重大战略问题，应当引起社会的高度关注。

一 河南城市社会安全建设发展现状

多年来，河南历届省委、省政府高度重视城市社会安全发展问题，在推动社会进步、提升人民生活质量、保障人民安居乐业、实现城市社会稳定和经济社会发展方面做了大量有效工作，为促进全省全面建成小康社会的早日实现发挥了重要作用。

（一）衡量河南城市社会安全的五大系列指标

随着经济社会的发展，人民生活水平的逐步提高，社会对于城市安全的需求也日益迫切，要求更高，因为这是基本的民生问题。城市社会安全涉及城镇社会生活的各个环节、各个方面。为了有效衡量城市社会安全建设和发展，实现城市社会安全发展的科学性、目标性和定量性，本研究特别设置衡量河南社会安全的指标系列。

1. 设置河南城市社会安全发展指标的原则

根据我国城市社会安全发展的需要，结合河南的省情，本研究设置的城市社会安全发展指标体系遵循以下原则：（1）均衡发展和协调发展相结合。城市社会安全发展指标要与全省的社会经济发展、生产力水平相适应，要和社会安全发展的历史进程相适应。（2）社会价值和科学标准相结合。城市社会安全发展指标既要符合科学标准和科学价值，又要考虑社会价值和社会发展的现实性。（3）动态与持续改进相结合。城市社会安全指标要符合河南城市社会安全发展动态规律，同时坚持持续改进的思想。

2.河南城市社会安全五大系列指标体系

根据上述原则,围绕城市生产安全、城市生活安全两大主题,设置衡量河南城市社会安全五大系列指标体系,如图1所示。

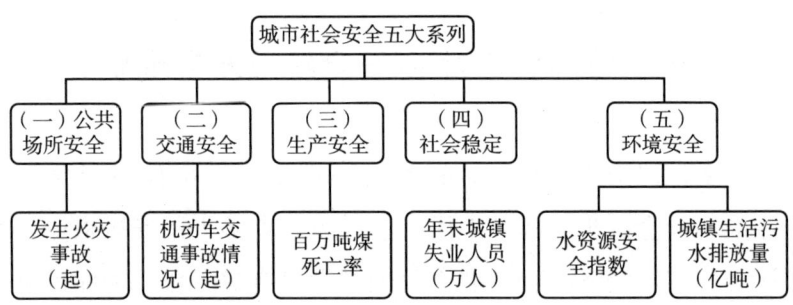

图1 河南城市社会安全五大系列指标体系

(二)河南城市社会安全保持稳定的统计分析

随着我国经济发展进入新常态、城镇化进入新阶段,城市社会安全问题受到党和政府的高度重视,在2015年底我国召开的中央城市工作会议上,党中央、国务院从推进社会主义现代化和新型城镇化的战略高度出发,明确了未来我国城市发展的指导思想、战略目标和总体任务。这对我们深刻认识河南城市社会安全在经济社会发展和民生改善中的重要作用,对河南遵循城市发展规律、实现城市社会安全发展具有重要意义。

从表1的统计结果来看,2014年与2013年相比,河南城市社会安全整体情况变动幅度不大,呈现稳定状态,特别是生产安全方面有较大幅度的改善。2014年发生伤亡事故事件为1716起,比2013年的2002起减少286起,下降幅度达14.28%;死亡人数由2013年的941人下降为2014年的903人,死亡人数减少38人,下降幅度达4.04%;百万吨煤死亡率下降7.14%。此外,交通安全方面也有所好转。2014年与2013年相比,机动车交通事故发生数由2013年的6449起减少为2014年的5598起,减少851起,下降13.20%;因机动车交通事故死亡人数由2013年的1633人下降为2014年的1514人,减少119人,下降7.28%。环境安全情况有所改善。2013年人均水资源拥有量为228.69立方米,2014年提升为300.00立方米,提升率为31.18%;城镇生活污水排放量由2013年的28.17万吨提高到2014年的29.46万吨,增加的数据源于全省城市化进程的加快,城市居民人数增加,所以用人均来衡量城镇生活污水排放量是下降的。

但从公共场所安全、社会稳定角度来讲,2014年情况比2013年有所恶化。2014年城市发生火灾次数为22873次,比2013年的13587次增加了9286起,增加了68.34%;因火灾死亡人数,2014年比2013年增加27人;失业率从2013年的21.96%上升为22.80%,上升了0.84个百分点。

表1 2013年、2014年河南省城市社会安全发展情况

指标	数值	2013年	2014年	2014年比2013年增长(%、个百分点)
(一)公共场所安全	1. 发生火灾事故(起)	13587	22873	68.34
	2. 死亡(人)	46	73	58.69
(二)交通安全(机动车交通事故情况)	1. 发生数(起)	6449	5598	-13.20
	2. 死亡人数(人)	1633	1514	-7.28
	3. 直接财产损失(万元)		3205.80	
(三)生产安全(安全生产基本情况)	1. 伤亡事故总数(起)	2002	1716	-14.28
	2. 造成死亡总人数(人)	941	903	-4.04
	3. 百万吨煤死亡率(%)	0.070	0.065	-0.005
(四)社会稳定	年末城镇失业率(%)	21.96	22.80	0.84

续表

指标	数值	2013年	2014年	2014年比2013年增长(%、个百分点)
（五）环境安全	1. 水资源安全指数，即人均水资源（立方米/人）	228.69	300.00	31.18
	2. 城镇生活污水排放量（万吨）	28.17	29.46	4.58

资料来源：河南省统计局《河南统计年鉴》（2014年、2015年）、《河南调查年鉴》（2014年、2015年）。

二 河南城市社会安全工作开展情况分析

城市社会安全工作主要分为城市生产安全和城市生活安全两大类。城市生活安全的重点工作包括保障食品药品安全、保障环境安全、维护社会稳定；城市生产安全重点工作包括交通安全和生产安全两大类。

（一）河南城市生活安全工作有效开展

城市生活安全是一个城市健康发展的基本保障，在城市社会中，城市安全与城市生活休戚相关，无论是人们的出行、旅游还是购物、娱乐等等，都涉及人们的身心安全，所以，保障城市生活安全集中到一点，就是如何实现城市居民的安全生活。城市生活安全主要表现在食品安全和环境安全两大领域。

1. 全省食品药品安全工作保障有力

2015年以来，河南努力适应经济发展新常态，严把食品生产经营关，持续加大食品安全监管工作，为了确保不发生系统性、区域性风险，保障和维护人民群众的饮食安全，河南致力于完善科学的食品安全治理体系，一是在郑州召开"第二届河南食品安全与发展论坛"。围绕"互联网+食品安全与产业发展"这一论点，通过探讨食品安全与发展课题，探讨新时期食品安全的新形势、食品产业发展的新趋向，研究新思路、共谋新举措，为提升全省食品安全管理水平、推动河南省食品产业又好又快发展奠定了管理基础。二是出台《关于加快推进全省食品药品监管执法装备标准化建设的指导意见》，切实把加快推进食品药品监管执法装备标准化建设，作为全面履行食品药品法定监管职责，切实抓好全省的食品药品安全工作，全力实现全省食品药品监管执法装备标准化。三是开展经常性的食品抽查检验工作。比如省会郑州市对全市流通环节销售的婴幼儿配方乳粉进行随机抽查检验，共抽取样品26个批次。检测了三聚氰胺、蛋白质、脂肪、铅、黄曲霉素M1、硝酸盐和亚硝酸盐7个项目，保证市场上流通的婴幼儿配方乳粉符合相关标准。四是全面推行食品安全员（师）制度。2015年河南出台了《关于食品生产经营企业建立食品安全管理机构和食品安全员（师）制度的意见（试行）》，在全国首次推行建立食品安全管理机构和食品安全员（师）制度，确保企业食品安全责任落到实处。

2. 全省城市居民保险事业快速进步

随着生活水平的提高，河南城市居民保险意识不断增强，全省城镇居民保费收入由2010年的787亿元增加到2014年的1040亿元，增加253亿元，增长32.18%，其中人身险的保费收入由653亿元增加到764亿元，增加111亿元，增长16.92%。2010~2014年，河南城镇基本养老保险参保人数由2010年的471万人增加至2014年的650万人，增加了179万人，增长38.07%；城镇基本医疗保险参保人数由2010年的470万人增加至2014年的1000万人，增加530万人，增长112.67%。

3. 城市安保工作卓有成效

2015年，为保证城市社会的安全和稳定，河南省采取多项有力措施，周密部署和安排多项工作，有效维护了城市社会大局平稳，全省未发生涉恐案事件，未发生造成重大危害的刑事案件，未发生重大涉警负面舆情。特别是2015年12月，为确保上合组织会议在郑州顺利进行，河南启动最强安保，圆满完成了上合安保工作，赢得了社会的一片赞誉。近年来，河南着力打造立体化社会治安防控体系，推进平安建设。一是坚持急则治标、缓则治本、长则建制的原则，做好社会稳定工作，不断强化"双基"，推进"双治"，使"双安"工作不断取得新突破，在打击犯罪、化解矛盾、信访稳定等方面取得显著成绩，为保持全省社会大局稳中趋好奠定了扎实基础。二是坚持抓重点，抓核心，把防控体系建设放在重要位置，深入贯彻落实中办精神，统筹协调安排各项工作任务，着力维护社会安全和政治稳定，深入开展反颠覆、反渗透、反分裂、反暴恐和反邪教斗争。三是建立预防化解矛盾纠纷体系，从源头维护、源头把关、源头化解抓起。为此，河南省委政法委、省综治委出台了完善基层矛盾纠纷预防化解机制的指导意见，全省各有关单位积极做好平台建设，规范各项制度，建立多元化、多样性的化解机制，解决了矛盾纠纷"有人管、怎么管、早点管、协同管"的问题。四是建立矛盾纠纷排查化解综合平台，实现调解组织的行业性和专业性。截至2015年，河南全省已有20.58万兼职人民调解员，741个行业性、专业性人民调解委员会。五是抓结合，抓防范，打防结合，不断提高社会治安防控水平，在建立健全对黑拐枪、盗抢骗、黄赌毒等犯罪常态化打击整治机制的同时，着力解决人民群众反映强烈的突出治安问题，广泛开展基层和行业平安创建活动。河南已有近50%的基层单位和80%的城市社区基本实现了"发案少、秩序好、社会稳定、群众满意"的目标。

（二）河南城市生产安全工作稳步提升

城市生产安全是指为保证生产的顺利进行及相关环境的稳定，以有效的防控方式，把各种威胁控制在最低程度，保持城市生产的正常秩序。多年来，为保障城市生产安全，河南采取了许多有效的措施，开展了许多有效的工作。

1.防止和减少生产安全事故工作有效开展

从统计数据来看，涉及全省安全生产的相对指标均有所下降，这得益于河南各级党委和政府具有牢固的安全发展理念，坚持人民利益至上，始终把安全生产放在首要位置，采取各类积极有效的政策和管理措施，切实维护全省的生产安全。

河南高度重视安全生产管理工作，在2011年，就根据国务院《生产安全事故报告和调查处理条例》，结合全省实际，制定了《河南省生产安全事故报告和调查处理规定》，为规范生产安全事故的报告和调查处理，落实生产安全事故责任追究制度，防止和减少生产安全事故，提供了依据和参考。这些年来，河南认真贯彻落实国家关于安全生产应急管理工作的方针政策，对生产管理工作周密部署，统筹协调，积极应对，使各类突发安全生产事件（故）发生起数和伤亡人数持续下降，保持了道路交通、煤矿、非煤矿山、危险化学品、建筑施工等生产安全。

2.城市交通安全工作成效显著

保障交通安全是保护人们的生命安全和国家集体财产安全的基础工作，不仅关系居民的出行安全，更关系经济建设的顺利开展和和谐社会的成功建设。现代交通的发达虽然给人们带来了无尽的便利，但同时也增加了许多安全隐患。为保障交通安全，河南省开展了许多很有成效的工作。一是积极贯彻2006年《中华人民共和国道路交通安全法》《中华人民共和国道路交通安全法实施条例》等法律、行政法规的规定，结合全省实际制定了《河南省道路交通安全条例》。二是全省积极开展经常性的集中整治交通行动，在冬季道路运输繁忙，多雾、多雨雪天气极易引发交通事故的时期，还开展各类专项整治行动，如对危险路段开展道路隐患排查，对旅游包车、"营转非"大中型客车进行严管，对客车、校车、货车、危化品运输车、农村面包车等"五类车"和驾驶人开展专项清查整治，全面治理闯红灯以及不避让执行紧急任务的消防车、救护车等漠视生命的行为，严格查处醉酒驾驶等。三是为使道路交通安全管理工作走上科学化、程序化、标准化、规范化的轨道，增强管理的针对性、实践性和主动性，2015年，河南省公安厅交通管理局搭建了网上"交通安全综合服务管理平台"，提供预约驾考、预约年审、办牌办证、缴纳罚款、了解路况等131项服务，基本涵盖与交通相关的所有事宜。同时还提供出行信息、告知提示、信息公开、重点对象管理、交通安全宣传、业务咨询等服务，包括办牌办证、交通违法处理、交通事故处理等各类业务办理指南、咨询互动服务，解答各种疑问等。

3. 城市环境安全质量有所提升

2014年，河南全年万元工业增加值能耗比2013年下降11.29%，超额完成年度万元生产总值能耗下降目标。全省83个省控河流监测断面中，水质符合Ⅰ~Ⅲ类标准的断面占44.6%，比2013年减少1.2个百分点；符合Ⅳ类标准的断面占26.5%，比2013年增加7.2个百分点；符合Ⅴ类标准的断面占4.8%，比2013年减少6.0个百分点；水质为劣Ⅴ类的断面占24.1%，与2013年持平。全省城市空气质量优良天数比例70.6%，18个省辖市城市环境空气质量级别均为轻污染。全年完成造林面积260千公顷，其中人工造林201.25千公顷。全省2014年末共有自然保护区32个，面积760.2千公顷，其中国家级自然保护区12个。森林公园114个，其中国家级森林公园31个。森林覆盖率23.3%，绿地面积由52452公顷增加到67490公顷，增加 15038 公顷，增长 28.67%。虽然全省城市生态环境治理成效初显，但雾霾等环境问题仍旧较为突出。从以往数据看，除工业废水排放、工业二氧化硫排放、生活垃圾等得到一定治理外，工业二氧化硫、工业烟（粉）尘排放、污水等依然没有得到有效治理，且有越演越烈之势。"十二五"以来，工业二氧化硫产生量由 271.03 万吨增加至 305.03 万吨，增加 34.00 万吨，增长 12.55%；工业烟（粉）尘排放量由 46.60 万吨增加至 66.51 万吨，增加 19.91 万吨，增长 42.72%。

三 推进河南城市社会安全建设的措施与建议

城市社会安全工作是城市工作的核心和重点，正如中央城市工作会议所指出的那样，抓城市工作，要把安全放在第一位，并把安全工作落实到城市工作和城市发展各个环节、各个领域。虽然河南高度重视城市社会安全工作建设，但是随着全省城市化的不断推进和拓展，以及全省经济社会的快速发展，河南人口流动不断加快，城市人口特别是省会郑州人口迅猛增长，城市在快速膨胀，而城市人口的快速增长和城市化的快速推进正是社会矛盾不断聚集、社会安全问题不断凸显的过程，城市社会安全问题成为影响城市居民安居乐业以及和谐社会建设的重大问题。城市社会安全问题是城市综合素质和综合管理水平的集中反映，建设城市社会安全，首先要坚持科学发展观，树立发展为了人民、发展依靠人民的现代理念，着力提高城市社会安全管理水平。

（一）引导公众，树立和强化城市社会安全意识

实现城市社会安全，需要建立理性有序的社会系统。城市社会安全中有许多特别难以把握的因素，如安全威胁随处存在，一个小的疏

忽、一次技术失误或者一个设备故障，都可能导致生活或者生产的公共危害；而且由于城市人群的不固定，人员流动性强，身份各异，分布不均，安全意识差异，个体肇事隐忧随时存在。所以，要最大限度调动各方面的积极性、主动性、创造性，集聚城市发展的正能量，强化城市公众的社会安全意识，最大限度推动政府、社会、市民同心同向行动，防范不确定的人群或个体，构筑好公共安全的公众基础，形成城市建设与发展的命运共同体，实现城市共治共管、共建共享。

（二）依靠群体，构建城市社会安全监管体系

做好城市社会安全工作，一方面要依靠广大公众的安全自觉，另一方面还要依靠有效的公共监管，实现社会公众对各责任方行为的全面监督。首先政府要切实负起责任，确实发挥好监管作用，保证公权力对社会安全管理的权威性，不能与被监管对象有任何利益上的瓜葛，要认真清理和消除潜规则中的各种潜在利益关系。其次要充分发挥公众在社会安全监管中的主体作用。要设立更方便、更快捷的公众投诉渠道，采取科学的受理方法，并及时发布详细、真实的各类生产质量信息，为公众维护正当的消费和享受公共服务的权利提供便利，鼓励公众实施监督。再次是要充分发挥社会保险制度的作用。鼓励个人、家庭和单位，对涉及健康、生命和财产等重大安全利益的威胁，以参加各种保险的形式，预防和减轻风险的威胁；对一些企业无法承担的重大安全事故的后果或自然灾害导致的重大损失等，则要考虑建立强制性的保险制度来防范风险，从而形成社会安全的责任机制和监管机制。

（三）以人为本，切实提高城市管理工作水平

要创新城市依法依规治理机制，自觉运用法治思维和法治方式治理城市、管理城市，创新城市管理体制。可从具体工作出发，切实提

升城市管理各项工作的服务质量。首先是着力提升企业服务水平,联合相关部门开展服务质量标杆单位遴选,开展"安全、诚信、优质"服务创建活动,实施服务质量监测等,培育一大批能够代表"河南服务"优质形象的企业。其次是在食品药品监管方面,可建立产品质量安全惩罚性赔偿制度,建立健全消费品质量安全风险快速预警系统和质量追溯体系,加强消费品质量安全的风险监测、监督抽查和联动处置工作,加快构建"风险监测、网上抽查、源头追溯、属地查处、信用管理"的电子商务产品质量监管机制。

(四)关心民生,重点保障城市居民的就业和生活

全力做好促进就业创业、完善社会保障体系等工作。在促进就业创业方面,要抓好"中国中原大学生创业孵化示范园"项目建设,推动创业培训工作再上新台阶,持续推进全民技能振兴工程,提升就业人员的专业技能;可考虑启动政府购买基层岗位吸纳高校毕业生就业工作,引导和鼓励高校毕业生到基层就业;可完善落实扶持创业的各项优惠政策,积极推进大众创业、万众创新。在社会保障制度改革方面,全面实施全民参保登记计划,完善灵活就业人员、城镇个体工商户等群体的缴费办法;扩大社会保障参保缴费覆盖面,完善社会保险关系转移接续政策。在促进劳动关系和谐稳定上,深入实施集体合同制度攻坚计划,继续开展保障农民工工资支付专项治理,维护劳动者合法权益。

(五)多措并举,建立快速反应的立体管理和救援体系

城市社会安全立体管理和救援体系是为处置重大安全事故,建立的陆上、水上、空中为一体的立体救援体系。保障城市社会安全,提升城市立体救援能力有赖于城市社会公共服务整体水平的提高,为此,首先是可成立应急处置工作领导小组,明确各项工作职能,实行

责任追究制，加强对城市突发安全事件的应急管理工作；其次是加强应急队伍建设，加强资源整合，加强物资筹备力度和保障社会安全储备物资的动态管理，建立健全各级应急保障投入机制，增强综合应急能力；再次是加强监测预警预报，强化隐患排查，做到防患于未然，力争把突发公共事件的隐患消除在萌芽状态；最后是建立完善突发公共事件工作研判分析机制，加强对各种突发公共事件不稳定因素发展变化趋势的预测，加强社会稳定局势评估，增强工作针对性、主动性和实效性。

（六）高度重视，健全安全生产预警应急机制

真正把人的生命和尊严看得高于一切，提高全社会安全生产意识。首先是强化企业安全生产意识，督促企业自觉遵守《安全生产法》，形成自觉遵法守法的社会氛围；其次是加大整治监督力度，严厉惩处企业的违法行为，严格安全检查，杜绝流于形式，加大落实安全生产责任制的力度；再次是健全预警应急机制，树立安全问题无小事的观念，管理关口前移，改革传统的"管事故"的安全管理方式，重在风险治理，将事故发生的概率降到最小；最后是全面推进依法治安，加大安全监管执法力度，加大各类事故查处力度。持续加大投入，着力改革创新，重在提高安全保障能力，为确保全省经济社会发展的大局稳定创造良好的安全生产环境。

参考文献

河南统计局：《河南统计年鉴》（2014年、2015年），中国统计出版社，2014、2015。

中央城市工作会议，新华网，http://news.xinhuanet.com/ziliao/2015-

12/23/c_128559296.htm。

《省委城市工作会议强调更好更快推进新型城镇化把城市工作提高到新水平》,《河南日报》2016年3月2日。

钱洁、徐艳晴:《我国社会公共安全协同供给模式的构建:基于城市社区安全供给的视角》,《行政论坛》2015年第3期。

陈宇琳、李强、张辉、刘奕:《基于风险社会视角的城市安全规划思考》,《城市发展研究》2013年第12期。

郭少华:《风险社会背景下城市居民安全感提升研究》,《国家行政学院学报》2013年第5期。

李业锦、朱红:《北京社会治安公共安全空间结构及其影响机制:以城市110警情为例》,《地理研究》2013年第5期。

徐立青、黄胜:《智慧城市与食品安全社会共治》,《办公自动化》(理论版)2015年第8期。

李娜:《风险社会理论视阈下的城市公共安全:基于流动人口视角的分析》,《新西部》(理论版)2015年第13期。

B.20
河南城市信息安全研究

刘昱洋*

摘　要： 城市信息安全问题已经不是传统概念上的病毒入侵，而是针对城市运转体系每一个层次的"立体威胁"，成为城市电子政务和电子商务发展的"瓶颈"。"十二五"以来，河南省在城市信息安全建设方面取得了引人注目的成绩，但是仍然存在着信息化整体水平偏低、城市信息安全基础设施建设亟待加强、城市内部以及城市之间相关信息安全行为割裂、城市信息安全法律法规不健全、信息安全方面高层次人才匮乏等诸多突出问题，应立足顶层设计，大力培育居民信息安全意识；多策并举，着力加强信息安全基础设施建设；加强协同，促进城市内部以及城市之间相关数据信息的沟通和共享；找准切入点，及时出台和完善信息安全相关的法律法规；双管齐下，积极培育和引进高层次信息安全方面的人才。

关键词： 河南　信息技术　城市信息安全

当今社会已进入信息技术迅猛发展的时代，物联网、云计算、大

---

* 刘昱洋，河南省社会科学院区域经济研究中心副研究员。

数据、空间地理信息集成等新一代信息技术促进了城市规划、建设、管理和服务的高度智能化，有效提升了城市规划发展能力、公共设施运作水平、城市公共服务能力，激发了城市新兴业态的产生，人们在享受信息技术带来舒适城市生活的同时，也面临着信息安全问题的巨大风险。现代城市建设以物联网、云计算、大数据技术体系等为支撑，拥有海量数据，并涉及政务、商业、生活等方方面面，一旦出现信息泄露、数据丢失或被不法分子恶意篡改等安全问题，轻者造成一定的财产损失，重者导致城市运营的全面瘫痪。城市信息安全问题已经不是传统概念上的病毒入侵，而是针对城市运转体系每一个层次的"立体威胁"，成为城市电子政务和电子商务发展的"瓶颈"。信息安全已成为关系社会安全、文化安全、经济安全、军事安全乃至国家安全的重大战略问题。刚刚闭幕的十八届五中全会强调实施国家安全战略，坚决维护国家政治、经济、文化、社会、信息、国防等安全。《中共中央"十三五"规划建议》提出建立风险识别和预警机制，以可控方式和节奏主动释放风险，重点提高财政、金融、能源、矿产资源、水资源、粮食、生态环保、安全生产、网络安全等方面风险防控能力。反映出新一届政府对信息安全的高度重视、顶层设计理念和做好安全防控的决心。

　　河南作为人口第一大省，经济总量稳居全国第五位，城镇化建设处于深入推进的重要时期，发展的活力和后劲不断增强。"十三五"时期是河南调结构、促成长、赶超沿海发达省份的关键时期，经济持续健康发展和社会和谐稳定至关重要。省委书记郭庚茂在省十二届人大四次会议闭幕时提出要"以新型城镇化'一发动全身'……稳控风险点"。河南城市信息安全建设受到省委省政府的高度重视，2011年以来，河南省积极推动信息化建设，成效卓著，但是总体上看，河南信息化水平仍相对落后，存在突出问题，可喜的是，河南信息化发展速度较快，相信在全省人民的共同努力下，在改革开放带动下，信息化发展水平会迎头赶上，城市信息安全建设会收到良好效果，为全面建成小康社会做出应有的贡献。

一 河南城市信息安全现状及存在的问题分析

"十二五"以来，河南省信息化建设突飞猛进，河南县级以上城市管理部门已经开始通过信息技术加强对城市资源的开发和管理。截至2014年底，河南省移动电话用户7712.93万户；电话普及率94.08部/百人，增长5.0%；互联网用户5672.05万户，其中移动互联网用户4483.28万户。郑州国家级互联网骨干直联点顺利建成开通，信息网络枢纽地位进一步提升；"村村通电话""信息下乡"等工程扎实推进，全省5户以上自然村全部通电话，3G网络持续优化，4G网络从无到有实现全省100%行政村全覆盖。河南省通信管理局数据显示，截至2015年10月底，全省光缆线路长度达到117.9万公里，移动电话基站达到22.5万个，互联网宽带接入端口达到2408.8万个。8M以上宽带用户占比、3G/LTE用户渗透率分别超过全国平均水平3.7个、1.8个百分点。根据"宽带发展联盟"近日发布的《中国宽带速率状况报告》，2015年第三季度，河南省宽带速率持续提升，全省宽带用户平均网速超过8M，宽带用户上网体验主要指标继续优于全国平均水平，位居中部首位。

国家信息中心数据显示：2015年，河南省信息社会指数（ISI）为0.3575，由2014年的全国第27位升至第26位；河南省网络社会指数为0.3499，由2014年的全国第27位升至第24位。从发展速度上看，2015年，河南省信息社会指数同比增速为8.04%，居全国第2位、中部六省首位；数字生活指数同比增速18.1%，居全国首位；网络社会指数同比增速5.39%，居全国第8位、中部六省第2位；固定宽带支付能力指数同比增速39.4%，居全国第5位、中部六省第2

位（见表1）。可以看出，河南省信息化发展潜力很大，速度喜人，现代信息技术的扩散应用对河南省公众生活的影响不断扩大和深入。

表1 河南省信息化发展态势

信息化指数	2015年同比增速（%）	居全国的位次	居中部六省的位次
信息社会指数	8.04	2	1
数字生活指数	18.1	1	1
网络社会指数	5.39	8	2
固定宽带支付能力指数	39.4	5	2

资料来源：国家信息中心，2015。

河南省政府高度重视"互联网+"产业发展，为贯彻落实《国务院关于积极推进"互联网+"行动的指导意见》（国发〔2015〕40号），2015年10月8日，河南省人民政府印发了《河南省"互联网+"行动实施方案》，提出实施11大行动和43个重点专项工作，推动互联网与各行业融合发展。这对加强城市信息安全管理是一个有力的促进。河南通过完善信息工业基础设施建设，建立了面向产业集聚的信息化公共服务平台，促进了上下游产业集聚的发展。

这些年来，河南省在城市信息安全建设方面取得了引人注目的成绩，但是仍然存在着信息化整体水平偏低、城市信息安全基础设施建设亟待加强、城市内部以及城市之间相关信息安全行为割裂、城市信息安全法律法规不健全、信息安全方面高层次人才匮乏等诸多突出问题，有必要引起足够的重视。

（一）信息化整体水平偏低

2013年，河南省信息社会指数首次超过0.3，进入信息社会转型期；2015年，河南省信息社会指数为0.3575，仍然处于信息社会转型期。河南省信息社会发展水平居全国第26位，落后于经济发展指数排名（第23位）；在中部六省中居倒数第二位。2015年，河南省信息经济指数0.3009，位居全国第29，仅领先于广西和西藏。河南省在线政府建设水平偏低，与先进省市及中部一些省份之间均存在明显的差距。2015年，河南省在线政府指数为0.4469，居全国第25位，居中部六省末位。2015年，河南省数字生活指数为0.3920，居全国第22位，居中部六省第3名，同样与第五经济大省的地位不相称。城市信息社会发展总体水平偏低，2015年，河南有两个省辖市处于信息社会起步期，其余16个省辖市处于信息社会准备期阶段，没有一个省辖市进入信息社会发展期，而全国已有31个城市处于信息社会发展期。全省仅有郑州市的信息社会指数（0.5139）高于全国平均水平（0.4351），但也仅居全国第50位，与信息化先进城市之间存在明显差距，如居全国第一的深圳市信息社会指数高达0.8394，已经进入信息社会发展期的中级阶段。

（二）城市信息安全基础设施建设亟待加强

城市信息安全基础设施是城市信息安全的支撑和保障。当前，河南省的城市金融、电力、交通、海关、通信、能源等重要行业的信息系统大多使用国外的软硬件设备，存在严重的安全隐患。在信息安全关键技术的研发方面，河南省也面临着自主可控能力不强以及关键技术和产品受制于人的窘境。政府、学校及企事业单位网站系统及商用网站系统进行IPv6改造和建设的缺口较大。物联网应用尚未满足快速发展的经济、社会的需要，高规格的省级干线传输网络还没有建成。电信、广电、光纤管网的铺设没有统一规划，没有实现共同管道建设，管网断头多，日常维护和管理困难。通信机房及配套工程建设相对落后，不能快速跟上用户的需求。无线宽带覆盖区域狭小，改造升级基础网络任务重，进展缓慢，"五网融合"（物联网、互联网、电力网、电信网和广播电视网）试点区域较少。

（三）城市内部以及城市之间相关信息安全行为割裂

以大数据分析挖掘为基础的新型管理及经营模式，已被引入政府日常管理和为民服务中，并成为推动政府政务公开、完善服务、依法行政的重要力量，也成为城市信用安全保障的范式。河南目前情况是，政务数据开放共享未能有效开展，后台数据结构标准不同，城市内部部门之间、城市之间相关数据信息沟通不畅，各地、各部门平台互通、系统互联、数据共享，构建大数据汇集、挖掘和应用的机制尚未有效建立起来，信息安全协同响应能力不足，信息孤岛现象明显。对于城市建设的主力军——企业来讲，一方面政府掌握着海量的核心数据，其中绝大部分的非结构化数据被束之高阁；另一方面，一些企业拥有专业数据分析应用技术，却只能望"宝山"兴叹。明显的信息孤岛现象不但造成硬件设施重复建设、标准不一，而且数据信息分散、凌乱，严重影响了大数据的综合分析和利用，大大降低城市信息安全保障作用的有效发挥。

（四）城市信息安全法律法规不健全

尽管涉及信息安全的规范性文件众多，但尚没有一部法律、法规、规章对网络信息安全管控平台进行明确、公开的授权，在我国信息化领域，《中华人民共和国电子签名法》是迄今为止真正意义上的唯一一部法律。综观我国的网络信息安全立法，大多处于WEB1.0时代，即单向思维、可控可管为主的观念，与交互使用的WEB2.0和碎片化信息的"大数据"时代不相适应，使得个人通信自由和信息获取权受到了极大的制约和影响。河南省启动了"网络与信息安全综合管控平台"。由于缺乏法律依据和代议机构（人民代表大会）的授权，其采取的措施又缺乏公开渠道的监督，容易使得公民通信自由受到某种程度的干扰。针对城市信息安全突发事件应急处理立法的可操作性不强，表现为在内容上较为概括、抽象，缺乏具体的实施细则、办法相配合，尤其是紧急行政程序法律规范严重不足。电子政务相关立法的脚步并没有跟上互联网技术的发展，现行法规主要是对电子政务网络安全进行规范，保护电子政务网络信息安全的纲领性法规还没有颁布。相关城市信息安全的法律法规不健全，很容易给犯罪分子留下可乘之机，给和谐城市建设带来危害。

（五）信息安全方面高层次人才匮乏

信息安全方面高层次人才是指富有追求真理、勇于创新精神，在信息安全领域学术造诣较高或掌握关键技术，在创新创业活动中做出积极贡献的人才。河南省只有郑州大学1所211工程院校，没有985院校。中科院在河南尚无独立的院所，先天不足。河南省科技人才队伍总量不足，结构不合理，与人口大省身份不符，国家"千人计划"自2008年启动以来，至今已有4180余人，河南省仅入选14人。资料显示，截至2013年6月，中国已培养信息安全专业人才约5万人，仍无法满足政府、部队和其他行业部门的人才需求，人才缺口高达50万。而大部分的高端人才又纷纷往北上广深聚集，吸取地方人才精英队伍。2015年河南省第二季度人力资源市场职业供求数据显示，职业资格一级（高级技师）岗位空缺和求职人数的比率最高为3.65。说明市场对高级技能人才颇为青睐。河南作为人口第一大省、互联网用户总数和备案网站总数均居中部第一位的经济大省，数据容量更大，数据工作极其繁重，而掌握大数据、云计算、移动互联网相关技术的人才却不足，自然成为制约城市信息安全的重要瓶颈因素，必须受到高度重视，政府应尽快拿出有效的解决方案。

二 城市信息安全保障体系的基本构成要素

城市信息安全目标的获得需要有一整套完整的保障体系，并且这套体系是动态的，会随着经济、科技、人文等的发展而更新，但是基本构成要素通常是一样的，包括组织管理体系、信息安全基础设施、技术保障体系、人才培育与引进体系和政策法规体系，如图1所示。

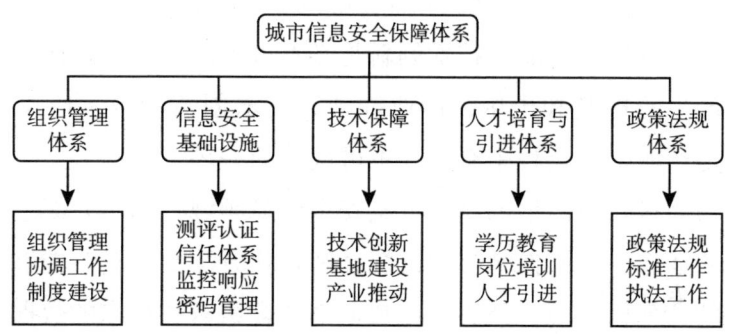

图1 城市信息安全保障体系的基本构成要素

组织管理体系是从宏观方面保障城市信息安全的职能性体系，对城市信息安全保障行为做出具体的界定和规范，涉及通信、交通、能源、城建、广电、教育等多个部门，它们之间的良好分工能有效促进城市信息安全工作的顺利开展，协调工作除了包括本城市外，还涵盖相邻和相关城市的沟通、标准的统一与信息共享，这是避免信息孤岛现象的有力措施。组织管理体系的根基是制度建设，没有良好的制度约束，城市信息安全的目标就难以实现。

作为城市信息安全支撑和保障的信息安全基础设施，既是信息安全技术成果的结晶，又是服务于管理及技术的资源，它是创建安全健康的网络环境的必备条件，必须具备足够的防御能力，使得城市信息安全系统具备防范抵御各种已知的针对信息与信息系统威胁的能力。测评认证、信任体系、监控响应、密码管理环环相扣，是完成从信息保密性到信息的完整性、可用性、可控性和不可否认性的有效解决路径。

技术保障体系是从技术角度来考虑保障因素并通过综合集成的技

术手段来构成建立在技术层面的城市信息安全保障框架体系。涉及有关产品系统的研究开发集成测评配置与运行维护,在信息化社会的飞速发展中,无论是城市信息安全基础设施、信息安全应用设施,还是对城市主体或局部信息安全利益的保障和维护都需要为公众与机构提供实用的信息安全产品,技术创新是必不可少的,而基地建设反映的是技术产生的根基和土壤,产业推动为技术创新和技术应用的试验场,也是产城融合过程中有益和不可或缺的一环。

作为高科技集散地的城市信息安全保障领域,离不开高层次人才的管控和运作,尤其像掌握先进统计和量化方法及工具、能够适应快速更新的计算机环境、熟悉大型数据集整合语言和技术的数据科学家更是各方争抢的对象,资源非常稀缺,因此,需要一整套有效的人才培育与引进体系,通过综合性的、规范化的学历教育和实战性能突出的岗位培训以及借助富有吸引力的人才引进政策和措施,来培育、引进和留住人才,有效解决城市高层次信息安全人才的需求问题。

政策法规体系是从国家机器层面对城市信息安全保障体系的一种保证,是对危害城市信息安全分子的有力威慑,包括宏观层面的相关政策法规的制定和完善,以及微观层面的维护和执行。通过定性和定量的政策法规颁布、标准界定和具体执法,对信息污染、电脑病毒、信息侵权、网络犯罪等非法信息行为实施有效打击,对公民隐私、财产、企业生产经营秩序、城市公共设备等提供有效保护,切实维护城市信息安全,保障城市的正常运转。

通过上文的分析,可以看出,河南在城市信息安全建设方面还存在着不足和需要完善的方面,以下提出五方面政策建议以期能有所裨益。

(一)立足顶层设计,大力培育居民信息安全意识

为提升河南的整体信息化水平,各级政府要紧紧围绕信息化社

会的软硬件建设，借力"互联网+"，抓紧对接"中国制造2025"和"互联网+"行动计划，引导信息经济发展方向，促进交通、农业、医疗、教育等行业的发展向智能交通、智慧农业、智慧医疗、在线教育等方向转型。结合十八届五中全会精神和十三五规划建议书，详细制定河南信息发展的5年、10年甚至更长期规划，及早着手，未雨绸缪，争取河南信息化领域在全国崭露头角。城市信息安全离不开居民信息安全意识的养成和提高，在物联网、云计算、大数据、移动互联等信息技术和产品迅猛发展、不断涌现的今天，普及全民相关知识非常重要，这也是保障城市信息安全的大众基础，政府相关部门要科学布局、统筹安排，把增进居民信息知识、有效培育居民信息安全意识等工作落到实处，提高居民获取信息、处理信息和创造信息的能力，提升城市信息安全保障的软实力。

（二）多策并举，着力加强信息安全基础设施建设

在当今物联网、云计算、大数据、移动互联等新兴技术已成为智慧城市运行支撑和必然选择的大变革时期，面对河南城市信息安全基础设施构成相对薄弱的现状，必须加大力度，积极建设宽带、泛在、融合、安全的新一代信息化基础设施。一是统筹布局物联网、新一代移动通信网、下一代互联网、下一代广播电视网、卫星通信等设施建设，逐步实现4G网络城乡全覆盖，建成超高速、大容量、高智能的省级干线传输网络。二是从技术研发、服务平台建设、测试评估、应用推广等方面，为物联网应用提供全方位的解决方案，增进物联网互联效用，以利于从云服务器端及时监控、收集、响应相关大数据信息，提升城市信息安全水平。三是积极推进有线接入网络宽带升级和光纤到户建设，分区域、有步骤地部署无线宽带接入网络，扩大"五网融合"试点范围。

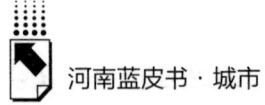

（三）加强协同，促进城市内部以及城市之间相关数据信息的沟通和共享

打破信息孤岛现象的有效措施就是沟通和协作，这要从技术和非技术两个方面努力。从技术方面来讲，物联网、云计算、大数据应用的标准建设相对滞后，标准不统一，业务传感与应用装备建设往往各自独立，不同系统之间接口复杂，不易实现系统互联互通和信息的共享协同，这些具体问题要尽快由政府相关部门召集专业人士加以解决，也可以采用PPP模式引入社会力量来破解难题；从非技术方面来讲，这主要涉及政府相关部门的管理和规范问题，河南应积极吸收发达国家对信息安全保障集中管理的经验，树立信息安全领导小组统一指挥的绝对权威，出台信息安全保障的重大决策，制定发展政策，协调各方关系，就城市信息安全问题统一部署，明确牵头部门，多部门联动，做好归口管理和职责划分，做好不同数据库之间的共享和协调，有效连通信息孤岛，提升信息安全行动实效。

（四）找准切入点，及时出台和完善信息安全相关的法律法规

鉴于现有信息安全相关的法律法规不完善的情况，在新制定法律法规时，要找准切入点，尽量避免抽象、缺乏具体实施细则的规定和要求，针对城市信息安全突发事件应急处理的法律条款要避免空泛，要增强可操作性。尽快制定政府信息公开方面的法律制度。这些法律法规必须明确允许公开的信息，豁免公开的信息，公开的义务，获取的权利，公开的方式、途径，行政救济和司法救济措施等，以利于政府、企业和个人在信息使用方面有法可依，提升信息利用效率，有效消除信息鸿沟，促进智慧城市建设和产城互动。要加快保护电子政务网络信息安全的纲领性法规的制定和出台。在不与宪法、法律、行政法规相抵触的前提下，制定和完善关于信息安全技术标准和规范的实

施细则或办法，以促进电子产品的相互兼容、信息网络的互联互通，实现信息资源的快速流通和高度共享。

（五）双管齐下，积极培育和引进高层次信息安全方面的人才

提高城市信息安全保障能力，不可或缺的是拥有一批高层次的信息安全方面的人才。对于河南省当前的人才状况，要从现实和长远两方面考虑，培养和引进相结合。一方面在中小学阶段加强信息安全教育，在高校开设相关专业学科，企事业单位相关工作人员要加强信息安全岗位培训；另一方面，制定有吸引力的政策，在薪水、住房等方面提供优厚待遇，积极引进信息安全方面的高精尖人才。要加大对信息安全的基础性研究和前沿技术研究的投入力度，推动科研经费向高水平科研团队倾斜。要建立数据科学家人才库，同世界各地的信息安全方面的顶级人才经常保持联系，有问题及时沟通交流，定期举办城市信息安全讲座。双管齐下，营造培育人才、引进人才、留住人才的良好人才生态环境，奠定城市信息安全保障的坚实基础。

参考文献

吴志鹏、行星：《我国网络信息安全管控平台合法化研究》，《未来与发展》2015年第6期。

河南省信息中心：《2015年河南省信息社会发展报告》，国家信息中心网站，http：//www.sic.gov.cn/News/250/4679.htm，2015年5月28日。

赵丽：《网络与信息安全综合性立法迫在眉睫》，《法制日报》2015年5月16日。

吴勇毅：《政府转型推进行政行为信息化　大数据时代能否打破"信息孤岛"?》，《通信信息报》2014年9月17日。

孙柏林：《论互联网时代装备制造企业应关注的10个问题》，《仪器仪表用户》2015年第4期。

杨耀明：《电子政务的计算机网络信息安全探微》，《信息与电脑》（理论版）2015年第12期。

胡亚平：《智能化的陷阱》，《广州日报》2015年10月29日。

董礼胜、崔群：《整体性治理：一种研究智慧城市的新视角》，《福建行政学院学报》2015年第3期。

王晰巍、王维、李连子：《智慧城市演进发展及信息服务平台构建研究》，《图书情报工作》2012年第23期。

姚文平：《互联网金融——即将到来的新金融时代》，中信出版社，2014。

B.21 河南省城市生态安全研究

韩 鹏*

摘 要： 生态安全是城市安全的重要组成部分。随着河南省由传统农村社会向现代城市社会迈进，以雾霾和水污染等为典型代表的城市生态安全问题已经成为当前社会关注的焦点问题。本文从城市生态安全的概念内涵辨析出发，深入研究了城市生态安全应该关注的主要内容，对河南省生态安全现状和面临的突出问题进行了进一步的系统分析，提出了改善河南城市生态安全的对策与建议。

关键词： 城市生态安全 现状问题 对策建议

城市生态安全直接关系着城市居民的身心健康和城市社会有序发展，影响着区域总体生态安全格局。随着2015年河南省常住人口城镇化率逼近50%大关，未来五年将成为河南实现由传统农业社会向现代城市社会转型的一个关键时期。在转型期内，工业化和城镇化快速发展所导致的生态环境问题，特别是快速膨胀的城镇及其经济活动给城镇生态服务和环境功能带来的压力所导致的城市生态安全问题，成为当前和今后全社会所普遍关注的焦点。为此，从城市

---

* 韩鹏，河南省社会科学院城市与环境研究所助理研究员、博士。

生态安全的内涵和外延出发，对河南省城市生态安全建设现状和保障城市生态安全所面临的突出问题进行了系统梳理和深入研究，提出了今后河南省加强城市生态安全应关注的重点领域和采取的必要措施。

一 城市生态安全概念内涵和主要内容

（一）城市生态安全概念辨析

从字面理解，安全即是主体没有危险、不受威胁的一种存在状态，它是一个个体、群体、区域乃至国家和整个人类社会能够得以持续发展的最基本前提条件。随着人类活动对自然生态系统和资源环境影响的日益广泛和深入，生态环境问题已经逐渐演化为影响区域和全球可持续发展的重要问题，成为人类社会未来发展的重要挑战，日益受到全社会的关注和重视。

国内外学者一般从两个层面诠释生态安全。广义的生态安全一般从人的自身需求或者人类社会可持续发展的角度出发，指包括生活、健康、安乐等人的基本权利和生活保障，以及人类社会可持续发展所需要的资源和适应环境变化能力等不受到威胁的状态。狭义的生态安全一般从生态系统或者区域环境角度出发，指自然和半自然生态系统能够维持正常功能和结构的状态。

综上所述，城市生态安全可以认为是关于城市生态环境系统状况的一种综合评判，它既包含了对城市生态系统稳定性、环境质量状况的要求，也包含了对城市生态环境系统支撑城市居民生活、社会发展和经济活动能力与水平的要求，还包含了对城市应对区域生态环境风险能力建设的要求，反映了城镇发展过程中人类活动对区域生态环境系统的各种综合影响和应对各种生态环境风险的综合能力。

（二）城市生态安全的主要内容

城市生态系统是围绕人的需求构建的经济—社会—自然复合生态系统，是人类社会影响最为深刻、改造最为全面的高度人工化的生态系统，世界上大多数城市生态系统是通过人工建造或者经过人工系统改造形成的。城市生态安全主要包括三个方面的内容，即城市自然生态系统的健康稳定状况、城市经济系统的可持续发展状况和城市社会系统的发达程度。

城市自然生态系统健康稳定状况。城市自然系统是指由包括自然环境在内的各种城市生态系统自然要素，如太阳、空气、气候等和各种动植物、微生物等生物要素以及森林、湿地、草地等自然景观，它既通过生物与环境的相互作用形成了相对平衡的局地生态环境，又为经济活动提供了空间、净化、缓冲等支持作用，是城市赖以发展的基础物质环境。城市自然生态系统的健康稳定主要包括资源供给、环境质量、生态建设等各方面影响城市自然系统结构和功能维持正常的外部条件和内在状态。

城市经济系统可持续发展状况。城市经济系统由城市经济活动构成，主要涉及生产、分配、流通和消费等各环节，包括各种产业类型和业态。城市居民通过各类经济活动获取外部资源和能量并创造社会价值，是城市赖以存在并发展的经济基础。城市经济系统的可持续发展是以自然生态系统的健康稳定为基础的，但同时也会通过各种物质投入和消耗影响自然生态系统。城市经济系统可持续发展状况主要包括城市产业绿色化程度、循环经济体系、能源消费、资源消耗、环境基础设施建设和运营等涉及各经济环节废弃物处理和污染物排放的内容等。

城市社会系统的发达程度。城市社会系统由城市居民及其社会活动构成，涉及城市居民物质生活和精神生活各个方面，包括衣食住用行等物质消费的各个方面以及法律、文化、艺术等各种上层建筑范畴。城市居民既要遵守城市社会系统所形成的各种制度、文化和惯例等社会约束，又要通过城市社会系统以各类社会活动方式来实现自身价值。城市社会系统与经济系统一样是建立在健康稳定自然生态系统的基础之上的，然而城市社会系统的发达程度也关系生态建设和环境保护的方方面面，从而对城市自然生态系统产生影响。城市社会系统的发达程度主要以生态环境保护制度、生态文化建设等上层建筑方面的内容为衡量标准。

二 河南省城市生态安全现状

（一）生态建设持续推进，环境质量状况有所改善

随着工业化、城镇化加速发展，资源环境压力日益明显，公众生态环境意识日益增强，生态建设和环境保护已经作为重要的民生工程纳入全省政府工作中，备受社会各界关注。近年来，河南省在林业、水利、环保等领域以重大项目为抓手、以典型示范为引领，生态系统完整性和服务功能不断增强，环境质量状况有所改善。

2007年河南省委、省政府做出了建设林业生态省的重大决策，先后批准实施了《河南林业生态省建设规划（2008~2012年）》和《河南林业生态省建设提升工程规划（2013~2017年）》，持续推进林业生态省建设和提升工程，加快推进"四区三带"区域生态网络及黄河明清故道生态走廊等重大生态工程建设，不断增强省域生态系统的完整性和生态系统服务功能。在此过程中，全省各地结合自身实际，将林业生态建设与城市规划建设相结合，积极推进创建国家森林城市、全国绿化模范城市等生态创建活动，生态建设深入开展，建成区绿化覆盖率从2010年的36.5%增加到2014年的38.3%，人均公

园绿地面积相应地从8.7平方米增加到9.9平方米，城市自然生态系统得到逐步完善并有机融入区域生态系统格局（见图1）。

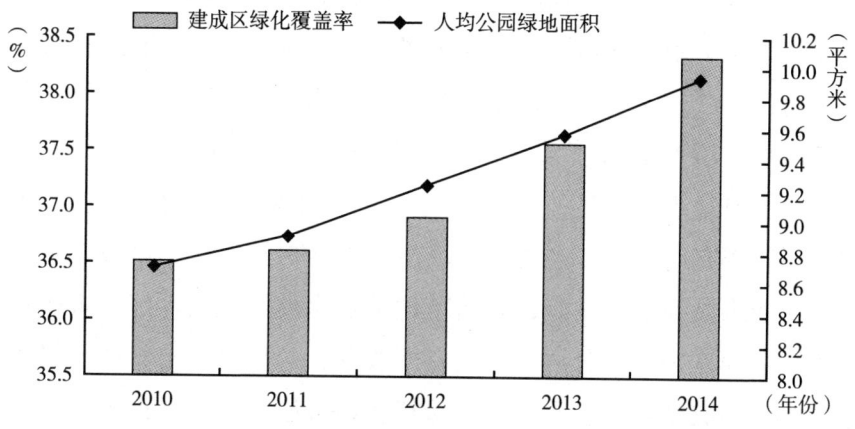

图1　2010～2014年河南省城市生态建设情况

资料来源：《河南统计年鉴》（2013年、2015年）。

人多水少、分布不均是河南省基本省情。水，不仅是关系城市安全的资源基础，也是城市美好生活中的重要组成部分，在特定时期甚至决定了城市的未来命运。河南省高度重视水利事业发展，加快了沁河河口村、淮河出山店、北汝河前坪水库等大型洪水控制工程建设，完成13座大中型、254座小（1）型、1756座小（2）型病险水库和47座大中型病险水闸除险加固工程，南水北调中线一期工程顺利完工并向沿线受水城市供水，使河南省城市水资源和防洪安全得到有效保障。河南省大力推进水生态文明建设，郑州、洛阳、许昌三市在2013年入选首批国家水生态文明建设试点城市，2014年又将新乡、驻马店2市和汝州等5县（市）列为河南省第二批水生态文明城市建设试点，使全省水生态文明城市建设试点达到14个，其中郑州、洛阳、许昌、南阳、焦作5个省辖市为国家级试点。

河南省高度重视系统治理，制定并着力实施生态省建设计划，积极推进蓝天工程、碧水工程、乡村清洁工程和城市河流清洁行动计划，取得了明显的环境效益。截至2014年，南阳市和栾川县被环保部列入全国生态文明建设示范区，长垣、孟津、桐柏3个县被命名为省级生态县，创建完成了83个省级生态乡镇。2014年，信阳、开封、商丘、濮阳4个省辖市城市环境空气质量级别为良，其他14个为轻污染；10个省直管县（市）中除巩义市为轻污染外，其他城市环境空气质量级别为良，全省18个省辖市环境空气优良天数和PM10浓度同比都有所改善。全省水环境质量基本保持稳定，城市集中式饮用水源地水质级别为良好，省辖市地下水水质级别为良好，水库总体水质级别为良好，部分河流水质有所改善，总体呈现出稳中向好的态势。城市建成区声环境质量继续保持较好级别，只有平顶山、驻马店两市为一般级别。

（二）产业结构持续优化，循环经济体系加快形成

随着河南省工业化和城镇化的加速发展，资源环境已经日益成为城市发展的突出瓶颈，城市发展的质量和效率日益重要。近年来，为减轻经济增长对环境、资源的依赖和破坏，切实提高发展的可持续性，河南省着力推进城市产业结构优化调整，努力加强城市环境保护基础设施建设，强力推进节能减排，加快构建循环低碳经济体系。

加快推进城市产业结构优化调整，着力增强城市经济可持续发展动力。从2008年开始，在各次产业GDP绝对值连续增长的基础上，第二产业增加值在三次产业中的比重逐渐减少，第三产业逐渐增加，其中城市三次产业的构成已经由2010年4.20∶51.74∶44.06的"二三一"模式转变为2014年的4.09∶47.88∶48.04"三二一"模式，使第三产业已逐渐成为河南经济发展中的主导产业。截至2015年，工业中高成长性制造业和高技术产业已经占56.3%，提高15.5个百

分点，装备、食品等行业主营业务收入已经达到超万亿元级规模；国家级研发中心数量翻了一番，国家重点实验室新增9家达到了14家，可见光通信、客车智能驾驶等核心关键技术取得重大突破，科技创新已经成为经济增长的重要引擎。

努力加强城市环境保护基础设施建设，强力推进节能减排。截至2014年底，全省正式投入运营的城市污水处理厂共计167座，日处理污水建成规模771.75万吨；建成运行的城市生活垃圾处理场125座，建设规模为日处理生活垃圾3.47万吨，实际处理能力3.1万吨，垃圾填埋场均达到了无害化等级评定Ⅱ级以上标准；建成危险废弃物集中处置中心2座，处理处置能力8.67万吨/年，持有省级危险废物经营许可证单位63家。河南省持续加大工程减排、结构减排、管理减排力度，全省2010~2014年城市工业废水排放量由14.33亿吨下降到12.72亿吨，降低11.22%；工业二氧化硫在产生量增加的情况下，排放量逐年降低，由107.20万吨下降到100.00万吨，下降7.20万吨，降低6.72%；生活垃圾无害化处理率由79.98%增加到85.80%，增加5.82个百分点。

加快构建循环经济体系，推进城市绿色低碳发展。河南省高度重视城市发展过程中资源集约节约利用，以国家和省循环经济示范城市、园区和企业为抓手，在有色冶金、煤炭、食品、化工、电力、建材等重点行业和社会、园区、企业三个层面深入开展循环经济试点，着力打造资源循环利用产业链，努力通过推进工业固废资源化利用、国家级城市矿产示范基地创建、产业集聚区循环化改造等，推动能量梯级利用、资源综合利用、废水循环利用和污染物集中处理，大力发展城市循环经济。重视城市建设和居民生活领域低碳化、绿色化发展，河南省出台了《河南省绿色建筑行动实施方案》，郑州、新乡、驻马店和许昌等市先后入选国家"公交都市"创建试点，积极开展低碳城市、低碳园区、低碳社区等绿色低碳示范区建设。

（三）体制机制不断创新完善，生态文化建设日益增强

城市是高度发达的现代社会，城市生态安全建设和保障依赖于各项制度的健全和相关体制机制的不断完善，依赖于城市居民更加觉醒的生态意识和更加自觉的环境行为。近年来，河南省全面贯彻党的十八大和十八届三中、四中、五中全会精神，积极落实国家新型城镇化建设规划，不断完善城市生态安全建设体制机制，加强生态文明建设，大力引导城市生态文化发展。

不断完善城市生态安全建设体制机制。在法律体系和立法机制上，河南省先后出台了建设项目环境保护、水污染防治、固体废弃物污染防治、减少污染物排放等地方性法规；逐步赋予设区市立法权，除郑州市和洛阳市以外，15 个省辖市在 2015 年获地方立法权，在生态环境、城市管理等方面获得立法权限。在管理体制和机制上，河南省建立了政府环保目标责任制、领导干部考核责任制，实行环保问责制，实行主要污染物总量预算管理，推行节能量、碳排放权、排污权、水权交易制度，优化环境容量配置，积极推行水环境生态补偿和大气环境生态补偿制度。在技术保障上，实现了对全省水、大气和辐射等环境辐射集中点企业污染物排放的全覆盖，印发了重有色金属冶炼及压延、皮革及其制品、化学原料及化学制品制造业综合治理等重点行业综合治理技术规范和涉水重金属等重点污染行业污染物排放标准。

大力引导城市生态文化发展。生态文化是生态文明建设的灵魂，河南省高度重视城市生态文化建设，以城市自然景观和生态休闲建设为重点，大力推进城市生态休闲、生态旅游发展；以城市森林公园、湿地公园、学校和团体为重点，加强生态文化教育基地建设；围绕生态文化产品创作与宣传，鼓励举办多种多样的生态文化文艺创作活动；通过"世界环境日"等纪念和宣传活动，引导全社会牢固树立生态道德观、价值观、发展观、消费观等生态文明观念，推进全社会生态文明建设。

三 河南省城市生态安全面临的突出问题

（一）城市发展资源基础薄弱，生态系统的脆弱性和风险不容忽视

河南省资源总量大、类型丰富，但是人均资源较少，特别是关系到城市生态安全的水资源和土地资源相对匮乏，生态系统的脆弱性和安全风险不容忽视。

河南省人均水资源仅为全国的1/5，是一个水资源严重缺乏的省份，并且水资源分布十分不均衡，作为城镇化发展重点的郑州、新乡、开封、许昌、漯河、鹤壁等城市人均水资源仅为261立方米，不足全省平均水平的60%。此外，黄河下游沿岸和淮河及其大型支流沿岸平原城市还有较为频繁的洪水灾害历史。随着城镇化的快速发展，城区不断拓展，在全球气候变化和极端气候灾害频现的背景下，水资源短缺和洪水威胁的风险不容忽视。

河南省人均土地资源仅1.23亩，低于全国平均水平，郑州、许昌、漯河、商丘4市耕地后备资源已近枯竭。河南省城镇化发展水平不均衡特点明显，以郑州为中心的陇海、京广通道是河南省当前城镇化相对较为发达地区，耕地资源人均水平更低，其中郑州市人均已经不足1亩。西部一些依山靠山的山丘城市地质灾害隐患不容忽视，东部平原城市建成区人口密度大、资源环境综合承载压力较大，城市生态系统呈现出区域分异明显的脆弱性特征。

（二）城市经济发展水平较低，经济增长与环境保护矛盾依然突出

"十二五"以来，河南城市经济取得了长足发展，城市GDP由

2010年的6572亿元增加到2014年的11124亿元，年均增长12.17%；城市GDP占全省的比重也由2010年的28.46%增加到2014年的31.84%，提高3.38个百分点。但是河南省城市经济发展水平与国内经济较为发达城市还存在较大差距，与先行发达地区和全国平均水平相比也还有一定差距，与工业化、城镇化带动全省经济发展的要求相比还存在明显不足。此外，河南省城市经济结构中，第三产业发展仍然不足，第二产业、三高行业比重过高问题在一些城市依旧存在。随着工业化、城镇化进入快速发展阶段，河南省城市经济增长必然面临新的挑战。一方面，城镇居民就业和城市竞争日益激烈，必然要求城市经济保持较高的增长速度；另一方面，在当前全国经济发展格局中，河南省城市经济发展还存在较大的机会优势，一些城市还存在明显的增长空间和潜力。

河南省城市经济增长与环境保护之间存在突出矛盾。根据环境容量状况与污染物排放情况对比结果，2010年全省环境容量占用已经十分严重，化学需氧量、氨氮排放量大于环境容量限值，18个省辖市中，仅信阳、洛阳、驻马店等市的部分河段化学需氧量有剩余环境容量，信阳、驻马店等市的部分河段氨氮有剩余环境容量，其他地区已无化学需氧量、氨氮环境容量；全省二氧化硫、氮氧化物尚有部分环境容量，其中二氧化硫剩余环境容量为21.8万吨/年，氮氧化物剩余环境容量为71.9万吨/年，但郑州、洛阳、焦作、济源4市已无氮氧化物环境容量，郑州、洛阳、平顶山、安阳、许昌、三门峡、济源7市已无二氧化硫环境容量，且郑州、洛阳、安阳、三门峡等市区域二氧化硫排放量超载严重。

（三）城镇化发展任务重，城市基础设施建设压力大

城镇化发展总体水平低，中心城市带动能力弱。2014年河南省城镇化率仅为45.2%，低于全国城镇化率9.6个百分点，在全国仅

高于云南、甘肃、贵州三省和西藏自治区，居中部地区六省末位。从人口数量来看，河南省省辖市市区人口超过200万的仅郑州市1个，接近200万人口的城市为洛阳市1个，人口在150万~200万之间的仅有南阳市、商丘市和信阳市3个；从经济规模和城市财力来看，市区生产总值过千亿的城市仅有郑州市和洛阳市2个，还没有公共财政收入和支出过千亿的城市出现，中心城市带动能力和辐射作用相对较弱。

河南省城镇化发展任务艰巨，城市基础设施建设任务艰巨。根据《河南省新型城镇化规划（2014~2020年）》《河南省科学推进新型城镇化三年行动计划》和2016年河南省城市工作会议精神，2020年河南省城镇化水平要达到常住人口城镇化率为56%、户籍人口城镇化率为40%，完成新增1100万左右农村人口转移，其中郑州市要发展到700万以上人口规模，洛阳市要发展到350万以上人口规模，10个地区性中心城市达到100万以上，13个左右城市（县城）达到50万~100万。根据这个发展要求，河南省还面临着艰巨的城镇化任务，相关城镇基础设施特别是生态和环保基础设施不仅要对现有覆盖人口和覆盖范围进行提升，还要满足新增人口和新拓展城区的覆盖要求，建设压力十分大。

（四）体制机制仍然有待完善，城市环境质量与人民群众要求差距明显

尽管近年来河南省已经逐步加大城市生态安全管理力度，强化了产业发展、城市规划、生态建设和环境保护等与城市生态安全相关领域工作，但是城市环境质量还是没有能够得到根本改善，各种重大城市生态安全事件屡有发生，与人民群众宜居宜业的城市生活愿望差距明显。其中，大气污染和水污染问题表现得尤为突出，生态建设布局的科学性和合理性也备受质疑。城市环保基础设施不能正常运营导致城市河流污染严重，大拆大建、大气污染物排放不能得到有效控制导致雾霾问题愈演愈烈，甚至4个城市被环保部约谈，仅次于被约谈城市数量最多的河北省，其中郑州市成为被环保部约谈的第一个省会城市。在城市建设中，绿地、公园等布局郊区化、周边化（中心城区周边区县）趋势明显，市民不能方便接触森林、湿地和水域等自然生态环境，使城市生态建设的效果和作用备受诟病。此外，旧工业用地退出遗留的土壤污染问题虽然报道较少，但也不容忽视。

造成上述问题的部分原因固然在于历史欠账过多，城市发展过快，但是其中存在的体制机制原因更应受到重视。以河南省南阳市被约谈情况来看，该市蓝天工程、碧水工程方案制订及实施中，部门环保工作分工不明确、责任不落实的问题十分突出，县区政府及其有关部门环保不作为的情况更为多见，多地存在环保案件移交、移送无法落实等问题；该市白河南污水处理厂设计处理能力10万吨/日，由于污水主干管网和分支管网迟迟难以连通，实际进水量不足1万吨/日，造成城区白河以南地区40余万人的生活污水基本处于直排状态。再以郑州市为例，环保部提出包括扬尘污染突出、机动车污染未引起足够重视、燃煤污染治理力度不够、部分大型企业违法排污等七方面的整改内容，这些内容涉及多个相关部门和大型驻郑企业，体制机制十分复杂。由此可见，尽管城市生态安全相关制度已经日益完善，相关管理体制和机制也在逐步健全和理顺，但是河南省城市生态安全体制机制仍然存在较大的完善空间，需要进一步完善相关法律法规和工作规范、技术标准，加强发改、住建、规划、环境保护以及其他城市管理和生产建设相关部门之间的沟通协调。

四 河南省缓解城市生态安全问题的对策与建议

（一）加强规划引导和协调，科学统筹城市生态安全管理

随着城市规模的不断扩大，城市生态系统呈现出日益明显的复杂

性和脆弱性特征，单一部门的规划管理已经难以应对越来越复杂的城市生态安全问题，需要科学系统地制定城市生态安全建设规划，并加强与各行业、各事业间的规划衔接，通过系统规划科学统筹城市生态安全管理。系统把握城市生态系统演变规律，深入研究城市生态安全管理的主要内容和机制体制，加快制定特大城市、大城市和生态系统脆弱性明显、环境问题突出城镇的城市生态安全建设规划，用科学规划统筹城市生态安全管理。加强国土空间管理，强化全省主体功能区规划管控功能和生态功能区划的约束作用，科学划定城市开发边界和生态红线，加快优化国土开发格局，构建健康稳定、综合承载能力强的区域生态安全格局。以城市生态安全为底线，以城市科学可持续发展为目标，加强与城市产业发展规划、城市总体规划、土地利用规划、环境保护规划、市政交通建设规划、绿地系统规划等规划的衔接协调，完善城市发展的科学规划体系。

（二）加强城市生态和基础设施建设，增强城市生态系统综合承载力

城市生态安全水平既取决于城市自然生态系统的健康稳定，又取决于城市经济和社会系统对自然生态系统的压力。为此，在城市生态安全建设上既要做加法，又要做减法，一方面加强城市生态建设，优先保护饮用水水源地，加强城区河道环境综合整治，加快生态廊道和公园绿地建设，积极推进城市生态恢复和生态重建，使其恢复并发展到良性循环状态。另一方面加强城市基础设施建设，特别是城市环保基础设施建设，减少城市经济活动和社会活动的污染物排放总量。在此基础上，进一步统筹生态建设和基础设施建设，加快推广城市综合地下廊道，避免重复建设带来的资源消耗和不利环境影响；加强海绵城市建设，逐步解决城市建设对城市自然循环的阻断问题；加强城市水域、湿地和绿地系统建设，优化城市水体和绿地布局，科学利用城

市自然生态系统对污染物的吸纳净化作用改善城市环境质量，充分发挥城市自然系统的景观功能和文化功能，建设安全宜居生态城市。

（三）加快形成循环经济体系，建设节约型城市

从根本上降低城市经济和社会系统对自然生态系统的压力，从产业发展和社会建设上着手，加快形成资源循环利用和能源梯级利用的循环经济体系，努力建设全民集约节约利用资源的节约型城市。加快构建完善循环产业链条和标准体系，积极实施产业集聚区和工业园区循环化改造，实现能量梯级利用、资源综合利用、废水循环利用和污染物集中处理。在城市建成区严格控制高耗能、高排放行业发展，加快淘汰小旧锅炉和提升油品煤质，大力发展城市集中供热、热电联产，推动分布式能源应用，提高新能源和可再生能源利用比例，推动有条件的城市利用新型干法水泥窑协同处理等先进成熟可靠技术建设生活垃圾和污泥处理设施。加快推进绿色建筑建设和建筑节能改造，积极推进建筑工业化。推广普及先进适用的节水工艺、技术和器具，完善城市再生资源回收利用体系，积极开发利用"城市矿山"。

（四）加强理论研究和实践探索，构建和完善城市生态安全管理体制机制

与城市安全的其他领域相比，城市生态安全研究还主要限于安全评价、基本机制机理，缺乏系统的实践探索。因此，改善城市生态安全现状，还需要从理论研究和应用实践中探索，加强从生态、环境、经济、社会、法律等多学科交叉研究，深入探索城市生态系统的运行规律。基于理论研究和实践探索，加快形成循环经济发展的市场机制和调控体系，加快推进节约资源和保护环境的社会建设，加快完善相关法律法规、技术规范、技术标准，加快形成主体、职能、责

任明确的管理体制和管理机制，构建和完善城市生态安全建设和管理的体制机制。

参考文献

曹伟：《城市生态安全导论》，中国建筑工业出版社，2004。

曹伟：《城市生态安全续论》，华中科技大学出版社，2011。

董一鸣、杨沙平：《水润中原 物阜民丰——河南"十二五"水利改革发展综述》，《中国水利报》2016年1月8日，第3753期。

河南地调队区域经济调查处：《"十二五"以来河南城市发展报告》，http：//www.ha.stats._gov.cn/hntj/tjfw/tjfx/qsfx/ztfx/webinfo/2016/01/1451551273087915.htm。

河南省环保厅：《河南省环境容量状况研究报告》，2011，http：//www.henan.gov.cn/zwgk/_system/2011/10/28/010273402.shtml。

河南省环保厅：《2014年河南省环境状况公报》。

李辉：《城市生态安全评价的理论与实践》，化学工业出版社，2011。

秦晓楠、卢小丽：《沿海城市生态安全作用机理及系统仿真研究》，《中国人口·资源与环境》2014年第2期。

申艳萍、郭长虹、王谦：《河南省城市生态安全评价及生态安全模式分析》，《安全与环境学报》2008年第3期。

施晓清、欧阳志云：《城市生态安全及其动态评价方法》，《生态学报》2005年第12期。

杨志峰：《城市生态安全评估与调控》，科学出版社，2013。

周文华、王如松：《城市生态安全评价方法研究——以北京市为例》，《生态学杂志》2005年第7期。

Abstract

CPC central committee has put forward, in Suggestions on Making the Thirteenth Five-year Plan of National Economic and Social Developments, "to promote the new urbanization centered on humans; and to improve the urban planning, construction and management." The 2015 National City Conference put emphasis on the respect to the urban development rules and the overall planning on the structures of city area, scale and industries, the segments of city planning, construction and management, the impetuses of city reform, technology and culture, the distribution of city production, life and ecology, as well as the principal parts of city government , society and citizens, to raise the level of new urbanization and find a new urban development road with Chinese characteristics. Currently the Chinese economic development has entered the "new normal" era; Henan province is in a critical transformation and upgrading time of climbing up hills and leaping over hurdles, which makes the new urbanization more important. Under the new normal economy background in China, exploring the road of new urbanization is of far-reaching significance for Henan province that has entered a period of rapid urbanization development, to adapt to the new economic normality, accelerate the three national strategic developments, and achieve the goals of building the all-round well-off society.

As a traditional agriculture and the most populated province, the new urbanization is a powerful engine and a strategic key point of unleashing the potential of domestic needs, as well as an important supporting point of a stable, healthy development of economy and society in Henan province. In

Abstract

2015, Henan province guided the urbanization development with an emphasis on improving the development quality, as a result, the urban-rural system was improved, the role of planning in guiding the development strengthened, the construction and management in cities and countries enhanced, fruitful results of integrative development between the city and the industry achieved, and outstanding achievements of urbanization reforms in the experimental areas made. However, the new urbanization still faces such striking problems as the deceleration of the citizenization of agricultural population to be transferred, the lack of scientificity and seriousness in urban planning, the weak carrying capacity of urban infrastructure facilities, the low level of urban fine management, the poor supply capacity of urban public products, and the weak awareness of citizens on participating in the urban development, etc. Under the background of the new normal economy, the new urbanization development in Henan faces both favorable opportunities and new challenges. It is necessary to firmly grasp its features and trends, accelerate the change of the urbanization advancement mode, and take measures to improve its development quality, explore and find a new urbanization developmental way suited for Henan's reality and with Henan characteristics.

Annual Report on Urban Development in Henan Province (2016), with the theme "new normal economy and new urbanization", based on the reality of Henan Province, generally analyzed the main practices, the accomplishments and the problems in urbanization in Henan Province, and then indicated the direction and countermeasures of accelerating the new urbanization development of Henan Province under the background of new normal economy. This book is accomplished by experts and scholars from Henan Academy of Social Sciences and other institutions.

This book had multi-angle, all-direction discussions on problems emerged in the process of urbanization under the new normal background in Henan Province. The major report, the development of New Urbanization in Henan Province under the New Normal Economy,

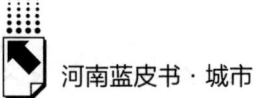

summarized the accomplishments and the problems on new urbanization in Henan Province in 2015, and then analyzed the developmental environment and trends in 2016, provided an outlook on Henan new urbanization development in "the 13th Five" period, and also brings out some possible solutions. The chapters "Urban Development" "Urban Construction" "Urban Management" "New Type City" "Urban Safety", from different angles and perspectives, discussed about key issues, outstanding problems, new directions and possible solutions on new urbanization under the new normal background in Henan Province.

Contents

I General Report

B. 1 New Urbanization Development in Henan under the
Background of New Normal
—*Analysis of 2015 and Forecast for 2016 of Henan
Urban Development*
Research Group of Henan Academy of Social Sciences / 001

Abstract: By 2015, the Henan Province, give full play to the new urbanization "hold to launch a general" leading role, to promote the industrial agglomeration, population concentration, land intensive, expanding urban development space, radiation and driving new rural construction, the effect is obvious, the new town of the development of quality continued to improve, and constantly improve the system of modern urban and rural areas, planning and guiding role to further develop, gradually strengthen the management of urban construction, production city fusion to accelerate the pace of development, the pilot reform of urbanization achieved remarkable results, for economic and social development to provide powerful engine. But in the new normal economic background, facing the new situation, new challenges and new contradictions. During the 13th Five-Year Plan period, development of new urbanization in Henan will adhere to the "five overall plans", promote urbanization layout adjustment, promoting new urbanization reform, promote production city fusion development, promote urban governance condominium, advance planning to lead the development, enhanced the development of cities and towns system, sustainable, livable, enthusiasm.

Keywords: New Urbanization; New Normal; Henan

Ⅱ City Development Reports

B.2 Research on Improving the Operation Efficiency of the Central Plains Urban Agglomeration　　*Wu Yinhao* / 040

Abstract: As one of the six major cities of China, the Central Plains urban agglomeration has become an important platform for China's economic development. The operation efficiency of urban agglomeration is an important indicator to measure the development and construction of urban agglomeration, which has been widely concerned by the academic community. Based on a comprehensive summary of the current situation and operation of the urban agglomeration in the central plains. Taking the experience and lessons of the construction of urban agglomeration in the developed area at home and abroad. From the face of the development process of plains urban agglomeration integration mechanism construction, upgrading the industrial level and urbanization level multiple aspects, in-depth analysis of the restriction of plains urban agglomeration efficiency continued to improve the subjective and objective causes. Finally, from the macro and micro three layers in the face of improving the operation efficiency of the Central Plains urban agglomeration put forward countermeasures and suggestions.

Contents

Keywords: Central Plains Urban Agglomeration; the Operational Efficiency; Countermeasures and Suggestions

B. 3 Study on the Construction of Zhengzhou Metropolitan Area
　　　　　　　　　　　　　　　　　　　　Guo Zhiyuan / 051

Abstract: The metropolitan area is a space form of the city when the urbanization develops to a higher stage. The construction of Zhengzhou metropolitan area is not only the inevitable choice to comply with the objective laws of world urbanization, but also the objective requirement to create a national center city in the central region and promote regional coordinated development. At present, Zhengzhou metropolitan area is in its infancy, we should strengthen its guidance, which focus on strengthening planning guidance, speeding up infrastructure interoperability, promoting inter-city interactive development, promoting the sharing and building of the public services.

Keywords: Zhengzhou; Metropolitan Areas; Zhongyuan urban Agglomeration; Regional Coordinated Development

B. 4 Study on the Development of Central City in Provincial
　　　Border Area　　　　　　　　　　　　　*Li Jianhua* / 063

Abstract: The provincial border area has the same characteristics on resource endowment, development level and regional culture. There is a natural basis for cooperation of inter provincial border region. But these areas are far away from the capital city and the Central Plains city group core city, and the overall level of development is relatively backward. In recent years, with the development of a series of major regional planning policies, coordinated regional development in China has entered a new stage, but the development of inter provincial border areas affected the coordinated development of the regional backwardness. So inter provincial border areas need to develop the center of the city, leading the provincial boundaries development. This paper analyzes the necessity of developing the central city at the junction of Henan province provincial area, and puts forward some ideas, focus and relevant countermeasures and suggestions on accelerating the development of the central city.

Keywords: Provincial Border Area; Central City

B.5 Research on Improving the Carrying Capacity of Henan's County City *Wu Xuxiao* / 075

Abstract: To enhance the carrying capacity of Henan's County, is the time requirement of the construction of ecological civilization, is the need of building a well-off society, and it is the basis of promoting the development of new urbanization. Based on the analysis of the challenges of improving the urban carrying capacity of Henan's County, the paper puts forward the countermeasures and suggestions on improving the capacity of the county city in Henan from five aspects: resource carrying capacity, environmental carrying capacity, economic carrying capacity, social carrying capacity and infrastructure carrying capacity.

Keywords: County City; Carrying Capacity; New Urbanization; Ecological Civilization

Ⅲ   City Construction Reports

B. 6   Study on Construction of Urban Underground
　　　 Comprehensive Pipe Gallery in Henan　　*Wang Yuanliang* / 086

Abstract: Underground comprehensive pipe gallery is an important infrastructure to ensure the sustainable and safe operation of the city, and the development of the underground comprehensive pipe gallery has become an important direction for the sustainable development of the city. At present, the urban underground comprehensive pipe gallery in our province is at the beginning stage. In order to adapt to the situation of new urbanization in Henan Province and the construction of the modern city, in accordance with the high starting point planning, old and new co-ordination, market-oriented operation, demonstration of promotion requirements, reasonably determine the construction of the timing, scale, target, overall consideration of urban development of short-term, mid-term and long-term planning, piecewise implemented in phases, built with the international advanced level of underground pipe gallery and put into operation, the initial establishment of the trunk pipe gallery, branch pipe rack and cable pipe gallery coordinate distribution of underground comprehensive pipe gallery system.

Keywords: City; Underground Pipe Gallery; Construct; Henan

B. 7   The Research on the Pilots of Multiple Plans'
　　　 Integration in Henan Province　　*Wang Xintao* / 097

Abstract: Henan parts of cities and counties in accordance with the relevant state ministries and commissions of deployment, made an active exploration of the pilot work around the multiple plans' integration rules. These cities and counties have made valuable experiences in all kinds of planning function coordination, spatial layout coordination, development goals of coordination. But compared with the essence of requirements of the multiple plans' integration, there are insufficients in these aspects, such as planning period, data sources, supervise the implementation. We still need to strengthen top-level design, make the management system perfect and so on to explore and innovate.

Keywords: Henan; Multiple Plans' Integration; The Pilot; Proposal

B. 8 Research on Achieving Industrial and Urban Integrated Development in Henan *Zuo Wen* / 107

Abstract: The pilot of industrial and urban integrated development production in order to resolve the rapid process of urbanization and urban development in the industry out of line, and a large number of ghost towns, sleeping city proposed. Scientific advance new urbanization, promote regional economic development of great significance. Advancing Henan Urban development pilot production integration of the city urban construction industry to interact with the main line of development and integration in the planning system, aspects of carrier construction, industrial development, infrastructure construction, social, ecological construction, institutional mechanisms and other exploration and innovation, other area offers demonstration.

Keywords: Urban; Industrial; Industrial and Urban Integrated Development

B. 9 Research on Construction of the Space for Entrepreneurship and Innovation in the Cities of Henan Province

Bai Chengyu / 120

Abstract: Popular entrepreneurship and innovation is helpful to solve the problem of economic development in Henan Province, but there are few necessary elements for people to start their own business and to make innovations in Henan, such as good social atmosphere, market economy environment and related resources. It is more effective for the economic development of Henan to constrcut the space for entrepreneurship and innovation in the cities with better basic conditions through providing the systemic and perfect services.

Keywords: Entrepreneurship; Innovation ; City; Henan Province

Ⅳ City Management Reports

B. 10 Research on Improving the City's Comprehensive Management Level in Henan Province   *An Xiaoming* / 131

Abstract: With the advance of the urbanization, city's comprehensive management level has achieved a large breakthrough, at the same time, there are problems as reconstruction light pipe, citizen quality is not high, and lack of contradictions, it is influencing the harmony among people, man and society and man and nature, bring new challenges to the management of our city. Based on combing the advanced experience in the management of the city at home and abroad, we should enhance the management level from changing the management idea, enforce the law on innovation of city comprehensive management, extenes the wisdom of urban management modement system.

Keywords: Henan Province; City's Comprehensive Management Level; Countermeasures

B.11 A Research on Improving the Efficiency of Urban Operation in Henan Province　　　　*Yi Xueqin* / 143

Abstract: Urban development has promoted the development of the whole economy and society and become an important engine of national modernization. The efficiency of urban operation reflects the quality of its development. With the acceleration of the new urbanization, the expanding urban scales and the unprecedented challenges on the capacities of cities call for higher urban operation efficiencies. It is of great practical significance to study the factors relating to the normal operation of the city so that its efficiency could be improved. This research deeply analyzed the accomplishments and the problems on improving the city operation efficiencies in the process of urbanization in Henan Province, and then put forward some possible solutions to the problems, which may help Henan provincial government with decision-making.

Keywords: Urban Operation; Efficiency; Henan

B.12 Study on the Cultivation of Subject Consciousness in Rural Areas of Henan City Population Transfer

Jin Doudou, Cui Xuehua / 156

Abstract: The city subject consciousness of the rural transferring population including participation, the democratic and legal system consciousness, rights and responsibility consciousness, etc. To cultivate the city subject consciousness is of important value. It can improve the whole quality of the rural transferring population, inspire their master consciousness and promote their city integration. By analyzing the current situation of the city subject consciousness of the rural transferring population. It is found their self-identification is too low. They lack of consciousness of their own city subject status. At the same time, their responsibility consciousness is not strong and participation is not enough. Finally the feasible paths are proposed to cultivate the city subject consciousness of the rural transferring population. They are, first, to promote the development of urban and rural cultural integration with the multivariate tolerance strategy; secondly, to build a social support network through education and social work services of increasing the power; thirdly, to establish the autonomous organizations of the rural transferring population, using the power of the collective to express and consult their own interests; at last, to keep continuous learning and actively integrate with city life.

Keywords: The Rural Transferring Population; The City Subject Consciousness; City Integration

B. 13 A Research on Promotion of Urban Business
Credibility Construction in Henan Province

Wang Jianguo / 167

Abstract: Promoting the construction of urban business credibility system is of great significance for establishing, improving and perfecting the credibility system of the whole society. Urban business credibility construction in Henan Province still cannot meet the needs of the rapid development of the society and the economy, although some progress has been made in this area in recent years. Business dishonesty is still a prominent issue. Therefore, it's necessary to specify the contents and the focuses of urban credibility construction, and to take effective measures to promote the construction.

Keywords: Cities in Henan Province; Business Credibility; Tasks and Measures

V　New Cities Reports

B. 14　Research on the Unimpeded City Construction in
　　　　Henan Province　　　　　　　　　　　　　Wen Rui / 181

Abstract: Along with the speeding up of urbanization and the increasing of urban scale, the so-called "city diseases" such as the urban traffic congestion, frequent fog haze and the urban land resource shortage, has gradually become the common problem of large and medium-sized cities in China. "City disease" being normalized and universal, makes the unimpeded urban construction increasingly becoming the urgent demand of urban residents. International experience shows that one of the important characteristics of unimpeded city is well-developed public transport. Unimpeded urban construction in Henan is still in its infancy. The primary city and several other large cities are troubled by traffic congestion, but most cities is impeded by the poor accessibility. The solution of both of problems depends on the improvement of the urban transport infrastructure and the ascension of intelligent management level.

Keywords: Unimpeded City; Public Transport; Division of Urban Function

B. 15   Study on Legal City of Henan Province
                                    Wang Yunhui, Du Huanlai / 198

Abstract: Legal city is basic component of a country of rule of law, and the construction of legal city is necessary for comprehensively promoting the level of legal state. In recent years, Henan has attached great importance to the rule of law, in the process of promoting the rule of law in the province, the construction of legal city is also in full swing, which has made remarkable achievements, but also faces some problems and difficulties, need to find solutions from many aspects and ways.

Keywords: Legal City; Construction; Solution

B. 16   Study on Sponge City Construction of Henan Province
                                    Li Jianhua / 211

Abstract: Sponge city is a new idea of city development, it is an important construction mode of sustainable development on the new type of urbanization. So the Sponge city has been highly concerned by the whole society. The government has issued a series of policies, after that, Sponge city construction is booming all over the country. The policies are also actively implemented in Henan province. This paper introduces the construction path of Sponge city, analyzes the current situation and problems of Sponge city construction in Henan Province, then puts forward the important tasks and Countermeasures of Henan Sponge city.

Keywords: Sponge City; Low Impact Development

B.17 Study on the Construction of Health City in
Henan Province　　　　　*Wang Chunjing, Xia Lingrong* / 224

Abstract: Environmental health is the most direct manifestation of the city's image of civilization. In the city environmental sanitation work to maintain the city appearance, create good working and living environment, has very important significance to promote the development of city construction. This paper describes the general requirements and key contents of health city construction, and analyzes the current situation and problems of health city construction in Henan province, then puts forward the related countermeasures and suggestions for future construction of health city.

Keywords: Sanitary City; Constructing National Sanitary City

Ⅵ　City Safety Reports

B.18 Study on the City Disaster Prevention and Reduction
System Construction in Henan Province　　*Peng Junjie* / 233

Abstract: It is of great significance for city disaster prevention and reduction system construction to promote New-type urbanization, protect people's lives and health safety, and realize the sustainable development of society. Till now, the city disaster prevention and reduction system constructions in Henan province have been some successful practice and exploration. However, there still many problems existed in the urban development regulation, urban emergency management, city disaster prevention and reduction information sharing, urban infrastructure construction. In the paper, in order to achieve urban sustainable development, we propose to enhance the ability of city infrastructure construction, and innovative the city services with the city disaster prevention and reduction system construction in Henan province.

Keywords: Henan Province; City Disaster Prevention and Reduction System; Main Option

B. 19 Study on the The Social Security of Henan City

Ren Xiaoli / 246

Abstract: The urban social security is under the new normal economy, build a well-off society in an all-round way of the major strategic issues. At present, Henan is experiencing rapid urbanization process, urban social security problem more and more get the attention of society, promoting the construction of Henan urban social security need to guide the public, set up and enhance the consciousness of the urban social security; relying on the group, constructs the city social security supervision system; people-oriented, to improve the level of urban management work; concerned about the livelihood of the people, the key safeguard employment and life in the city residents; measures simultaneously, to establish a rapid response of three-dimensional management and rescue system; attaches great importance to and improve the production safety early warning and emergency response mechanism.

Keywords: Henan; Production Safety; Life Safety; Urban Social Security

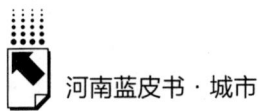

B.20 A Study on the Information Security in the Cities of Henan Province　　　　　　　　　　　*Liu Yuyang* / 260

Abstract: The problems of city Information security has been the "stereo threat" indicating every level of the city operation system and become the "bottleneck" of city e-government and e-commerce development instead of the "virus invasion" in traditional concept. Henan province has made remarkable achievements in the construction of city information security since the "Twelfth Five", but there are also many problems. The overall level of information is low, the infrastructure construction of the city information security should be strengthened urgently, the actions of relevant information security between the city and the within city are isolated, the city laws and regulations are not perfect, the high-level talent of information security are shortage. We should make great efforts to cultivate the residents the awareness of information security based on the top-level design, make efforts to strengthen the infrastructure construction of information security with multi-measures simultaneously, strengthen cooperation and promote the communication and share of the relevant data and information between the city and inner city, find the accurate point of cut, make and improve the laws and regulations related to the information security timely, adopt a two-pronged approach to cultivate and introduce high-level information security talents actively.

Keywords: Henan; Information Technology; City Information Security

B. 21　Study on Urban Ecological Security of Henan Province

Han Peng / 273

Abstract: Ecological security is an important component of urban security. As Henan Province is in stride into modern urban society from traditional rural society, urban ecological security problems, take haze and water pollution as typical example, has taken most attention. Starting with discrimination of the concept and connotation of urban ecological security, a deep study is taken to understand the main aspects that should be focused on. Then a systematic analysis is conducted to realize the urban ecological securitystatus in quo, as well as the outstanding problems it is faced with. At last, some countermeasures are proposed to improve urban ecological security in Henan Province.

Keywords: Urban Ecological Security; Current Situation and Main Problems; Countermeasures

法律声明

"皮书系列"（含蓝皮书、绿皮书、黄皮书）之品牌由社会科学文献出版社最早使用并持续至今，现已被中国图书市场所熟知。"皮书系列"的LOGO（ ）与"经济蓝皮书""社会蓝皮书"均已在中华人民共和国国家工商行政管理总局商标局登记注册。"皮书系列"图书的注册商标专用权及封面设计、版式设计的著作权均为社会科学文献出版社所有。未经社会科学文献出版社书面授权许可，任何使用与"皮书系列"图书注册商标、封面设计、版式设计相同或者近似的文字、图形或其组合的行为均系侵权行为。

经作者授权，本书的专有出版权及信息网络传播权为社会科学文献出版社享有。未经社会科学文献出版社书面授权许可，任何就本书内容的复制、发行或以数字形式进行网络传播的行为均系侵权行为。

社会科学文献出版社将通过法律途径追究上述侵权行为的法律责任，维护自身合法权益。

欢迎社会各界人士对侵犯社会科学文献出版社上述权利的侵权行为进行举报。电话：010-59367121，电子邮箱：fawubu@ssap.cn。

社会科学文献出版社

权威报告·热点资讯·特色资源

皮书数据库
ANNUAL REPORT(YEARBOOK) DATABASE

当代中国与世界发展高端智库平台

www.pishu.com.cn

皮书俱乐部会员服务指南

1. 谁能成为皮书俱乐部成员?
- 皮书作者自动成为俱乐部会员
- 购买了皮书产品(纸质书/电子书)的个人用户

2. 会员可以享受的增值服务
- 免费获赠皮书数据库100元充值卡
- 加入皮书俱乐部,免费获赠该纸质图书的电子书
- 免费定期获赠皮书电子期刊
- 优先参与各类皮书学术活动
- 优先享受皮书产品的最新优惠

3. 如何享受增值服务?

(1) 免费获赠100元皮书数据库体验卡

第1步 刮开附赠充值的涂层(右下);

第2步 登录皮书数据库网站(www.pishu.com.cn),注册账号;

第3步 登录并进入"会员中心"—"在线充值"—"充值卡充值",充值成功后即可使用。

(2) 加入皮书俱乐部,凭数据库体验卡获赠该书的电子书

第1步 登录社会科学文献出版社官网(www.ssap.com.cn),注册账号;

第2步 登录并进入"会员中心"—"皮书俱乐部",提交加入皮书俱乐部申请;

第3步 审核通过后,再次进入皮书俱乐部,填写页面所需图书、体验卡信息即自动兑换相应电子书。

4. 声明

解释权归社会科学文献出版社所有

皮书俱乐部会员可享受社会科学文献出版社其他相关免费增值服务,有任何疑问,均可与我们联系。

图书销售热线:010-59367070/7028
图书服务QQ:800045692
图书服务邮箱:duzhe@ssap.cn

数据库服务热线:400-008-6695
数据库服务邮箱:database@ssap.cn
兑换电子书服务热线:010-59367204

欢迎登录社会科学文献出版社官网
(www.ssap.com.cn)
和中国皮书网(www.pishu.cn)
了解更多信息

社会科学文献出版社 皮书系列
SOCIAL SCIENCES ACADEMIC PRESS (CHINA)

卡号:633914716555
密码:

子库介绍
Sub-Database Introduction

中国经济发展数据库

涵盖宏观经济、农业经济、工业经济、产业经济、财政金融、交通旅游、商业贸易、劳动经济、企业经济、房地产经济、城市经济、区域经济等领域，为用户实时了解经济运行态势、把握经济发展规律、洞察经济形势、做出经济决策提供参考和依据。

中国社会发展数据库

全面整合国内外有关中国社会发展的统计数据、深度分析报告、专家解读和热点资讯构建而成的专业学术数据库。涉及宗教、社会、人口、政治、外交、法律、文化、教育、体育、文学艺术、医药卫生、资源环境等多个领域。

中国行业发展数据库

以中国国民经济行业分类为依据，跟踪分析国民经济各行业市场运行状况和政策导向，提供行业发展最前沿的资讯，为用户投资、从业及各种经济决策提供理论基础和实践指导。内容涵盖农业，能源与矿产业，交通运输业，制造业，金融业，房地产业，租赁和商务服务业，科学研究，环境和公共设施管理，居民服务业，教育，卫生和社会保障，文化、体育和娱乐业等 100 余个行业。

中国区域发展数据库

以特定区域内的经济、社会、文化、法治、资源环境等领域的现状与发展情况进行分析和预测。涵盖中部、西部、东北、西北等地区，长三角、珠三角、黄三角、京津冀、环渤海、合肥经济圈、长株潭城市群、关中—天水经济区、海峡经济区等区域经济体和城市圈，北京、上海、浙江、河南、陕西等 34 个省份。

中国文化传媒数据库

包括文化事业、文化产业、宗教、群众文化、图书馆事业、博物馆事业、档案事业、语言文字、文学、历史地理、新闻传播、广播电视、出版事业、艺术、电影、娱乐等多个子库。

世界经济与国际政治数据库

以皮书系列中涉及世界经济与国际政治的研究成果为基础，全面整合国内外有关世界经济与国际政治的统计数据、深度分析报告、专家解读和热点资讯构建而成的专业学术数据库。包括世界经济、世界政治、世界文化、国际社会、国际关系、国际组织、区域发展、国别发展等多个子库。